JN191162

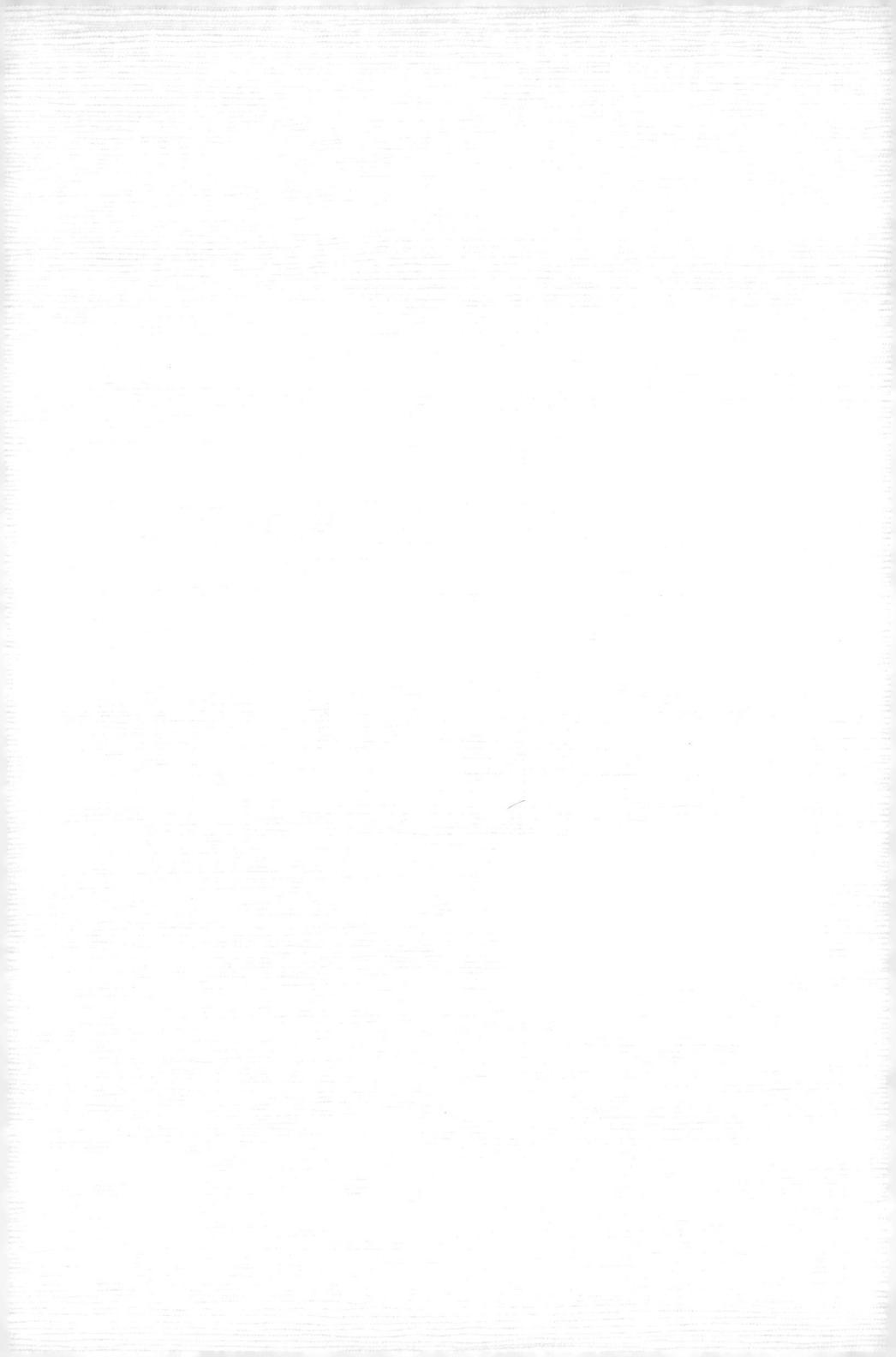

磚画・壁画からみた魏晋時代の河西

関尾史郎
町田隆吉　編

汲古書院刊

磚画・壁画からみた魏晋時代の河西　目次

はしがき

本書は、二〇〇八〜二〇一一年度日本学術振興会科学研究費補助金・基盤研究（A）（一般）プロジェクト「出土資料群のデータベース化とそれを用いた中国古代史上の基層社会に関する多面的分析」（研究代表者：関尾史郎／課題番号：二〇二四二〇一九。通称は「南北科研」）の研究成果をまとめた二冊目の論集である。プロジェクトが終了してからすでに七年、一冊目の論集『湖南出土簡牘とその社会』を刊行してからも四年が経過してしまった。

本科研は、走馬楼呉簡をはじめとする湖南省の長沙市で出土した簡牘を対象とする西南班と、甘粛省西部の河西地域で出土した魏晋時代（本書のタイトルも含め、「五胡十六国」時代も包括する）の図像資料を主たる対象とする西北班に分かれて調査・研究活動を進めてきた。西北班は、中国史・内陸アジア史・日本史・西洋史など歴史学を専門とする研究者を中心に、考古学や美術史を専門とする研究者も加わった横断的な組織であったが、編者をはじめ、日頃は文字資料を主たる分析対象としている歴史研究者が過半を占めていたこともあり、このように一書にまとめるまでに予想以上に長い時間がかかってしまった。

河西地域では、一九七〇年代に嘉峪関市の新城鎮で魏晋時代の磚画墓が見つかったのを皮切りに、酒泉市・敦煌市・高台県・民楽県など各地で磚画墓や壁画墓の発見があいついだ。今世紀に入り、やや落ち着いた感もあるが、一九四〇年代や一九五〇年代といった初期に見つかった磚画墓に関する情報が公開されるという動きも出てきた。先行する後漢時代のものも合わせれば、河西地域で見つかった磚画墓と壁画墓は一〇〇座に達するかもしれない。「かもしれない」と書いたのは、正式な発掘報告書はおろか、学術雑誌に掲載された発掘簡報の類さえ欠いているものが少なくなく（近年は、インターネット上だけに情報が出るようなケースもある）、正確な数を特定できないからである。そのため、現地に足を運び、各地の博物館で閲覧調査を丹念に続ける必要があるのだが、展示されている画像磚に附された説明文には不備や誤記が目立ち（磚自体がレプリカだったり、出土した磚に現代の手が加えられたりしていることも珍しくない）、満足できる収穫が得られるとはかぎらない。盗掘品を回収したために、正確な出土地がわからない、というケースもあるようだ。こういった事情も、本書の刊行まで時間がかかってしまった一因ではある。

そのような事情もあってか、磚画・壁画に関する美術史研究も、磚画墓・壁画墓に関する考古学研究も、今世紀に入る頃からようやく中国でも本格的に開始され、林少雄『古冢丹青：河西走廊魏晋墓壁画』、鄭岩『魏晋南北朝壁画墓研究』、孫彦『河西魏晋十六国壁画墓研究』、および郭永利『河西魏晋十六国壁画墓』など少しずつだが成果も目につくようになってきた。私たちのプロジェクトは、このような成果に学びつつ、研究題目にも掲げた「出土資料群のデータベース化」にも示されているように、磚画・壁画とその出土墓に関する情報をできるだけ悉皆的に収集・整理することにつとめ、その上で、あるいはそれと並行して、各自の関心に根ざした分析を進めてきた。その中間報告を兼ねた成果の公表は、研究代表者が編集・発行していた『西北出土文献研究』誌上で行なってきたほか、二〇一〇年八月に高台県で開催された「高台魏晋墓与河西歴史文化国際学術研討会」（中国共産党高台県委員会・高台県人民政府・甘粛省敦煌学学会・敦煌研究院文献研究所・河西学院など主弁。『高台魏晋墓与河西歴史文化研究』は本研討会の論文集である）への参加やペーパー提出などでも果たしてきた。本書はいわばその最終報告とでも位置づけられるものである。

その本書の構成であるが、総論と各論からなり、それぞれに四編の論稿を収める。

総論の北村永「河西各地の魏晋墓出土画像磚について——出土資料の問題点と今後の展望——」は、本プロジェクトの発足以前から現地で調査に従事してきた経験をふまえ、磚画・壁画研究の成果と課題を指摘する。関尾「河西磚画墓とその時代——新城墓群を中心として——」は、発掘報告や先行研究に恵まれた嘉峪関市の新城古墓群の磚画墓について、その全体像の把握につとめる。町田隆吉「敦煌祁家湾古墓出土「五胡十六国」時代の磚画をめぐって——敦煌地区における来世観とその周辺——」は、従来あまり注目されてこなかった敦煌市の祁家湾古墓群出土の画像磚を取り上げ、図像の背後にある冥界観を剔抉する。最後の三﨑良章「魏晋時代河西の壁画墓と壁画の一面——遼陽との比較を通して——」は、後漢から魏晋時代にかけて同じように造営された東北の遼陽地区の壁画墓との比較を通じて河西地域の特質を論じる。

各論の小林聡「河西出土文物から見た朝服制度の受容と変容——魏晋・五胡期、胡漢混淆地帯における礼制伝播のあり方——」は、磚画や壁画に描かれた墓主像に見られる衣冠について論じたもの。墓主像はほとんどの墓で描かれているが、その衣冠は墓主の社会的な身分を知る手がかりになるが、ここではさらに広い視野で論じる。荻美津夫「魏晋時代の河西にみられる楽器——琵琶系楽器・琴瑟系楽器・洞簫系楽器を中心に——」は、やはり多くの墓で描かれている賓客を交えた宴飲場面に登場する楽器を取り上げ、その来歴について検討する。内田宏美「画像資料に見る魏晋時代の武器——河西地域を中心として——」は、各種の考古資料も援用しながら、磚画や木板画に描かれた武器の特徴について考える。それぞれ朝服・楽器・武器を取り上げたこれら三編は図像資料の分析を起点にして、時代的・地域的な比較検討を意図したものである。最後の渡部武「甘粛省河西地方出土の犂耕関係画像資料一覧（稿）」は、磚画・壁画に見える農耕具を博捜し、一点ごとに詳細な解説を附したものである。なお本稿は、『西北出土文献研究』二〇〇九年度特刊に掲載された同氏の「甘粛省河西地方出土の犂耕関係画像資料一覧（未定稿）」を補訂したものである。当初、本書には農耕具に関して新稿を書き下ろす予定であったが、諸般の事情でかなわなかった。この他、牧畜に関する専論を予定していたが、残念ながら収録することができなかった。また磚画・壁画には複数の非漢族が描かれているが、これについても専論を用意できなかった。

なお画像磚や磚画という用語については、正しくは「塼」とすべきであるという意見がある。編者個人としては正論とも思うが、本書では混乱をさけるため、頻用されている「磚」で統一した。また「磚画」と「壁画」の使い分けだが、原則として一点ごとの磚に描かれた（あるいは彫り込まれた）ものを磚画と称している。本書のタイトルはそのような理解にもとづいている。しかしその磚を積み上げて墓室の壁面や墓門上の門楼を造るわけだから、磚画も広義には壁画ということになる。学界でも理解がさまざまなようで、それを反映してか、本プロジェクトのメンバーでも意見の一致をみていない。したがってこの点については、執筆者ごとの判断に委ねざるをえなかった。読者におかれては、この点についてもご理解を賜りたい。

先にもふれたように、本プロジェクトは研究題目に「出土資料群のデータベース化」を掲げていた。こちらについても、編者のもとで『河西魏晋・〈五胡〉墓出土図像資料（塼画・壁画）目録』を作成中である。近く利用に供することができる予定である。

関尾史郎

磚画・壁画からみた魏晋時代の河西

第一部　総　論

河西各地の魏晋墓出土画像磚について
——出土資料の問題点と今後の展望——

北村 永

はじめに

初めて敦煌仏爺廟の西晋画像磚墓を調査してから、まもなく二十年という月日が流れようとしている。仏爺廟の西晋画像磚墓に描かれた数多くの神獣に魅了されたわたしは、当時仏爺廟一号墓の発掘の様子を知る数少ない研究者のうちのひとりであった殷光明氏と共同研究を始め、二〇〇六年に長らく公にされることがなかった敦煌仏爺廟一号墓の報告（殷（北村訳）「敦煌西晋墓出土の墨書題記画像磚をめぐる考察」）を翻訳発表した(1)。

仏爺廟には一九九一年に発掘された一号墓と、一九八七年に飛行場の拡張工事に伴って発掘され、その後二〇〇〇年五月に移築された一三三号墓がある。当時一三三号墓と、同じく飛行場一帯で発掘された三七、三九、九一、一一八、一六七号墓については甘粛省文物考古研究所編の報告書『敦煌仏爺廟湾西晋画像磚墓』が出ていたが、一号墓に関する報告は刊行されていなかった。一号墓は、実は照壁画像の多くに榜題があり、西晋画像磚墓の基準作となる重要な墳墓なのである。

この共同研究において、わたしは翻訳と併せいくつかの可能性を提示した小論「敦煌仏爺廟湾西晋画像磚墓および敦煌莫高窟における漢代の伝統的なモチーフについて」を発表したが、その後二〇〇八年より蘭州・武威・張掖・酒泉・嘉峪関・高台・敦煌・瓜州などに点在する魏晋墓調査の機会を得た。(2) 二〇一一年度までの調査については、『西北出土文献研究』二〇〇八年度特刊（北村「高台・酒泉・嘉峪関魏晋墓に関する問題点と課題」）、および『佛教藝術』第三一一号（北村「河西地方における魏晋画像磚墓の研究」）にその概要を報告している。本稿ではその後得られた新しい情報をもとに、一部データを書き改め、河西地方における魏晋画像磚墓の現状を紹介し、現時点で可能な限りの分類と考察を試みる。(3)

一　魏晋墓調査の概要と現状

魏晋墓出土の画像磚といえば、古くからよく知られているのが、白地に褐色の縁取りが特徴的な嘉峪関新城古墓群の画像磚である。嘉峪関新城の魏晋墓は一九七二～一九七三年にかけて一～八号墓が発掘され、一九七七年に九～一一号墓が、一九七九年には一二号墓・一三号墓が発掘された。(4) この他、嘉峪関市の東南三キロメートルにある牌坊梁でも一九七二年に画像磚墓が見つかっているが（張朋川「河西出土的漢晋絵画簡述」）、嘉峪関の画像磚を広く世に知らしめたのは、なんと言っても新城古墓群の画像磚である。この魏晋墓の画像磚は、基本的には一つの磚に一つの場面が描かれている。大胆な筆遣いで農耕・牧畜・狩り・厨房の様子・宴会の場面など、人々の暮らしの様子が生き生きと描かれており、当時の社会生活を知る貴重な資料として耳目を集めた。嘉峪関ではその後、二一世紀にいたっても画像磚墓が発掘されている。(5)

一方、敦煌では新店台や仏爺廟、そして祁家湾で魏晋墓が発掘されている。仏爺廟古墓群の発掘は一九四四年に始

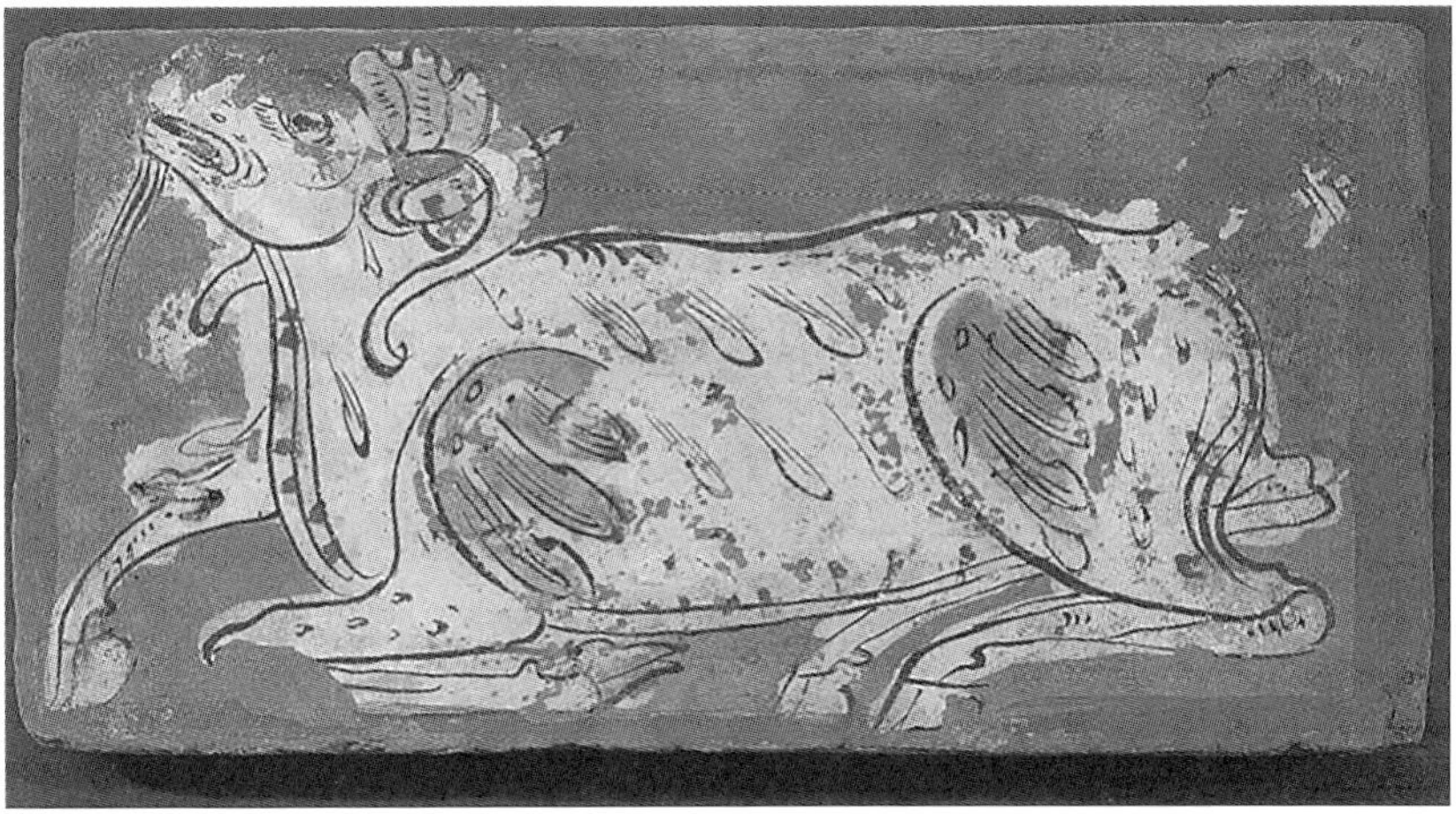

図一　敦煌仏爺廟三九号墓出土画像磚：『敦煌仏爺廟湾西晋画像磚墓』図版60-3

まるが、この時発掘された一〇〇一号墓の照壁画像磚は保存のため敦煌莫高窟に移築され、その後ひと目にふれることはなかった（閻文儒「河西考古簡報」（上）／夏鼐「敦煌考古漫記（一）」）。一九六〇年になると、仏爺廟から新店台にかけての古墓群のうち、新店台付近で二基の墳墓が発掘され、一九七〇年には敦煌市街の東南五・五キロメートルにある義園湾付近で五基の墳墓が発掘されたが、画像磚墓は発見されていない（敦煌文物研究所考古組「敦煌晋墓」）。敦煌の画像磚が注目されるようになったのは一九九五年、敦煌空港の拡張工事に伴い五基の画像磚墓（三七、三九、九一、一一八、一六七号墓）が発掘されてからのことである。一九九八年に出版された甘粛省文物考古研究所編『敦煌仏爺廟湾西晋画像磚墓』にはこれら五基の画像磚墓と、一九八七年に発掘された一三三号墓の画像磚が収録されているが、当時このカラー図版を見て衝撃を受けたひとは少なくないだろう。鮮やかな色彩と躍動感あふれる筆致、仏爺廟西晋画像磚墓の照壁には、青龍や白虎、そして見たこともないような神獣たちがひしめき合っていた［図一］。

敦煌でこのような西晋画像磚墓が発見されてから、嘉峪関の魏晋墓もまた改めて注目されるようになり、同時に酒泉や高台そしてクチャでも魏晋墓が次々に発掘され、近年魏晋時代の画像磚の資料は増加の一途をたどっている。(6) これに伴い、二〇〇一年には嘉峪関新城の魏晋墓と酒泉丁家閘五号墓の壁画・画像磚を網羅的に紹介した張宝璽編『嘉峪関酒泉魏晋十六国墓壁画』が、二〇〇四年には新城に加え西溝など酒泉地区の魏晋墓について言及した岳邦湖他『岩画及墓葬壁画』が出版された。河西における画像磚墓の概観については関尾史郎の論稿（同「甘粛出土、魏晋時代画像磚および画像磚墓の基礎的整理」）が詳しく、その後間もなく、河西の画像磚を収録した大型本、俄軍他主編『甘粛出土魏晋唐墓壁画』（以下、『甘粛出土壁画』）が出版された。研究書としては二〇一一年に孫彦が博士論文を基に『河西魏晋十六国壁画墓研究』を著し、翌年には郭永利も魏晋画像磚墓をテーマに『河西魏晋十六国壁画墓』を発表している。しかし、現在公表されている発掘資料は簡報の類が多く、掲載される画像磚は白黒で、画質も良質とはいえないものがほとんどである。また、現在各地の博物館にはかなりの数の画像磚が展示されているが、実は報告書が出ていないものが少なくない。ここではまず、二〇〇八年から二〇一六年に得た各地の基本情報を紹介し、あわせて若干の考察を加えていくことにする。

（一）蘭州（二〇〇八年・二〇〇九年・二〇一三年・二〇一四年・二〇一六年調査）

蘭州で画像磚が保管されているのは、甘粛省博物館、博物館に移築されている嘉峪関新城五号墓、そして甘粛省文物考古研究所である。移築されている嘉峪関新城五号墓を最後に訪れたのは二〇一〇年、当時の保存状態は概ね良かったが、近年蘭州では雨量が増加しており、その後の保存状態が心配される。

甘粛省文物考古研究所は、二〇〇八年当時は併設された小さな展示室に、祁家湾三六九号墓出土の墓主を描いた画像磚を含め、敦煌仏爺廟・酒泉西溝出土の画像磚を計一三点展示していた。その後、研究所は隣接した新しい建物に

図二　酒泉丁家閘五号墓前室南壁第四層壁画（部分）:『酒泉十六国墓壁画』

引っ越したため現在の展示状況は不明であるが、敦煌仏爺廟西晋画像磚墓のうち、三七、三九、九一、一六七号墓出土の画像磚は、甘粛省文物考古研究所が管理しているようである(7)。

(二) 酒泉（二〇〇八年・二〇一六年調査）

酒泉での調査箇所は、博物館と丁家閘五号墓である。二〇〇八年の調査では市内にあった（旧）博物館と丁家閘五号墓を見学したが、丁家閘五号墓は壁画の剥落が著しく危機感を覚えた。わたしは二〇〇〇年十月にもこの壁画墓を訪れ調査を行なったことがあるが、記録を見るとその時よりも明らかに剥落が進んでおり、前室の五層に分かれた壁面のうち、下部の二層はほとんど図像が見えなくなっていた。前室南壁第四層は画面の下半分がまったく見えなくなり、猿も裸体の人物もすっかり姿を消していた［図二］。謎の多いこの図像を解釈するには、今や発掘当時に撮影された写真を手掛かりにするしか手立てがないのである。[8] 剥落が深刻なのは、壁面下層部に集中している。これは気温や湿度による劣化ではなく、見学中あるいは作業中に壁面に触れ、摩滅したせいではないだろうか。

二〇一六年の調査時には、以前市内にあった博物館は酒泉図書館と同じ施設内に移転していた。酒泉市粛州区博物館がそれで、西溝村六組墓葬出土画像磚・高閘溝磚廠出土画像磚をはじめ、二〇〇一年に発掘された比較的新しいものを含め、多くの画像磚が展示されていた。[9] また当時、西溝の唐代一号墓と二号墓は公開されていたが、魏晋墓の参観はかなわなかった。丁家閘五号墓に隣接する小土山壁画墓（伝西涼王陵）は参観可能である。

（三）嘉峪関（二〇〇八年・二〇一二年・二〇一六年調査）

嘉峪関では、嘉峪関新城六号墓と併設の魏晋墓壁画芸術陳列、そして嘉峪関長城博物館に関連資料を見ることができる。二〇〇八年の新城六号墓調査では、わたしは主に照壁画像に注目し、甘粛省文物隊他編『嘉峪関壁画墓発掘報告』にある描き起こし図との比較検討を行なった。嘉峪関・酒泉の魏晋墓と敦煌の画像磚墓では、画像磚の配置と描かれる内容の違いが指摘されている。すなわち嘉峪関・酒泉では画像磚は主として墓室の内部を飾り、仏爺廟では照壁に集中する。また、その内容も前者は世俗の現実生活を描いたものであるのに対し、後者は神仙世界や歴史人物故事を描いたものである、というものである。[10] しかし、嘉峪関・酒泉の照壁に画像磚がないわけではない。報告書の描き起こし図は彫刻磚以外が空白になっているので、まるで画像磚は嵌め込まれていないように見えるが、実際には六号墓照壁には青龍・白虎や朱雀といった神獣の姿が描かれている。[11] もちろん仏爺廟と比較すればその数は少ないが、無視できる数でもない。また、酒泉でも照壁に羽人や龍、雲の中をいく虎の姿を描いた例が報告されている（甘粛省文物管理委員会「酒泉下河清第一号墓和第一八号墓発掘簡報」）。

嘉峪関新城古墓群の照壁は保存状態が悪いものが多く、照壁に神獣の類が確認できるのは五号墓、六号墓、一二号墓、一三号墓のみであるが、これら四基の墳墓の照壁に敦煌仏爺廟同様、天上世界のモチーフが描かれているということは、点数は少ないとしても、当時の人々が照壁画像に期待した機能は同じであったと考えてよいだろう。すなわち、照壁画像は墓室の入口にあってそこから先が異界であることを示し、同時に辟邪の役割を担っているのである。

墓室内に天上世界のモチーフを描くことは、漢代では当然のことであった。敦煌と嘉峪関ではともに墓室の外、外界との境界線にあたる照壁にこのモチーフが描かれていた。嘉峪関の墓室内は生活の場面に題材をとった画像磚で埋め尽くされ、敦煌でも同様のモチーフの画像磚が数点飾られている。両者とも雲気や朱雀など若干のモチーフを除けば、墓室内部に天上世界のモチーフが描かれることはない。一方、後述する高台の画像磚墓ではこれとは対照的に墓室内部に天上世界のモチーフが多く描かれ、河西地方の画像磚墓の中ではひときわユニークな存在となっている。

一九九二年に発掘された酒泉の西溝四号墓と一九九三年に発掘された西溝五号墓および七号墓は、嘉峪関新城の魏晋墓同様、墓室内は数多くの画像磚で満たされていた[12]。五号墓前室北壁には、青龍、白虎、雲気を描いたものがあったが、その他は牧畜・農耕・厨房・楽伎・牛車・出行など地上の生活風景を描いたものであった。酒泉の西溝と嘉峪関の新城は、魏晋時代にはともに酒泉郡・禄福県に比定されるという（関尾「甘粛出土魏晋時代画像磚および画像磚墓の基礎的整理」）。興味深いことに、西溝五号墓中室の藻井にはめ込まれた方形磚は中央に孔が穿たれ、銅製のフック（挂鈎）が残っていたという。同様のものは新城魏晋墓からも出土しており、二号墓、四号墓のものは状態が良く、その他の墳墓からは残片が確認されている（甘粛省文物考古研究所「甘粛酒泉西溝村魏晋墓発掘報告」／甘粛省文物隊他編『嘉峪関壁画墓発掘報告』）。西溝の報告によると、これは鏡を掛ける金具であるというが、新城の報告書では用途についての言及はなく、岳邦湖らは「灯盞を掛けるもの」としている（岳他『岩画及墓葬壁画』、九六頁）。西溝魏晋墓出土の随葬器物一覧には鏡も銅製フックもなく、その用途ははっきりしないが、いずれにしても新城魏晋墓と西溝魏晋墓の墓室藻井には「中央に孔が穿たれている」という共通点が見出される。このほか、西溝五・六・七号墓の前室東南隅には、地面に陶製の罐を埋め込み、その上に井戸の囲いをのせた井戸の模型が置かれていた。六号墓のものは陶罐を埋め込んだだけのものだが、新城一号墓・七号墓も同じく前室東南隅に、八号墓は前室東北隅に陶瓮を埋め込んでいる。西溝の例から判断すると、新城のものもまた井戸の模型であった可能性が高い。[13]

このように、新城と西溝の魏晋墓は共通点が多く見られる。当時の郡県領域にも注意を払いつつ、敦煌・酒泉・嘉峪関そして後述する高台の違いは何か、共通点は何か、そしてその特徴は何に由来するものなのか、考えていく必要があるだろう。

(四) 瓜州（二〇〇九年調査）

瓜州県は旧安西県、近年唐代の名称に因んで瓜州県と改められた。瓜州では瓜州県博物館を訪れたが、目当てにしていた踏実古墓群出土の画像磚は、わずか三点（左向きの人物像、牛車、大きな角のある獣面）しか展示されていなかった。博物館には画像磚の専門家がおらず、所蔵点数を含め詳細は不明。おそらく一九九七年に発掘された踏実二号大墓と九号大墓から出土した画像磚が、その主なものと思われる。[14] なお、以前は博物館のホームページに、踏実二号大墓から出土した照壁画像磚（兎、羊、飛鴨）三点が公開されていたが、現在はアクセスできない。[15]

踏実古墓群は瓜州県城から車で一時間ほど、鎖陽城鎮政府東南七キロメートルのゴビ灘にある。総面積九〇平方キロ、確認された墳墓は四二一基、そのうち塋圏を有する大墓は九基、うち九号大墓のみが磚室墓であるという。二〇〇九年には巨大な闕を有する一号大墓を調査した。一号大墓と二号大墓および九号大墓の概要は報告に記述したので、ここでは省略する（北村「敦煌・嘉峪関魏晋墓に関する新収穫」）。敦煌からほど近い瓜州の魏晋墓でも照壁に神獣が描かれ、関連資料から照壁画像に牛や耕作図という他の地域には見られないモチーフが含まれていることが分かったが、画像磚の写真は公表されていない。なお、敦煌の陽関博物館には踏実二号大墓出土のものと思われる「彩絵飛鳥画磚」と「彩絵牽馬画磚」が展示されている。

（五）敦煌（二〇〇九年・二〇一二年・二〇一六年調査）

敦煌には、敦煌市博物館、仏爺廟西晋画像磚墓、敦煌莫高窟および陽関博物館に画像磚が保存されている。仏爺廟西晋画像磚墓では一号墓と一三三号墓の見学ができるが、一号墓照壁の画像磚は、一部取り外され博物館で展示されている。現在どれだけの画像磚が現地に残されているのかは定かでないが、博物館に保管展示されている画像磚もかなり剥落が進んでいる[16]。一方、公開されている一三三号墓の照壁の画像磚は、すべて模本であることが判明した。敦煌市博物館で模写を担当している呉栄国氏によると、一三三号墓は二〇〇〇年に一号墓の隣に移築されたのだが、移築の際すでに照壁画像がほとんど見えなくなっていたため、同じ一三三号の鋪地磚を使用して複製を作ったという。こうした説明は、博物館や遺跡では明示されていない[17]。

この他、敦煌では莫高窟と陽関博物館にも画像磚が保管されている。陽関博物館は陽関の遺跡の中にあり、二〇一二年には瓜州の踏実墓群出土の画像磚が二点展示されていた。一方先に述べた、一九四四年に仏爺廟で発掘され「莫高窟に移築された」という翟宗盈墓の照壁は、その後七〇年の長きにわたって莫高窟の非公開窟に放置されている。わたしたちのプロジェクトは二〇〇九年、当時敦煌研究院の研究員であった殷光明氏の協力を得て、この照壁を実見することができたが、対外的には非公開のままである。翟宗盈墓の照壁は莫高窟第一四三窟（晩唐）に、上下二段に分けられ移築されている。残念ながら画像は剥落がひどく、ほとんど判別できないが、移築の際には実測図を作り、すべてナンバリングをしたというので、再構築された照壁はその構造を知る上で非常に貴重な資料である。[18]

翟宗盈墓に関する論考は長らくみられなかったが、二〇〇七年に郭永利と楊恵福が実地調査を踏まえた年代考証を行なっている（郭・楊「敦煌翟宗盈墓及其年代」）。しかし、照壁の画像配置と内容は依然不明のままで、二〇一二年に至って初めて、殷光明氏が照壁の構造と画像磚の内容をまとめ、数点の画像磚の写真と描き起こし図を公開した（殷（北村訳）「西北科学考察団発掘の敦煌翟宗盈画像磚墓について」）。当時、敦煌研究院より翟宗盈墓に関する図録本を出版するという企画が進行していたようだが、その後、担当者の殷光明氏が亡くなり、これまでのところ出版されたという話は聞かない。

（六）高台（二〇〇八年・二〇一〇年・二〇一六年・二〇一七年調査）

わたしたちのプロジェクトでもっとも多くの収穫があり、また同時にもっとも資料不足に頭を悩ませられたのが、高台での調査であった。高台県は河西走廊の黒河流域にあり、張掖から西へ車で一時間ほど行ったところにある。周囲には駱駝城址や許三湾城址、そして多くの古墓群があり、羅城郷では壁画墓も発掘されている。二〇一五年には新しい博物館が開館し、駱駝城・許三湾魏晋墓群や周辺遺跡から出土した木俑・木板画や絹織物など数多くの文物、そして二〇〇点もの画像磚が常設展示されている。

高台では一九九四年、駱駝城郷の西南六キロ、駱駝城址の南二・五キロにある墳墓から画像磚が盗まれ、緊急調査が行なわれた。現場は東西に三基の墳墓が並び、うち中央の一基から画像磚が出土、大部分の画像磚はすでに墓壁から剥がされていたため、墓室内の配置は不明である。このとき回収された画像磚は計五八点、このうち二五点の画像

図三　羽人神獣図（苦水口１号墓）：筆者撮影

磚が報告に掲載され（張掖地区文物管理弁公室他「甘粛高台駱駝城画像磚墓調査」）、その後、静安撮影『甘粛高台魏晋墓彩絵磚』にカラー図版で一〇点の画像磚が収録された。

わたしが最初に高台を訪れたのは二〇〇八年一二月であったが、はじめて駱駝城墓群出土の「羽人神獣図」〔図三〕を目にした時のことは、今でもはっきりと覚えている。魏晋墓出土の画像磚に、なんと漢墓から抜け出してきたような「羽人」が描かれていたのである。また、「神人騎魚図」と題された画像磚はイタリアへ貸し出し中であったが、のちにこれは「羽人騎魚図」〔図四〕であることが判明した。魚にまたがる羽人というモチーフも珍しいが、この画像磚の筆致は特に達者で、高台画像磚の名品と言っても過言ではない。そしてこの二つの画像磚はともに、駱駝城苦水口一号墓（2001GLM1）出土のものであった。

わたしは以前、西王母と東王父、牛頭・鶏頭の神々など漢代の伝統的なモチーフを手がかりとして魏晋墓の画像磚を検討し、嘉峪関・酒泉・敦煌の魏晋墓出土画像磚が、陝西省や山西省の所謂陝北および晋西地域の漢代画像石の影響を受けていることを指摘したが（北村「敦煌仏爺廟湾西晋画像磚墓および敦煌莫高窟における漢代の伝統的な

図四　羽人騎魚図（苦水口１号墓）：筆者撮影

モチーフについて」）、羽人像もまた常に注目しているモチーフのひとつである。魏晋墓出土の羽人像は数が少なく、これまで敦煌仏爺廟一号墓・一三三号墓、そして一九九九年に同じく仏爺廟から出土した画像磚しか例がなかった。羽人と一口にいっても、実は羽人には様々な役割があり、描写表現にも違いがある。漢代の羽人像で最も多く表わされるのは神獣の世話をする羽人だが、痩せっぽちで耳の大きな羽人が、神獣に仙草を与えている高台の画像磚［図三］は、漢代の典型的な羽人像にもっとも近い例と言える。苦水口一号墓（2001GLM1）からは計三点の羽人画像磚が出土しているが、うち二点が神獣の世話をする羽人であった。

苦水口一号墓は、もとは駱駝城西南墓群南辺に位置していたが、二〇〇一年九月盗掘をきっかけに発掘整理され、二〇〇二年一一月に甘粛省駱駝城文物管理所西南一五〇メートルのところに移築復元された。ただし、復元の際に使用された磚は、同時期に発掘した七基の墳墓の磚を寄せ集めたもので、画像磚はすべて複製品である。(19) 苦水口一号墓の正式な報告書は出ていないが、復元墓から墓室内の画像配置が確認できる。注目に値するのは、前室東壁の中央上部に東王父が、西壁に西王母が描かれている点である。高台では駱駝城南墓群から西王母と東王父の画像磚が出土しているが、盗掘によって画像磚が持ち出されたため、墓室内の配置は分かっていない。この苦水口一号墓が西王母と東王父が対になって描かれ、配置が分かる最初の例となる[20]。

この他、墓室を飾る画像磚には屠畜の場面や馬に水をやる場面、騎馬、宴会、牛車の他、亀の甲羅を背に載せた朱雀（鳳凰）や伏羲・女媧などが描かれていた。墓室内に天上世界のモチーフを描きだす苦水口一号墓は、墓室内の壁面をさまざまな生活の場面を描いた画像磚で埋め尽くす嘉峪関新城や、墓室内を飾る画像磚は少ないものの、やはり日常生活に題材をとる敦煌のものとは、どうも系統が異なるようである。

実は高台には、墓室内に天上世界のモチーフを描いた例が他にもある。ひとつは二〇〇一年に発掘された駱駝城土墩墓群の二号墓で、四つある墓室のうち二番目の墓室に伏羲と女媧が描かれていた（甘粛省文物考古研究所他「甘粛高台駱駝城墓葬的発掘」）。もうひとつは、高台県の西北にある羅城郷河西村の地埂坡で発掘された壁画墓で、五基の墳墓のうち三基に天上世界のモチーフが確認された[21]。これらの墳墓はいずれも土洞墓で、一号墓は前室の南北壁と頂部に木造建築を模して柱や梁、垂木などを削りだし、後室の藻井には蓮華、覆斗形天井の四面には四神と蟾蜍、三足烏が描かれていた。また、三号墓は龍や獣面、力士の彩絵彫刻磚を用いた照壁があり、墓室内部は一号墓同様木造建築を模した構造で、墓室頂部には雲気、宇宙山に坐す東王父、西王母、日月、三足烏、羽人などを描いていた[22]。さらに、四号墓は墓門北側に羊首人身像が描かれ、前室には墨線で木造建築の部材や麒麟などの神獣を描いていた。このような木造建築を模した構造を有する魏晋墓は、これまで例を見ないタイプであり、墓門や墓室内に四神や神獣など天上世界のモチーフを描く点からも、漢代の中原からの影響が指摘されている。

以上のことから、高台の魏晋墓には漢代の伝統的な様式やモチーフがもっとも変化の少ない形で保存・継承されていたと考えられるが、一方で地埂坡四号墓には少数民族の姿が描かれており、当時西方との交流が盛んであったことも分かっている。河西の魏晋墓について考えるとき、高台の魏晋墓が重要な鍵をにぎっていることは間違いないが、その鍵をつかって、魏晋墓の謎を紐解いていくには発掘に関する公の資料が必須である。二〇一七年には王子奇が簡報をたよりに地埂坡一号墓の木造建築についての考察を行うなど（同「甘粛高台地埂坡一号晋墓倣木結構初深」）、貴重な文物を擁する高台への注目はいまだ冷めてはいないが、発掘からすでに十年もの月日が流れている。苦水口一号墓をはじめ、地埂坡壁画墓の正式な発掘報告を待ち望むばかりである。

二　河西魏晋墓出土の画像磚資料の問題点

この二〇年の間に、河西魏晋墓出土画像磚の資料は徐々に増え、各地方の博物館の展示も年々充実してきている。しかし、画像磚の図版は公表されているものの、その来源が不明なもの、発掘から十年以上経っても報告（書）が出ていないものが少なくない。二〇〇九年に出版された『甘粛出土壁画』は大型の三冊本で、こうした状況を打破してくれる総合資料ではないかと期待された大著であるが、残念ながら魏晋時代の画像磚を網羅的に扱ったものではなく、データにも不備が多かった(23)。

以前、わたしは嘉峪関新城六号墓出土の画像磚について考察を行ない、現在六号墓内にある画像磚が発掘当時のママのものではなく、「上書きされた模写」が多く含まれていることを指摘した（北村「河西地方における魏晋画像磚墓の研究」）。「上書きされた模写」というのは、磚自体はもともと使用されていた古いものなのだが、本来あった画像に一部手が加えられたり、すべて塗りつぶした上に同じような図像を描いたりしたもののことである。

現在、嘉峪関新城出土の画像磚について最も確実な資料は、甘粛省文物隊他編『嘉峪関壁画墓発掘報告』のみであり、張宝璽編『嘉峪関酒泉魏晋十六国墓壁画』に収録されている画像磚には、すでに手が加えられている。現地では近年盗掘によって数点の画像磚が盗まれたが、その他はすべて本物であると説明される。しかし、実際は本来描かれていたものは既に失われ、原物の画像磚に直接模写が描かれているのである。こうした状況は現地でも一切明らかにされておらず、図録に収録される画像に後代の加筆または模写という説明はない。魏晋墓の画像磚を取り扱う場合、こうした模本の問題を常に念頭に置き、取り扱う必要がある。

嘉峪関新城の魏晋墓の画像磚は、残念ながら多くに手が加えられてしまったことが判明したが、画像磚の出土地点および墳墓内の配置については詳細な資料がそろっている。実はこのように発掘当初の状況が詳細かつ明確に記録されている魏晋墓は多くなく、敦煌・高台をはじめ他の地域の出土資料は非常に断片的で、また専門の研究者がいないせいか、発表される資料や博物館の展示説明にもかなりの混乱や誤りが見られる。

例えば、敦煌市博物館に展示されている仏爺廟一三三号墓（87DFM133）出土画像磚には「一九九五年、機場墓群出土」というキャプションがついている。発掘年が間違っていることは論外であるが、敦煌で問題になるのは墓群の名称の統一ができていないことにある。機場墓群は敦煌市の東南にある仏爺廟墓群とその東側に隣接する新店台墓群の間、安敦公路の南側にあり、甘粛省文物考古研究所はこれを仏爺廟墓群の範囲内にあるとして、所謂機場墓出土の画像磚墓を同所編『敦煌仏爺廟湾西晋画像磚墓』と題した報告書にまとめた。一方、関尾史郎によると、機場墓は新店台墓群に含まれるという（同「甘粛出土、魏晋時代画像磚および画像磚墓の基礎的整理」）。敦煌市博物館は「機場墓群」を「新店台墓群」と考え、敢えて表記を変えているのか、所謂機場墓群三九号墓出土画像磚を「新店台墓群出土」としているものもある。

キャプション表記の誤りは、敦煌市博物館編の『敦煌文物』にも見られる。「一九八五年八月仏爺廟湾墓群出土」

とされる鸚鵡の画像磚（八七頁）は、「一九九一年一二月仏爺廟湾一号墓出土」の画像磚で、照壁ではなく墓室内の供台の前に置かれていたものである。一号墓の墓室供台の前には、この鸚鵡と洛書の画像磚が二つ置かれていた。殷光明は仏爺廟一号墓の報告で供台の前に置かれた画像磚を「河図」と「鸚鵡」としているが、手元にある資料から「河図」ではなく「洛書」であったことが判明しているので、ここに指摘し訂正する。なお、この「洛書」画像磚は、キャプションなしで敦煌市博物館に展示されている。(24)

仏爺廟一号墓（91DFM1）の発掘資料および甘粛省文物考古研究所編の『敦煌仏爺廟湾西晋画像磚墓』に収録されているものは、幸い確かなデータがあり、つき合わせて確認がとれるが、このように一部に不正確なデータがあり、しかもその数が少なくないとなると、資料全体の信憑性が低下する。その他の拠り所がない画像磚については、データの確認がとれないのである。要するに敦煌について言えば、展示および図録に収録されている画像磚からは、図像の内容と仏爺廟～新店台墓群から出土したもの、という大雑把で非常に限られた情報しか得られない。博物館が出している資料ですら、データが混乱しているのである。

では次に、高台の画像磚墓に関する報告書を検討してみたい。一九九四年に盗掘をきっかけに発掘調査がされた、駱駝城南墓群に属する画像磚墓については、張掖地区文物管理弁公室と高台県博物館の報告「甘粛高台駱駝城画像磚墓調査」が出ている(25)（以下、博物館のキャプションに従い、駱駝城南墓群という名称を使用する）。先に高台の項目で述べた通り、三基並んだ墳墓のうち中央の一基から画像磚が出土しており、回収された画像磚は合計五八点だという。当該墳墓は盗掘を受けていたため、墓室内に残っていた画像磚は後室東壁下部に三点、西壁下部に三点の計六点のみであった。報告では、画像磚の内容をテーマごとにまとめ、点数と図像の内容を記録している。ここでまずひっかかるのが「伏義・女媧画像磚三点」という記述である。伏義の画像磚が二点あるという。報告で伏義画像として紹介されているのは図五、女媧は図六である。図六の女媧は手に伏義と同じ「規」を持っているが、報告には「矩」を持つと書かれている。二つ目の伏義は報告には収録されていないが、図七の画像である。こちらの伏義は頭部が三山冠をつけたような表現になっており、左手に「矩」を持つ。右手に「日輪」を掲げるというが、[26]日輪の中は模糊として判別でき

図五　伏義図（高台県駱駝城南墓群）：『甘粛高台魏晋墓彩絵磚』12頁

図六　女媧図（高台県駱駝城南墓群）：『甘粛高台魏晋墓彩絵磚』11頁

図七　伏義図（高台県駱駝城南墓群）：『甘粛出土壁画』中冊、405頁

図八　進食図（高台県駱駝城南墓群）：『甘粛高台魏晋墓彩絵磚』１頁

ない。通常、ひとつの墳墓に女媧を一人、伏羲を二人描くことは考えにくい。また、嘉峪関や仏爺廟、苦水口の例をみると、伏羲と女媧の持物は「規」と「矩」の組み合わせになっており、図五の伏羲と図六の女媧を一対の画像とすると、両者ともに「規」を持つ特殊な一例となる。

次に、報告に収録されている画像磚（二五点）を検討していこう。公表された画像は、ほとんどが白黒で画質も悪いため分かりにくいが、説明にある通り新城出土の画像磚同様、褐色の縁取りが施されている［図八］。ところがよく見ると、内四点の画像磚にはその縁取りがない［図九］～［図一二］[27]。高台県博物館では二〇〇点以上の画像磚が、墓群別ではなくテーマ別に展示されているため、各墳墓の特徴をつかむのはなかなか難しいが、中でも特に目を引くユニークな画風の一群がある。図一三・図一四は許三湾東墓群から出土した画像磚である[28]。女性の面部や裳裾の描き方に特徴があり、駱駝城南墓群［図八］や苦水口出土のものとは一見して違いが分かる。図九の画像磚に描かれた女性像はまさに、この許三湾東墓群出土の画像磚の特徴を備えている。縁取りのないこれら四点の画像磚は、駱駝城南墓群ではなく他の古墓から出土したものに違いない。

ところで、図九以外の三点にはこのユニークな表現の指標となる女性像が描かれていない。果たして、これらもまた同じ墳墓から出土したものなのだろうか。許三湾には東墓群・北墓群・西南墓群・五道梁墓群があるというが、資料によって出土地点に混乱がある。[29]そこでまず博物館で許三湾と名のつくすべての画像磚をピックアップし、これらを出土地点によらず画風によって大別することにした。注目したモチーフは縁取りのない四点の画像磚にみられる女性像・男性像・動物・車馬で、面部・衣紋線・筆致や立体の表現方法、雲気文などを手がかりに分類し、最後に出土

図九　宰牛図：『甘粛出土壁画』中冊、419頁

図一〇　神獣車：筆者撮影

図一一　喂養家畜図：筆者撮影

地点を参照した。出土地点については博物館のデータを基にしつつ、『甘粛出土壁画』や現地取材によって得られたデータを参考にして検討する。

まず、博物館で許三湾五道梁墓群とされるものは、

図一二　車馬出行図：『甘粛出土壁画』中冊、411頁

図一三　人物開箱図（許三湾東墓群）：『甘粛出土壁画』中冊、481頁（許三湾古城遺址東南墓）

図一四　宴飲図（許三湾東墓群）：筆者撮影

①　前秦建元一四（三七八）年の紀年墓から出土した墨線のみの画像磚
『甘粛出土壁画』では、「一九九九年四月、許三湾古城遺址西南墓」出土。

②「彩帛机」など題記のある画像磚
『甘粛出土壁画』では、「一九九九年一〇月、許三湾古城遺址西南墓」あるいは「一九九九年、許三湾古城遺址西南墓葬」出土。(30)

の一群がある。次に、許三湾東墓群には太い輪郭線と赤と黒の色調を特徴とするグループがあるが、画風に多少の違いがある。

③　一九九九年出土のグループ〔図一五〕
『甘粛出土壁画』では、「一九九九年、許三湾古城遺址墓葬」出土。

④　一九九九年六月出土の二点〔図一六〕
『甘粛出土壁画』では、「一九九九年六月、許三湾古城遺址西南墓群」出土。(31)

東墓群にはこのほか、図一三のように女性像の目鼻と頬に特徴のあるグループがあるが、

⑤　描線が比較的細く手の巧いものと〔図一七〕、
『甘粛出土壁画』では、「二〇〇二年九月、許三湾古城遺址東南墓」および「二〇〇二年、許三湾古城遺址東南」。

⑥　タッチが粗くやや稚拙な表現のもの〔図一三〕
『甘粛出土壁画』では、「二〇〇二年九月、許三湾古城遺址東南墓」出土。

の二種に大別された。図九は表現がやや稚拙な⑥に分類される。

では、図一〇～図一二の図像を順にみていこう。図一〇は博物館では「車馬出行図壁画磚」（報告では「〃牛車図〃画

図一五　二女図（許三湾東墓群）:『甘粛出土壁画』中冊、445頁（許三湾古城遺址墓葬）

図一六　車馬図（許三湾東墓群）: 筆者撮影

図一七　彩絵帳居、人物図（許三湾東墓群）:『甘粛出土壁画』中冊、484頁（許三湾古城遺址東南墓）

像磚」）とされるものであるが、実は車を引いているのは馬でも牛でもなく「神獣」である。車の後ろを行く動物も馬でないことは明らかであり、周囲の雲気文から天上世界のひとこまを描いたものであることが分かる。報告には収録されていないが、博物館および静安撮影『甘粛高台魏晋墓彩絵磚』では駱駝城南墓群出土とされる「神獣図壁画磚」

や許三湾東墓群の「羽人神獣図壁画塼」［図一八］には同種の神獣が描かれており、以上三点はグループ⑤に分類される。一方、グループ⑥に分類されるのは図一九のような画像塼だが、縦に三本の線を描く特徴的な雲気文は両者共通である。図一一の「喂養家畜図壁画塼」(32)（報告では「〝飼猪図〟画像塼」）は剥落がひどく判別しにくいが、画面左に見え

図一八　羽人神獣図（許三湾東墓群）：筆者撮影

図一九　動物図（許三湾東墓群）：筆者撮影

図二〇　出行図（苦水口１号墓）：筆者撮影

図二一　人物開箱図（許三湾東墓群）：『嘉峪関文物図録』可移動文物巻、143頁

る猪は図一〇の神獣と色彩や背中の表現に共通点が認められる。図一二の「車馬出行図」（報告では「〝馬車図〟壁画磚」[33]）は、車輪の描き方に特徴がある。例えば、苦水口一号墓出土の馬車［図二〇］は空間のとらえ方がまるで異なり、手前と奥の車輪をきちんと描き分けているが、図一二では二つの車輪が貼りついているように見える。こうした描写は、図一〇の神獣が引く車や許三湾東墓群の牛車と馬車に見られるものである。以上のことから、報告に収録された縁取りのない四点の画像磚のうち、［図九］はグループ⑥、［図一〇］～［図一二］はグループ⑤のものと判断できるが、実はグループ⑤、グループ⑥の中でも手の巧いものと下手なものがある。グループ⑤と⑥に見られる技術的な差異は、単に絵師の技量によるものなのか、あるいは別の墳墓から出土したものなのか。発掘状況が不明な現在、知る由がない。

最後に関尾史郎が高台からの流出文物として指摘している嘉峪関長城博物館蔵の「唐仕女図画像磚」［図二二］を見てみよう（同「高台県古墓群発掘調査簡史」）。この画像磚は一九九九年九月に公安が回収した、所謂盗掘品だという。関尾の指摘通り、この画像磚は唐代のものではなく、魏晋の許三湾東墓群出土のものに違いない。先の分類ではグループ⑤・⑥に属する画風で、同じテーマで描かれた図一三より筆遣いは達者で、衣服は豪華である。同様のおそらく衣装箱を開ける場面を描いた画像磚が、苦水口一号墓と苦水口二号墓からそれぞれ一点ずつ出土していることを考えると、図一三と図二一は別の墳墓から出土したのではないだろうか。図二一がグループ⑤に分類され、グループ⑤とグループ⑥が同族墓である可能性も高いが、グループ⑥に分類した図一七の画像磚とはいささか趣が異なる。あるいはまたさらに別の墳墓から出土したものかもしれないが、いずれにしても推測の域を出ない。ここでは許三湾東墓群のユニークな画風の画像磚は大別するとグループ⑤とグループ⑥に分類され、そこから流出した画像磚が駱駝城南墓群出土の画像磚として報告されていることを指摘するにとどめたい。

駱駝城南墓群の報告、張掖地区文物管理弁公室他「甘粛高台駱駝城画像磚墓調査」に記載された五八点の画像磚のうち、縁取りのない四点は許三湾東墓群出土のものと判明した。出処が疑わしい伏羲画像磚一点も含まれており、全体として数基の墳墓から出土したものが混在している可能性がある。また、以上の考察の経過で、許三湾東墓群出土画像磚でありながら駱駝城南墓群（駱駝城南苦水口墓葬を含む）とされているものは九点確認された。グループ④一点（［図一六］）、グループ⑤五点（［図一〇］～［図一二］・［図二一］ほか）、グループ⑥三点（［図九］・［図一四］ほか）の計九点である。[34] 図一六は博物館で駱駝城南墓群として展示されている。単なるキャプションの誤りという可能性もあるが、[35] こうした混乱が高台の現状なのである。

おわりに

近年、クチャや金昌、そして玉門でも魏晋画像磚の出土例が報告されている。[36] 魏晋画像磚墓といえば、以前は嘉峪関新城の画像磚しか知られておらず、絵画史的にも孤立していたが、徐々にその空白が埋められ、ひとつの大きな分野が形成されつつある。しかし、残念ながら新たな発掘によってもたらされる資料は、出土地点・発掘年に混乱があるなど多くの問題を抱えている。河西の魏晋時代の図像学は画像磚・壁画・木板画などがその対象となるが、このような断片的な資料から当時の世界観を再構築することはなかなか難しい。また、嘉峪関をはじめ酒泉・敦煌でも壁画の磨滅、剝落はかなり深刻な状況である。分散した資料の収集整理、複数の資料の比較検討などは手間を惜しまず時間をかければ少しずつ解決できる部分はあるだろう。しかし一度失われたものは二度と同じ姿を見せることはない。河西地方では、今後も次々と数多くの画像磚が出土するだろう。出土した画像磚ができる限り本来の姿をとどめていられるよう、また一番のよりどころとなる正式な発掘報告が出版されることを期待したい。その上で資料の公開が進めば、魏晋時代の画像磚墓研究は飛躍的に進んでいくだろう。

註

（1）その後、中国で発表された仏爺廟一号墓の報告が、殷光明「敦煌西晋墨書題記画像磚墓及相関内容考論」である。

（2）二〇〇八～二〇一一年度日本学術振興会科学研究費補助金・基盤研究（A）「出土史料群のデータベース化とそれを用いた中国古代史上の基層社会に関する多面的分析」に研究協力者として参加した。

（3）本稿は、研究協力者として参加した、二〇一六～二〇一七年度日本学術振興会科学研究費補助金・基盤研究（B）「域圏論の視点による中国古代地域社会像の構築」による研究成果の一部でもある。

（4）新城一～四号墓については、嘉峪関市文物清理小組「嘉峪関漢画像磚墓」、五～八号墓については、甘粛省博物館他「嘉峪関魏晋墓室壁画的題材和芸術価値」、九～十一号墓については、甘粛省博物館「酒泉・嘉峪関晋墓的発掘」、十二・十三号墓については、嘉峪関市文物管理所「嘉峪関新城十二・十三号画像磚墓発掘簡報」があり、また七号墓までは、報告書、甘粛省文物隊他編『嘉峪関壁画墓発掘報告』がある。

（5）二〇〇四年に発掘された魏晋墓からは、七一点もの画像磚が出土した。王春梅「嘉峪関峪泉鎮魏晋墓出土画像磚及其保存状況調査」参照。

（6）酒泉の西溝墓群については、甘粛省文物考古研究所「甘粛酒泉西溝村魏晋墓発掘報告」があり、高台の古墓群については、張掖地区文物管理弁公室他「甘粛高台駱駝城画像磚墓調査」、甘粛省文物考古研究所他「甘粛高台県駱駝城墓葬的発掘」、甘粛省文物考古研究所「甘粛省高台県漢晋墓葬発掘簡報」、および甘粛省文物考古研究所他「甘粛高台地埂坡晋墓発掘簡報」などがある。また庫車の友誼路の古墓群については、新疆文物考古研究所「新疆庫車友誼路魏晋十六国時期墓葬二〇〇七年発掘簡報」、同「新疆庫車友誼路魏晋十六国墓葬二〇一〇年発掘報告」などを参照。なお、このほかにも民楽に三基の壁画墓がある。これについては、施愛民「民楽八卦営魏晋壁画墓」を参照。

（7）『甘粛出土壁画』中冊。筆者は二〇〇〇年に甘粛省文物考古研究所でこの一部を閲覧している。

（8）甘粛省文物考古研究所編『酒泉十六国墓壁画』。なお『甘粛出土壁画』下冊、七九七頁には後年撮影された、摩滅の進んだ写真が掲載されている。

（9）二〇〇九年九月に丁家閘五号墓近くにできた絲綢之路博物館は、民間企業が経営する施設である。

（10）甘粛省文物考古研究所編『敦煌仏爺廟湾西晋画像磚墓』、一一四頁。

（11）甘粛省文物隊他編『嘉峪関壁画墓発掘報告』、一〇頁、図九。調査内容については、北村「高台・酒泉・嘉峪関魏晋墓に関する問題点と課題」、二九〜三二頁、参照。

（12）甘粛省文物考古研究所「甘粛酒泉西溝村魏晋墓発掘報告」、『甘粛出土壁画』下冊、六〇九〜六一二頁、および六七一〜六七七頁。

（13）甘粛省文物隊他編『嘉峪関壁画墓発掘報告』、一二頁。なお新城出土のものについては、井戸の模型という指摘はなされていない。

（14）瓜州の古墓群とその出土文物に関しては、李春元『瓜州文物考古総録』、李他『瓜州史地研究文集』の二冊が参考となる。

（15）飛鴨とされている図像は、敦煌仏爺廟一号墓出土の赤鳥に似ている。

（16）発掘当初の画像磚の状態は、殷（北村訳）「敦煌西晋墓出土の墨書題記画像磚をめぐる考察」、北村「敦煌仏爺廟湾西晋画像磚墓および敦煌莫高窟における漢代の伝統的なモチーフについて」を参照。敦煌市博物館編『敦煌文物』および『甘粛出土壁画』中冊の図版では、剝落が進んでいる。

(17) 現地の管理所では、時代は後漢時代、画像磚の二〇パーセントが模本と説明される。北村「敦煌・嘉峪関魏晋墓に関する新収穫」を参照。

(18) 莫高窟における翟宗盈墓の照壁の調査内容については、北村「敦煌・嘉峪関魏晋墓に関する新収穫」を参照。

(19) 当時、高台県博物館の副館長であった趙万鈞氏に取材した。復元墓の画像磚は全て氏が描いたという。

(20) 苦水口一号墓の調査記録については、北村「甘粛省高台県駱駝城苦水口一号墓（2001GLM1）の基礎的整理」を参照。

(21) 二号墓にも壁画はあったようであるが、剝落がひどく何が描かれていたかは分かっていない。甘粛省文物考古研究所他「甘粛高台地埂坡晋墓発掘簡報」、呉葒「甘粛高台地埂坡晋墓」を参照。

(22) 西王母・東王父については報告に記載はないが、二〇一〇年の実地調査の際に確認した。北村「甘粛省高台県地埂坡魏晋三号墓（M3）について」を参照。

(23) 『甘粛出土壁画』に収録されている図版には模本も多く含まれているが、その表示はない。また上冊五二頁は天地が逆、八二～八三頁はひどいピンボケかつ逆版。中冊四〇五頁と四三四頁は同じ写真を掲載するなど、不備が多い。

(24) 殷（北村訳）「敦煌西晋墓出土の墨書題記画像磚墓をめぐる考察」、殷「敦煌西晋墨書題記画像磚墓及相関内容考論」、参照。共同研究者である殷光明氏は二〇一三年に没し、今後訂正の機会がないため、ここに誤りを訂正する。洛書の画像磚は、二〇一六年の調査時にはキャプションなしで常設展示されていたが、現在は「亀」というキャプションになっている。

(25) 駱駝城南墓群の呼称については、甘粛省文物考古研究所他「甘粛高台県駱駝城墓葬的発掘」に説明があり、混乱する高台県の古墓群の名称については、関尾史郎「高台県古墓群発掘調査簡史」に整理されている。

(26) 『甘粛出土壁画』中冊、四〇五頁。

(27) 関尾史郎「高台県古墓群発掘調査簡史」は、静安撮影『甘粛高台魏晋墓彩絵磚』に収録されている「高台魏晋墓動物」（一〇頁）を加え、これら五点を当該墓以外の古墓からの盗掘品であろうと推定している。なお高台県博物館では、「高台魏晋墓動物」を「神獣図壁画磚／駱駝城南墓群」としている。報告に収録された四点のうち三点は「駱駝城南墓群」出土、一点は「駱駝城墓群」出土とし、このほか「駱駝城南墓群」出土とするものに、図九同様「宰牛図壁画磚」と題される縁取りがないものが一点、同様の画風の「宴飲図壁画磚」で「駱駝城南苦水口墓葬」とされるものが展示されている。

(28) 高台県博物館のキャプションでは「許三湾東墓群」となっているが、『甘粛出土壁画』中冊、四八一頁では「彩絵双人図／二〇〇二年九月、許三湾古城遺址東南墓出土」としている。

(29) この点については、関尾史郎「高台県古墓群発掘調査簡史」に詳しい。

(30) 郭永利・寇克宏（ママ）「(張掖駱駝城・許三湾・苦水口魏晋墓壁画) 綜述」では「許三湾東南墓群」とする。発掘に参加した趙万鈞氏に取材したところ「東南墓群」との回答を得た。

(31) 『甘粛出土壁画』中冊、四三六・四三七頁で「一九九九年六月、許三湾古城遺址西南墓群」出土とされる二点を、高台県博物館ではひとつを「許三湾東墓」とし、もうひとつを「城南墓群」とする。

(32) 高台県博物館では「駱駝城墓群」としている。

(33) 張掖市文物管理弁公室他「甘粛高台画像磚墓調査」の図版は逆版。

(34) 註 (27) 参照。関尾史郎は、嘉峪関市文物局編『嘉峪関文物図録』可移動文物巻に収録された一点（図二一）を加え、計六点を盗掘品と指摘している（同「高台県古墓群発掘調査簡史」）。

(35) 『甘粛出土壁画』中冊、四三七頁では「許三湾古城遺址西南墓群」とする。

(36) 庫車については、新疆文物考古研究所「新疆庫車友誼路魏晋十六国時期墓葬二〇〇七年発掘簡報」、同「新疆庫車友誼路魏晋十六国墓葬二〇一〇年発掘報告」などを、金昌については、金昌市文化出版局編『金昌文物』、李勇傑「早期道教羽化成仙思想的生動再現」などを参照。なお、金昌市博物館所蔵の画像磚は、二〇一八年八月に実見する機会を得た。展示されている画像磚は計二四点、盗掘品のため詳細は不明であるが、出土地に関しては高台県と思わせる情報が出ている（二〇〇九年十一月十二日付『西部商報』紙上の、何学平による記事「金昌二四塊魏晋画像磚成功修復後〝回家〟」）。玉門の資料については、筆者は実見していないが、同月、註（3）に掲げたプロジェクトチームが玉門市博物館で資料を確認した。表現方法は異なるが、金昌市博物館所蔵の画像磚と同様の日月磚が出ており、注目に値する。

出典一覧

図一　敦煌仏爺廟三九号墓出土画像磚：『敦煌仏爺廟湾西晋画像磚墓』、図版六〇―三。
図二　酒泉丁家閘五号墓前室南壁第四層壁画（部分）：『酒泉十六国墓壁画』、「南壁壁画」。
図三　羽人神獣図：筆者撮影
図四　羽人騎魚図：筆者撮影
図五　伏羲図（高台県駱駝城南墓群）：『甘粛高台魏晋墓彩絵磚』、一二頁「伏羲」
図六　女媧図（高台県駱駝城南墓群）：『甘粛高台魏晋墓彩絵磚』、一一頁「羽人」。
図七　伏羲図（高台県駱駝城南墓群）：『甘粛出土壁画』中冊、四〇五頁「伏羲図」（ZG3・001[676]）。
図八　進食図（高台県駱駝城南墓群）：『甘粛高台魏晋墓彩絵磚』、一頁「進食図」。
図九　宰牛図：『甘粛出土壁画』中冊、四一九頁「屠宰図」（ZG3・015[698]）。
図一〇　神獣車：筆者撮影
図一一　喂養家畜図：筆者撮影
図一二　車馬出行図：『甘粛出土壁画』中冊、四一一頁「車馬出行図」（ZG3・007[688]）。
図一三　人物開箱図（許三湾東墓群）：『甘粛出土壁画』中冊、四八一頁（許三湾古城遺址東南墓）「彩絵双人図」（ZG3・077[1919]）。
図一四　宴飲図（許三湾東墓群）：筆者撮影
図一五　二女図（許三湾東墓群）：『甘粛出土壁画』中冊、四四五頁（許三湾古城遺址墓葬）「二女図」（ZG3・041[744]）。
図一六　車馬図（許三湾東墓群）：筆者撮影
図一七　彩絵帳居、人物図（許三湾東墓群）：『甘粛出土壁画』中冊、四八四頁（許三湾古城遺址東南墓）「彩絵帳居・人物図」（ZG3・080[1934]）。

図一八　羽人神獣図（許三湾東墓群）：筆者撮影

図一九　動物図（許三湾東墓群）：筆者撮影

図二〇　出行図（苦水口一号墓）：筆者撮影

図二一　人物開箱図（許三湾東墓群）：『嘉峪関文物図録』可移動文物巻、一四三頁「唐仕女図画像磚」（総登記号1493）。

河西磚画墓とその時代——新城墓群を中心として——

関尾史郎

はじめに

副題にある新城墓群とは、甘粛省嘉峪関市の東端に位置する新城鎮の観蒲村西方に拡がる巨大な古墓群である。魏晋時代から〈五胡〉時代にかけては、市境を越えて接する酒泉市（粛州区）の果園郷に点在する古墓群とともに、酒泉郡の郡治だった禄福県西郊の墓域を形成していたと考えられる。そのために、二〇〇一年には、「果園—新城墓群」として全国重点文物保護単位に指定され現在に至っている。

周知のように、新城墓群では、魏晋時代の磚画墓が八座（一、三～七、一二・一三号墓）ほど確認されており、そのうち六座（一、三～七号墓）については、いち早く発掘報告書、甘粛省文物隊他編『嘉峪関壁画墓発掘報告』（以下、『発掘報告』）[1]も公刊された。また八座の磚画の白黒写真を収録した図録本、張宝璽編『嘉峪関酒泉魏晋十六国墓壁画』（以下、『嘉峪関酒泉壁画』）や、ほぼ墓ごとに磚画のカラー写真を編んだ中国古代壁画精華叢書のシリーズ（以下、このうちでたびたび引用する胡之主編『甘粛嘉峪関魏晋一号墓彩絵磚』は『一号墓彩絵磚』）などもあり、それぞれの磚画の墓室内における位置関係についてもほぼ明らかになっている。これらに加え、近年刊行された国家文物局主編『中国文物地図集』甘粛分冊（以下、『文物地図集』）と嘉峪関市文物局編『嘉峪関文物図録』（以下、『文物図録』）にも、主要な古墓群や出土した磚画（画像磚）に関する情報が収載されている。したがってこの八座については、河西地域の西部を中心に百座近く点在する磚画墓・壁画墓のなかでは、もっとも情報に恵まれていると言っても過言ではない。

私はさきに、河西地域における磚画墓や壁画墓の所在や墓ごとの出土磚画数について整理する機会をもったが（関尾「甘粛出土、魏晋時代画像磚および画像磚墓の基礎的整理」）、その後、河西地域の主要な磚画や壁画の写真を集成した大型図録本、俄軍他主編『甘粛出土魏晋唐墓壁画』（以下、『甘粛出土壁画』）の書評をかねて(2)、本墓群の磚画墓の造営プロセスについても簡単な考察を行なった（関尾「河西磚画墓・壁画墓的空間与時間」）。また別稿においては、各磚画に関する情報を整理した（関尾「河西魏晋墓出土磚画一覧」）。本稿は、これらの成果をふまえながら、新城墓群の磚画墓について、先後関係や周辺の磚画墓との関係性などを明らかにすることを目ざしている。それは、第一に、本墓群の磚画墓が河西地域における磚画墓・壁画墓の普及上きわめて重要な位置を占めていると考えるからであり、第二には、禄福県ひいては酒泉郡管下にあった地域社会を考えるための手がかりや材料を提供してくれることが期待できるからである(3)。

一　新城墓群

新城墓群を含むかつての禄福県西郊に広がる「果園―新城墓群」の墓域は、東端を酒泉市（粛州区）と新城鎮の中心とを結ぶ道路（県道二五三号線）、西端を南北に走る第一支幹渠、南端を東西に走る第三支幹渠、北端を長城の北側に位置する新城鎮野麻湾村とする一三万平方キロに及ぶ範囲で、ここに千座以上の墓が散在しているという（『発掘報告』、一頁）(4)。このうちおおよそ北幹渠（後掲の図二では二支渠・三支渠）以東の第二支幹渠（同じく図二では北二支幹渠・新建渠）の南北両岸がとりわけ墓の密集している区域で、一九七二年、最初に調査が行なわれた新城一号墓（72JXM1）から四号墓（72JXM4）と、翌一九七三年までに調査が完了した五号墓（73JXM5）から八号墓（73JXM8）の計八座は、ほぼこの区域の内部に含まれていた［図二］[5]。その後一九七七年に調査が行なわれた九号墓（77HKM9）から一一号墓（77HKM11）[6]のうち、九・一〇号墓は一・二号墓の西南に、一一号墓は六号墓の東北に位置していたようである（甘粛省博物館「酒泉・嘉峪関晋墓的発掘」）。また一九七九年に発掘された一二・一三号墓（79JXM12, 13）は、六号墓の南方約二〇〇メートルに位置していた（嘉峪関市文物管理所「嘉峪関新城十二・十三号画像磚墓発掘簡報」）。図一で、ちょうど六号墓の南二〇〇メートル附近に示されている「未発掘墓葬」群がこれに該当すると考えられる[7]。このほか、二〇〇

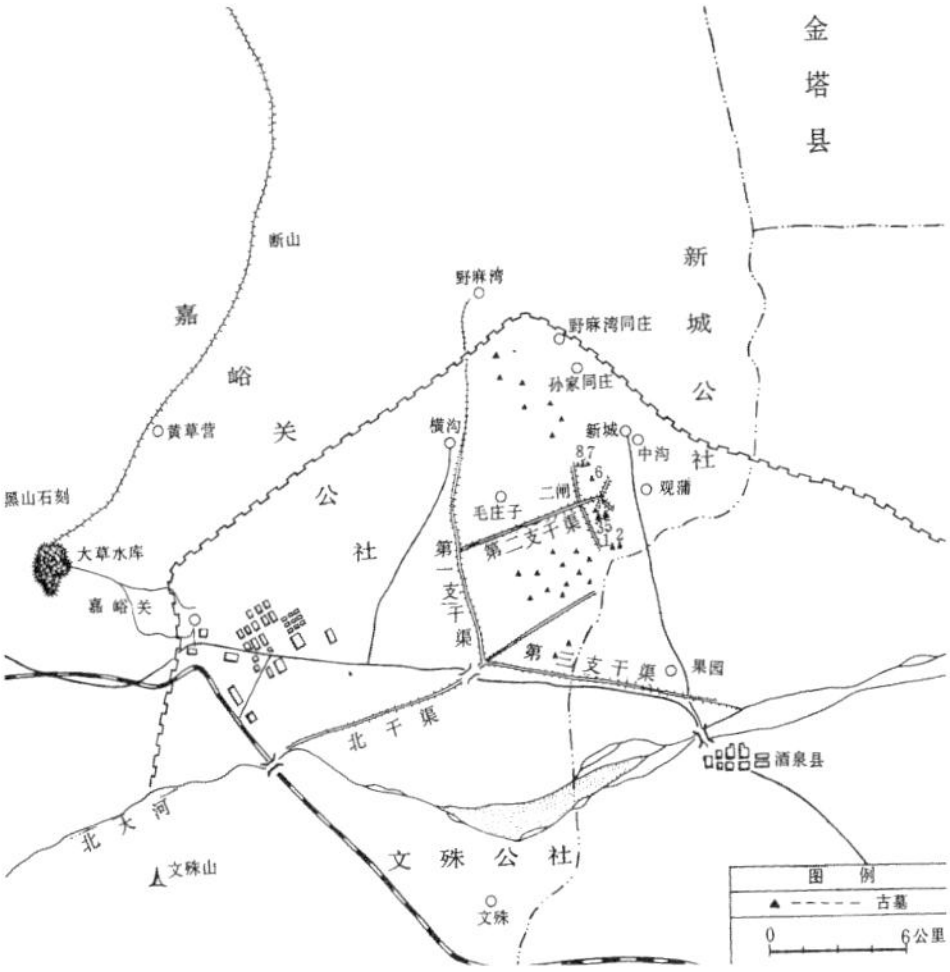

図一

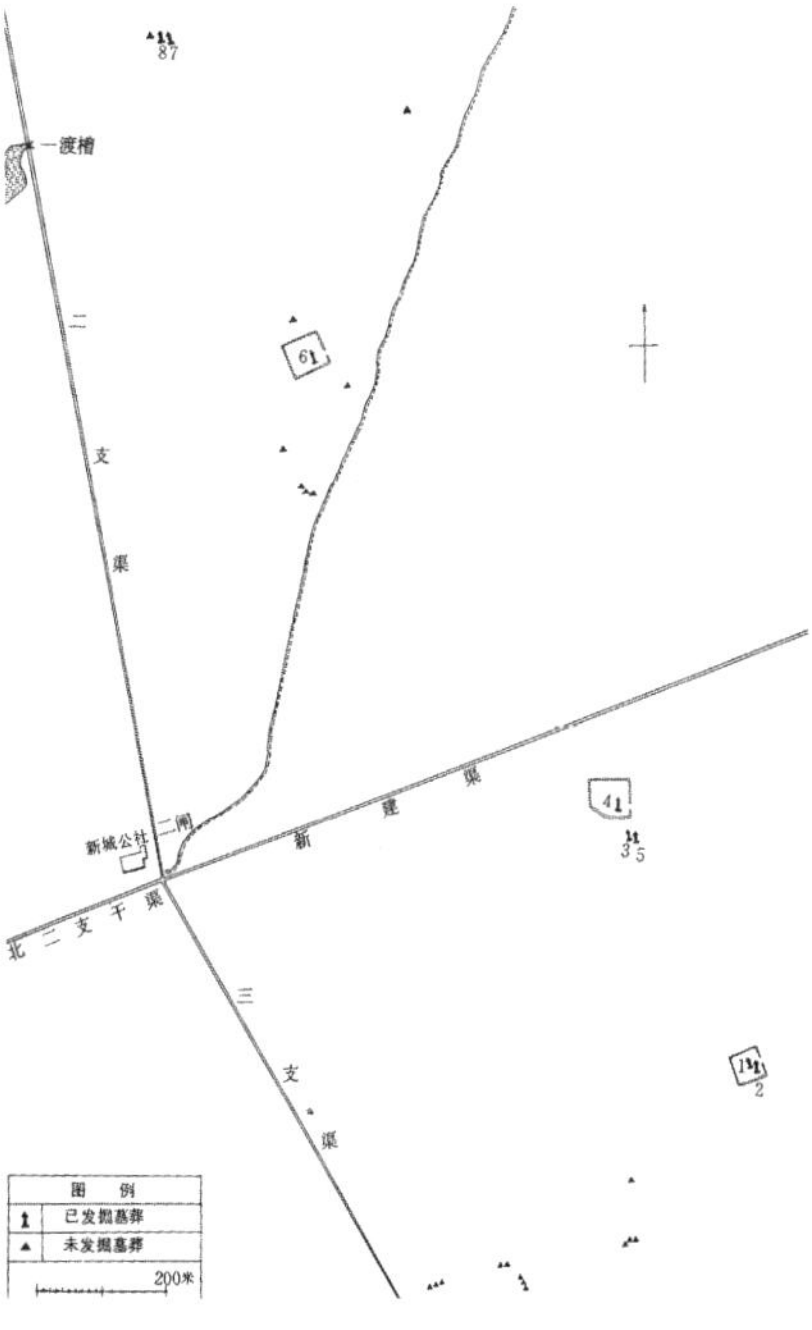

図二

二年に木板画が複数出土した毛庄子魏晋墓（以下、「毛庄子墓」）はこれらの西側、毛庄子村の南二キロ附近に位置するというが、略図によると、一・二号墓のほぼ真西に当たるようである（孔令忠他「記新発現的嘉峪関毛庄子魏晋墓木板画」）。なおこの区域では一九七九年までの調査により、全部で一八座の墓が発掘されたとのことだが（侯晋剛他「（嘉峪関新城魏晋墓・五号墓）綜述」）、一四号墓以降の五座については、詳細が不明のままである。(8)

これらの墓の多くは、塋域を有する同族墓であった。具体的には一・二号墓が一つの塋域を構成しており、(9)四号墓と六号墓も、それぞれ単独ながら塋域を有する。また塋域こそ認められないが、三・五号墓は間隔がわずか六メートル、七・八号墓も七メートルということなので、当初は塋域を示すために設けられていた墻垣が消失してしまった可能性が高い［図二］。このほか、九・一〇号墓も塋域を有する同族墓であり、一二・一三号墓の周囲にも墻垣の形跡が残っているという。(10)以上をまとめれば、左のようにグルーピングすることができよう（ボールドは磚画墓）。

① **一・二号墓**
② **三・五号墓**
③ **四号墓**
④ **六号墓**
⑤ **七・八号墓**
⑥ 九・一〇号墓
⑦ 一一号墓
⑧ **一二・一三号墓**
⑨ 毛庄子墓

ところで新城墓群は、通常「魏晋墓」と呼ばれ、西暦では二二〇年から四二〇年の二百年間にわたり造営されたと言われているが（俟他「〈嘉峪関新城魏晋墓・五号墓〉綜述」）、そのなかで最初期に調査が行なわれた一～八号墓については、魏から西晋にかけての時期に編年されている。『発掘報告』は、墓の構造や磚画と出土遺物の特徴などから、造営の先後関係について、左のように推定している（七四頁）。

二号墓→一号墓（二号墓と同じ塋域）→四（単独で塋域）・五号墓→三号墓（五号墓に隣接）→六号墓（単独で塋域）→七号墓→八号墓（七号墓に隣接）

始期が魏とされたのは、二号墓と同じく早期に属する一号墓から出土した鎮墓瓶（72JXM1：9）の銘文に、「甘□二□」という紀年表記があり、これを魏・高貴郷公の甘露二年すなわち二五七年と解釈した結果である[11]。本墓は男女合葬墓で、どちらが先葬されたのか、鎮墓瓶がどちらのものなのか、などはともに不明だが、一号墓が魏末の造営にかかることはほぼ確実であろう。また終期が四世紀初頭すなわち西晋時代におかれたのは、中原地域の墓とそこから出土した副葬陶器などからの類推である。しかし同じ塋域の中でも門口に近く、「側墓」とされた二号墓を一号墓よりも前に置くのはいかがだろうか[12]。

その後、副葬陶器を手がかりにして、敦煌・祁家湾墓群の編年を基準に新たな編年を試みた白石典之は、一・二・四・六号墓を魏、七号墓を魏～西晋、五・八号墓を祁家湾一期（西晋：二六五～三一〇年）の各時期にそれぞれ比定した。三号墓については、見解を保留するものの、九号墓以下についても、検討を加え、一一号墓を一号墓と同時期、九・一〇号墓（同じ塋域）を祁家湾三期（前涼中葉：三二五～三六〇年）と判断した（同「甘粛西部における魏晋十六国時代墓の編年」）。それに対して孫彦は、墓の構造や磚画の特徴などから磚画墓・壁画墓の造営年代を三期に区分し、一・三・六・七・一一号墓を第一期（二二〇年代から八〇年代）とするが、第二期（二九〇年代から三八〇年代）と第三期（四世紀末期から五世紀中期）に属するのは、磚画墓ではない九号墓と毛庄子墓（孫の「新城南墓区晋墓」）だけとする（同『河西魏晋十六国壁画墓研究』、第一章）。四・五・一二号墓については言及がないが、ほぼ三国統一以前の時期に集中していることになる。孫彦と同じように、郭永利も墓の構造や磚画の特徴などから、旧酒泉郡域の磚画墓・壁画墓の造営年代を三期に区分し、一・三・四・五号墓を第一期（二五七年前後から二九〇年前後まで）、六・七・一一・一二号墓を第二期（二九〇年以降、三七八年前後まで）とする（三七八年から四三九年に相当する第三期に属する磚画墓はない。郭『河西魏晋十六国壁画墓』、第二章）。白石編年と孫・郭編年に違いが認められるのは、メルクマールが異なる以上当然とも言えようが、同じように墓の構造や磚画の画材を基準とした孫編年と郭編年でも食い違いがあり、依拠するには不安が残る。なお残る磚画墓、一二・一三号墓については判断材料を欠いている。[13] また毛庄子墓は、第一報（嘉峪関長城博物館「嘉峪関新城魏晋磚墓発掘報告」）、第二報（孔他「記新発現的嘉峪関毛庄子魏晋墓木板画」）とも、一号墓と同時代としているが、[14] 断定はむずかしい。本稿ではさしあたり、検討の中心にすえる一号墓が最初期に属することは全ての編年に共通していることを確認しておきたい。

さてそれでは、これらの墓の墓主についてはどうだろうか。この問題についても、孫彦は、一号墓出土の磚（磚画番号〇七）[15] にある「段清」「幼絜」という墨書題記に注目し、段清が墓主の姓名で、幼絜はその字であるとし、河西地域における段氏の動向を「正史」から跡づけている（孫『河西魏晋十六国壁画墓研究』、第三章）。件の磚は、一号墓前室南壁（後壁）の、後室に通ずる過道の東側（左側）二段目に嵌め込まれているもので、左側に串肉を差し出す男性、右側にそれを受け取ろうとする男性が描かれている［図三］。右側の男性は、榻の上に坐して扇子を手にし、頭には進賢冠とおぼしき黒い冠を被っており、墓主であることは疑いないだろう。孫彦は、天水上邽（現・甘粛省天水市秦州区）の段会宗が前漢時代、西域都護に任じられたことから段氏と河西地域との関わりが生まれたとし、後漢の段熲

図三

（武威姑臧の人で会宗の曾孫、『後漢書』巻六五本伝）や、魏・晋の段灼（敦煌の人、『晋書』巻四八本伝）らとこの段清とが同族であるとするが、推測の域を出るものではない(16)。むしろ「正史」の記述に眼を向けるまえに、一二号墓から出土した帛に書かれた鎮墓文（ないしは墓券）に注目すべきであろう(17)。

死人帰……哀以故……賈銅銭□萬三千、以贖段氏之家……上有太□……以七星生人屬天、……地生□□、死人屬泰山、生人得十、死人得五……。

呂占光によると、これは紅絹の「魂幡」で、中心に北斗七星と伏羲が描かれ、それを囲むように丸くこの「祭文」が書かれていたという（同編『嘉峪関文物集萃』、一二七頁）。残念ながら大きさも形状もわからないが、この鎮墓文から、出土した一二号墓の墓主も段姓だったことは疑いない(18)。一二号墓に近接する一三号墓の墓主も段氏の関係者と考えてよいだろう。一号墓と同じ塋域内にある二号墓の墓主が段氏の関係者であることは言うまでもない。したがって、一三座までのうち少なくとも四座が段氏の関係者のものだったことが確実となる。彼らが魏から西晋にかけてのある時期、磚画墓の造営に熱心だったことは疑いのないところである。もっとも一三座全てが段氏の関係者のものだったと考えることはできない。なぜならば、七号墓からは「王霑印信」という印文を有する石製の私印（73JXM7：55）が出土しているからである（『発掘報告』、三七頁）[19]。七号墓の墓主が王氏だとすると、これに近接する八号墓も王氏の関係者のものということになる。これに加え、六号墓からは肩部に「王阿初」と刻された大型の陶井（73JXM6：7）が出土している（同、二八頁以下）。六号墓と七号墓の距離は五〇〇メートルということだが（同、三頁）、同墓の墓主も王氏だった可能性がある。

このように一三座のなかには、段氏の四座と王氏の二座が含まれていることはほぼ確実で、王氏は三座の可能性もある。他の六座については残念ながら墓主に関する手がかりがない[20]。しかしここでは、一号墓から八号墓までの八座はいずれも墓道が北側の入口から南側の墓室に向かって延びており（すなわち墓室の後壁は南壁となる）、ほぼ同じ方角を向いていることに注目したい[21]。これは九・一〇号墓[22]や一二・一三号墓[23]、および毛庄子墓などにもあてはまる[24]。一一号墓だけはこれらとは正反対に墓室が北側に造営されたようだが[25]、これを除く一三座は同じ方角に造営されている。またこれらのうち、塋域を有する墓については、墻垣の門口が東側に設けられていることも共通した特徴である[26]。以上のことは、これら一三座がほぼ同じ時期に、段氏や王氏などごく限られた氏族によって集中的に造営されたことを示しているのではないだろうか[27]。八座の磚画墓は全てこの一三座に含まれているが、それ以外でも、一号墓と同じ塋域内に位置する二号墓から磚画が出土しているほか、七号墓と同じ塋域を構成していたと考えられる八号墓でも磚画が確認されており[28]、また毛庄子墓も、伏羲女媧図が棺蓋の内側に描かれているという特徴を一号墓と共有している[29]。

二　新城一号墓の位相

ここでは、最初期の磚画墓である新城一号墓に焦点をあててみたい。それは、一号墓だけが絶対年代が伴出文物から判明しているとともに、八座の磚画墓のなかでは最初に造営されたことが疑いないからである。

一号墓は前室と後室の双室構造を基本とし、前室には左右（東西）にほぼ同規模の耳室を有する。後室には二つの棺が平行に安置されていた。全体に左右対称である［図四］(30)。一〇層からなる門楼に磚画は現存せず、斗栱（一〇点）、力士（三点）、側獣（二点）などの雕磚が嵌め込まれており、最下段に鶏首人身と牛首人身の雕磚が左右に配されている［図五］(31)。磚画は墓室の壁面に集中しており、前室の四壁に三九点、後室後壁（南壁）に一八点で、合計五七点の磚画を擁する。磚の大きさは、横三六・五センチ、縦一七・五センチでほぼ統一されている（『一号墓彩絵磚』）。前室四壁の磚画配置を図示したのが、図六である(32)。

すでに『発掘報告』が、一号墓のような双室墓の磚画構成について論じており、それによると、前室は後壁（南壁）に男女の墓主と賓客との宴飲風景を描き、側壁（東壁と西壁）から前壁（北壁）にかけての一方には、墓主の生活風景を、これと相対する一方には墓主の「庄園経済生活」を描いた磚画が配置されているという（同、四六頁以下）(33)。また孫彦も、『嘉峪関酒泉壁画』の記載を手がかりにして、磚画間の位置関係を図示している（孫『河西魏晋十六国壁画墓研究』、一〇五頁図三の二）(34)。本稿では、磚画の画材を、墓主像（宴飲・宴楽、出遊など。以下、男性墓主をA1、女性墓主をA2）以下、生産（農耕、牧畜、狩猟など(35)、家畜の飼養風景を含む。B）の場面、消費（屠畜、調理、進食などで、厨房風景を含む。C）の場面、および生活（住居、車両など。D）の場面に大別したい。死後の世界が現世になぞらえてイメージされていた当時にあっては、死後の世界でも墓主が現世と同じような生活を営めるように、生前の生活の諸場面が磚画によって表現されたと言うことができるが、これに「その他」（神獣など。E）を加えて、図六を書き直すと図七のようになる。

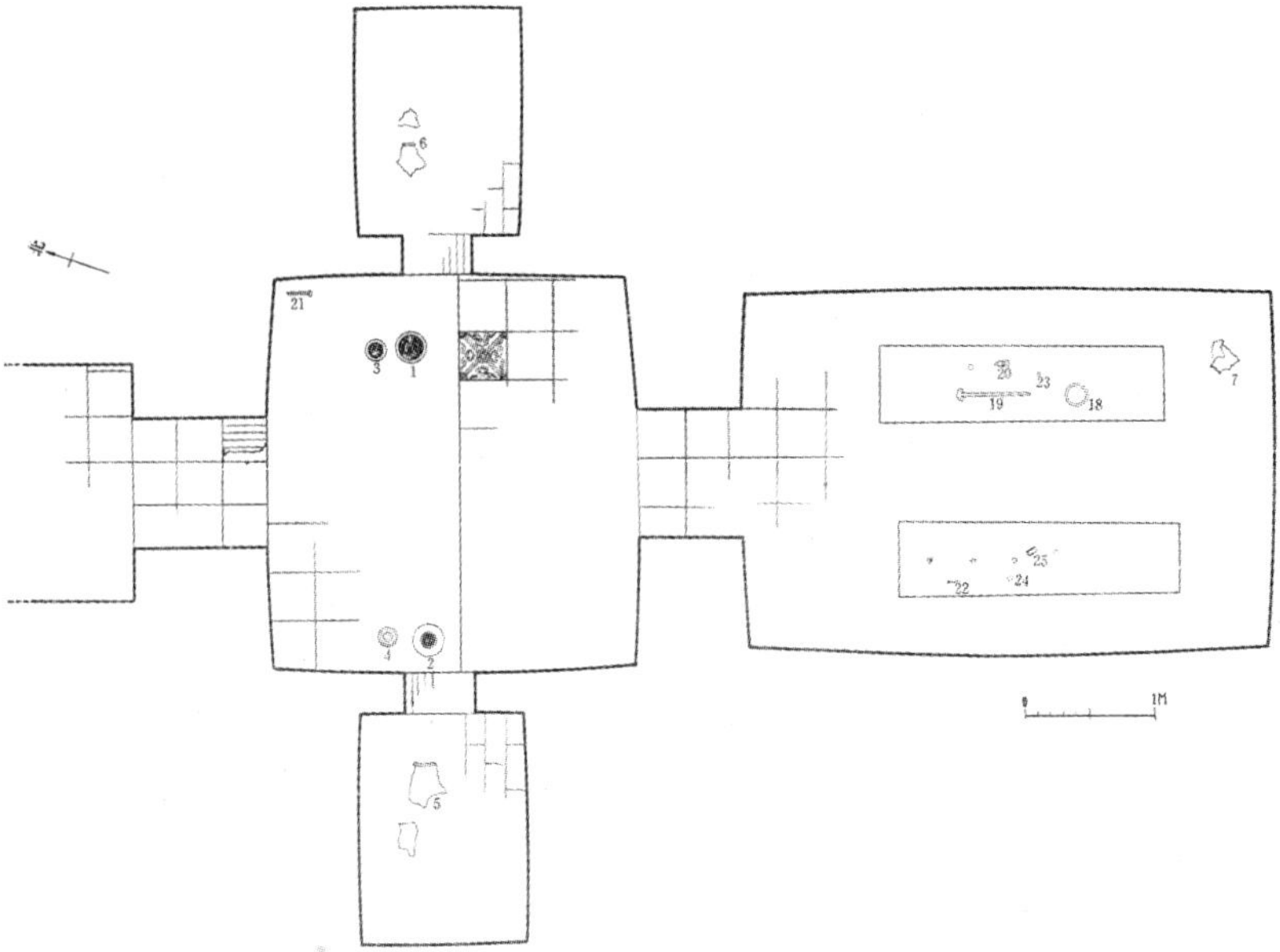

図四

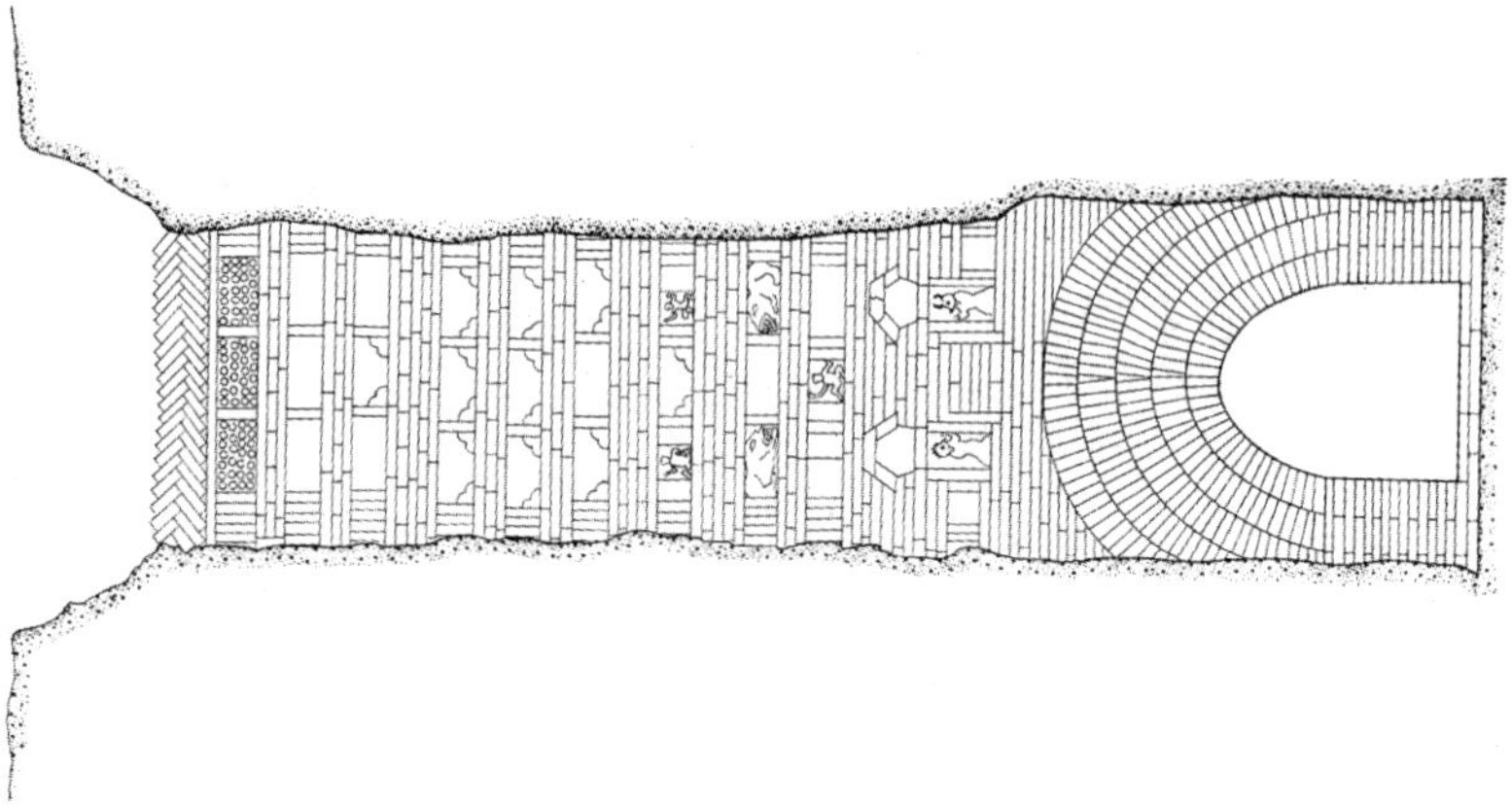

図五

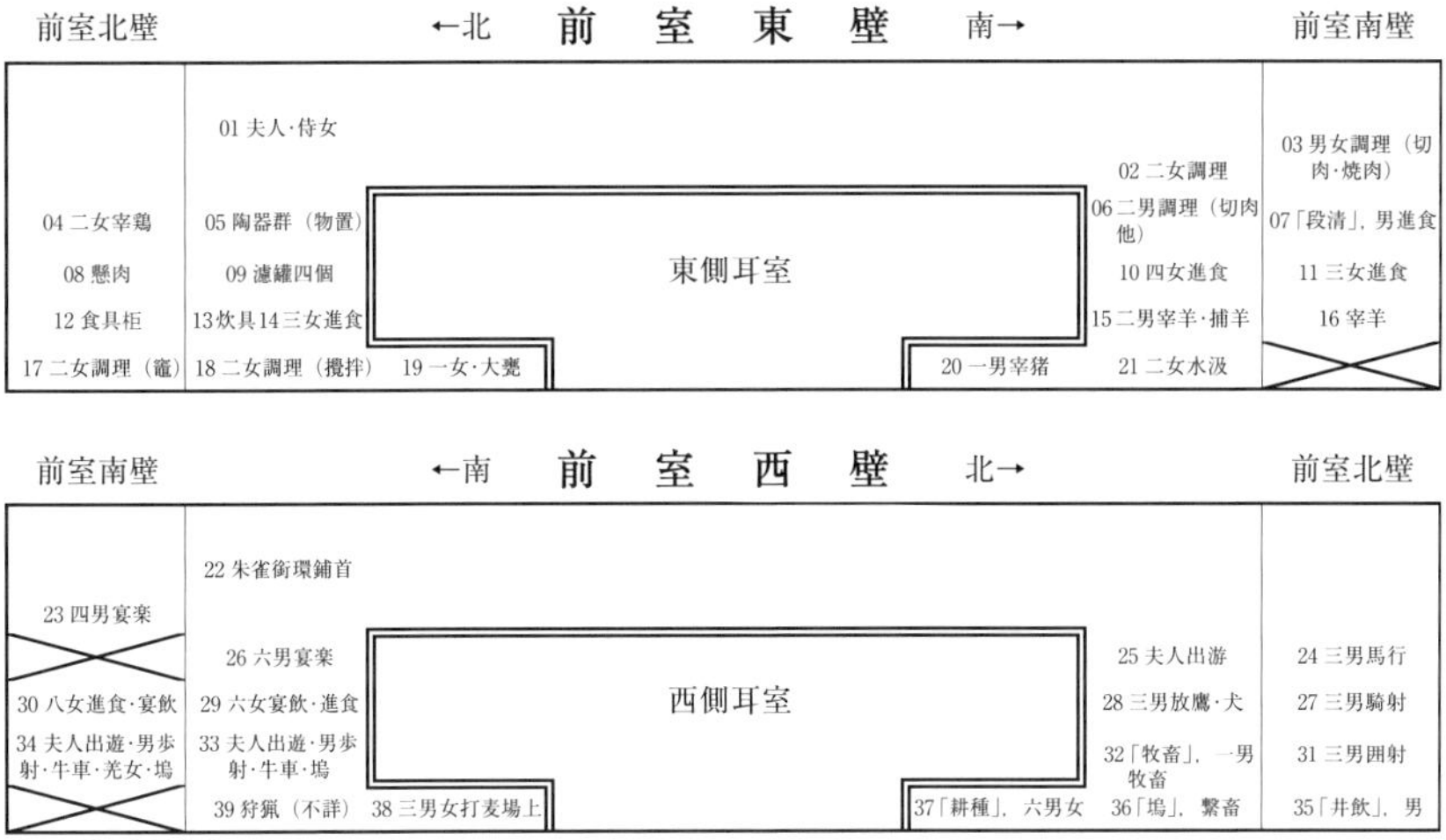
前室北壁
←北　前　室　東　壁　南→
前室南壁
01 夫人·侍女
02 二女調理
03 男女調理（切肉·焼肉）
04 二女宰鶏
05 陶器群（物置）
06 二男調理（切肉他）
07「段清」，男進食
東側耳室
08 懸肉
09 濾罐四個
10 四女進食
11 三女進食
12 食具柜
13 炊具 14 三女進食
15 二男宰羊·捕羊
16 宰羊
17 二女調理（竈）
18 二女調理（攪拌）
19 一女·大甕
20 一男宰猪
21 二女水汲
前室南壁
←南　前　室　西　壁　北→
前室北壁
22 朱雀銜環鋪首
23 四男宴楽
26 六男宴楽
25 夫人出游
24 三男馬行
西側耳室
30 八女進食·宴飲
29 六女宴飲·進食
28 三男放鷹·犬
27 三男騎射
34 夫人出遊·男歩射·牛車·羌女·塢
33 夫人出遊·男歩射·牛車·塢
32「牧畜」，一男牧畜
31 三男囲射
39 狩猟（不詳）
38 三男女打麦場上
37「耕種」，六男女
36「塢」，繫畜
35「井飲」，男

35～37,39　は二段書き

01,22　は縦置き

「」内は題記

図六

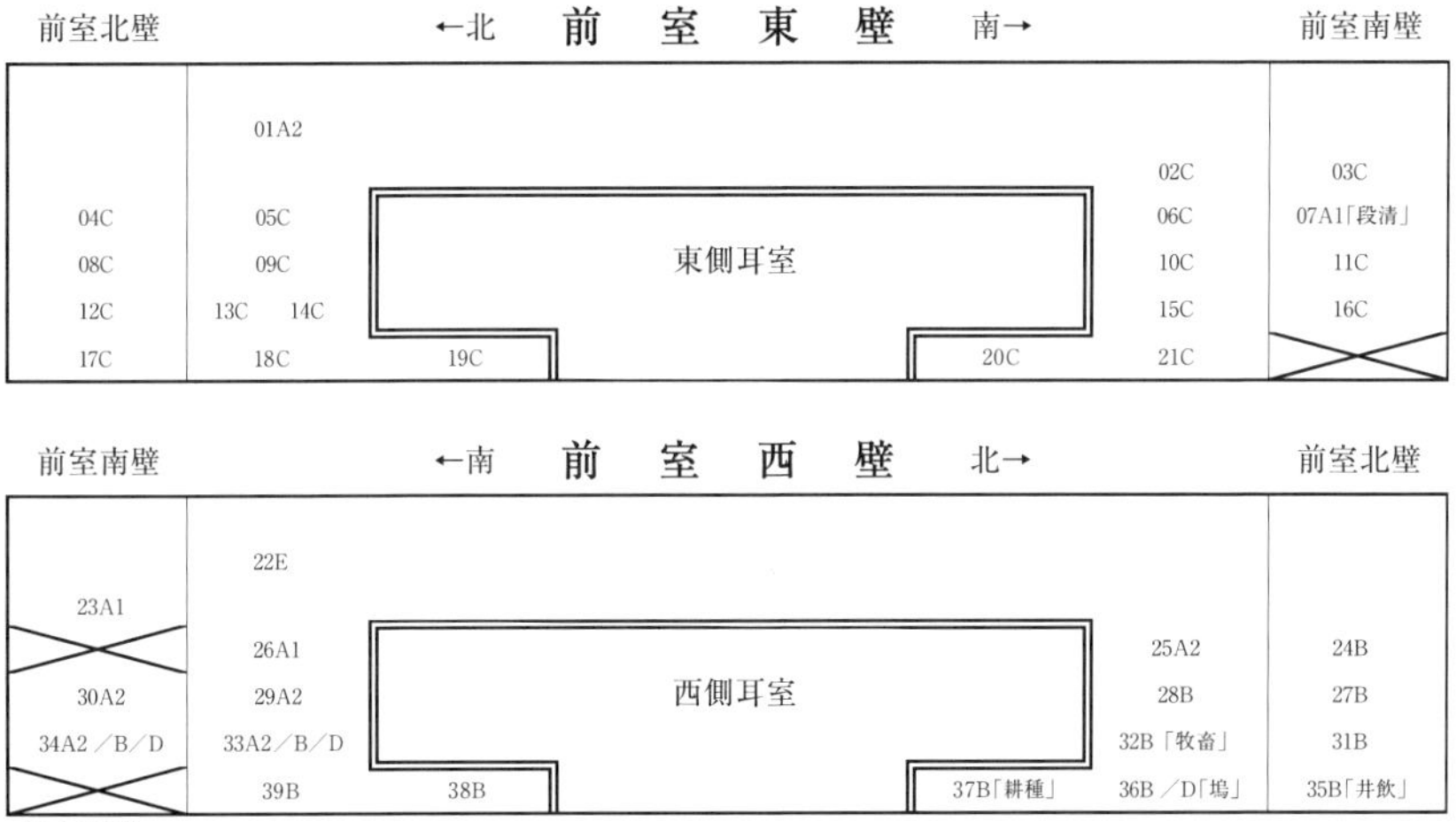
前室北壁
←北　前　室　東　壁　南→
前室南壁
01A2
02C
03C
04C
05C
06C
07A1「段清」
東側耳室
08C
09C
10C
11C
12C
13C　14C
15C
16C
17C
18C
19C
20C
21C
前室南壁
←南　前　室　西　壁　北→
前室北壁
22E
23A1
26A1
25A2
24B
西側耳室
30A2
29A2
28B
27B
34A2／B／D
33A2／B／D
32B「牧畜」
31B
39B
38B
37B「耕種」
36B／D「塢」
35B「井飲」

「」内は題記

図七

さらにこれを整理すると、左のようになる。(36)

A1　男性墓主像：南壁東側、南壁西側、西壁南側。

A2　女性墓主像：西壁北側（上部）、東壁北側（上部）、南壁西側、西壁南側。

B　生産場面：西壁南側（下部）、西壁北側、北壁西側。

C　消費場面：東壁南側、東壁北側、南壁東側、北壁東側。

D　生活場面：西壁北側（下部）。

E　その他：西壁南側。

大ざっぱに言えば、Aのうち男性墓主（段清）が南壁（後壁）を中心として隣接する西壁南側にも描かれており、女性墓主は南壁や西壁南側のほか、その反対にあたる東・西壁の北側に描かれている。そしてこれを挟み込むようにして、西壁には生産場面が、東壁には消費場面がそれぞれ描かれている。また生産場面は北壁西側に、消費場面は北壁東側にも及んでいることがわかる。これは、『発掘報告』の説明を大きく超えるものではないが、壁面ごとの描き分けが行なわれていたことは疑いない。

なお一号墓前室の磚画については、その五点に題記が墨書されていた以外にも、男女を問わず人物の唇や頬に朱色とは異なった紅が施されていることや（『発掘報告』、四六頁）(37)、一点の磚に多くの人物を描き込んでいることなどの特徴を指摘することができる。とくに磚画番号三五～三七・三九の四点は磚面を上下二段に分割し、三六［図八］では八頭の家畜を、三七では六人の男女を描いている。(38)また三二［図九］・三四などは複数の画材を描き込んだ結果、モチーフがわかりにくくなっている。(39)双室構造の磚画墓は、前・中・後室からなる三室構造の磚画墓よりもスペースが狭小であることは確かで、その分一つの磚に多くを描き込まざるをえないわけだが、同じ双室構造でも一二号墓（前

図八

図九

室の磚画は三八点）や一三号墓（同三七点）の磚画は、一点の磚に一人だけ、まれに二人を描くにとどまっている。同じ画材を描いた磚が何点も連続していることや、磚画間の位置関係に規則性が見出せないことなどもあわせ考えると、単純化と形式化が進んでいるように思われる［図一〇］［図一一］(40)。なによりも、両墓では、墓主像が描かれていないのである。宴楽図や進食図が見られないのは当然だろう。それに対して、一号墓の磚画は限られたスペースを最大限有効に活用することにより、墓主の生産と消費の多様な諸場面を描き出していると評価することができる。このことを念頭に置いた上で、後室の磚画についてもふれておきたい。

後室の磚画についてはほとんど写真が公表されていないので、(41)『発掘報告』の説明（九七頁以下附録二）に依拠して画材と配置位置を図示してみる［図一二］。(42)

通常、後室は後壁だけに磚画が嵌め込まれており、画材は墓主の生前に必須だったアイテムや財の象徴などで、これは多くの磚画墓に共通する特徴である。やはり墓主が死後も現世と同じように職務に励み、財富に恵まれることを祈念して描かれたものと考えられるが、(43)一八点のうち磚画番号四五・四九の二点の「婢女」だけは、そのものが財として描かれたのか、財を管理する存在として描かれたのかなんともわからない。(44)ただこれ以外はほかの磚画墓とほぼ共通するものばかりである。(45)

すなわち、前室と後室では、描かれる画材が明確に区別されていたのである。おそらくはこれが本来の描き方なのであろう。しかしながら、一号墓以外、とりわけ前室・中室・後室の三室構造の磚画墓では、後室以外の壁面が格段に広がったためもあってか、後室の画材だった財が中室の壁面にも描かれるようになった。例えば、三号墓では「絹帛二匹」（磚画番号五六）や「一奩」（六九）が、六号墓でも「絹帛」（五七）や「漆奩」（六〇）がそれぞれ中室の壁面に描かれている。(46)これは、一号墓に象徴される前室（・中室）と後室との本来の磚画の秩序に反するだけではなく、前室（・中室）の磚画の秩序を乱すことにもなる。このことから、比較的短期間のうちに磚画の画材のもつ意味が失われ（あるいは忘れられ）、形式化や装飾化が進んでいったというふうに理解できよう。

ところで、先にふれた一二・一三号墓の墓主も、前節で述べたように、一号墓と同じく段氏の関係者であった。た

前室北壁	←北	前室	東壁	南→	前室南壁
01 馬群	02 馬群	03 一男牧馬	04 鶏群	05 樹木?	06 一女宰鶏
07 鎮墓獣	08 羊群	09 一男　10 鳳凰?一対	11 一男	12 一男宰牛	13 一女調理(竈)
14 羊群	15 牛群?	16 一男牧羊	17 宰羊	18 宰猪	19 一男庖丁

前室南壁	←南	前室	西壁	北→	前室北壁
25 一男犢車?	24 犢車?	23 一男露車	22 犢車	21 犢車	20 犢車
31 一男犂地	30 一男犂地	29 一男犂地	28 一男狩猟	27 猟鷹逐兎	26 兎
37 塢	36 一男耙地	35 一男犂地	34 馬群	33 二女提籃	32 一男犂地

図一〇

前室北壁	←北	前室	東壁	南→	前室南壁
01B	02B	03B	04B	05D?	06C
07E	08B	09?　10D	11?	12C	13C
14B	15B	16	17C	18C	19C?

前室南壁	←南	前室	西壁	北→	前室北壁
25D	24D	23D	22D	21D	20D
31B	30B	29B	28B	27B	26B
37D	36B	35B	34B	33C?	32B

図一一

後室南壁

40 絹帛·蚕繭	41 飾物·璧他	42 飾物·璧他	43 絹帛·蚕繭	
44 絲二束	45 一婢女	46 絹帛·璧他	47 絲二束	
48 絹帛·蚕繭	49 二婢女	50 飾物·璧他	51 不明	52 絹帛·衣架他
53 絹帛·蚕繭	54 蚕繭·絹帛	55 絹帛	56 絹帛·蚕繭	57 絹帛·蚕繭

図一二

墓	前室磚画	後室磚画	合　計
1号墓（72JXM1）	39	18	57
12号墓（79JXM12）	38	16	54
13号墓（79JXM13）	37	12	49

表一

だし一号墓の墓主である段清より後代であることは明らかである。この両墓のうちでは、一三号墓のほうが一二号墓にやや遅れるということなので（嘉峪関市文物管理所「嘉峪関新城十二・十三号画像磚墓発掘簡報」）、造営年代は、一号墓（→二号墓）→一二号墓→一三号墓という順番になる。いずれも前室・後室からなる双室墓だが、あらためて三座の磚画数を比較したのが表一である。すなわち最初に造営された一号墓が、前室・後室ともわずかな差だが最多の磚画を有しており、後代になるほど磚画が少しずつ減っているのである。この微妙な差を偶然の結果と考えることもできようが、あえて先代よりも少しだけ磚画を減らした磚画墓を造営したとは考えられないだろうか。一つの仮説として提示しておきたい(47)。

三　新城磚画墓とその周辺

現在まで報告された新城墓群の磚画墓は八座だけである。未発掘の墓のほうが断然多いとは言え、この数字は、磚画墓がごく限られた一部の氏族によって集中的に造営されたことを示唆しているが、八座出土の磚画はいずれも磚の四辺を朱で囲み、その内部に描かれているという共通点を有している。このことは、前・中・後室ごとに描かれるべき磚画の画材が基本的に定まっていたという『発掘報告』の指摘とともに、八座の磚画が同じ集団に属する画工の制作になる可能性を示唆しており、これも、八座の造営時期が大きくは離れていないことを示唆している。それでは、かかる特質は、新城墓群以外の磚画墓にも当てはまるのだろうか。

磚の四辺を朱で囲むという画法は、「果園—新城墓群」全体では、果園墓群の西溝四・五号墓（92JXM4，93JXM5）

の磚画にも用いられている［図一三］。[48] 県道二五三号線の沿線に位置する西溝村は、果園郷のなかでは最北の村で新城鎮の観蒲村にも隣接している。同じ墓群の六号墓からは、年次未詳ながら張氏の鎮墓瓶（93JXM6：1）が出土しているので、[49] これら磚画墓の墓主も張氏の関係者だった可能性がある。このうち磚画墓であることが疑いない五号墓は、前・中・後室の三室に加え、前室に右耳室を有する三室構造の大きな墓で、磚画も三室合計で一〇七点以上に上る（関尾「甘粛出土、魏晋時代画像磚および画像磚墓の基礎的整理」）。中室の壁面に財を描いた磚が見られる点も、同じ三室構造の新城三・六号墓と同じである。[50] 白石編年では、新城一号墓期から祁家湾一期に比定されており、新城墓群の磚画墓と同時代かそれ以降の造営と考えられる。磚の大きさは、横三五センチ、縦一七センチとやや小ぶりだが、門楼下部にも鶏首人身と牛首人身の雕磚が用いられている。

また新城墓群と同じ嘉峪関市の峪泉鎮にある嘉峪関村三組墓群に属する墓からも、二〇〇四年、同じように朱で縁取りされた磚画が出土した（王「嘉峪関峪泉鎮魏晋墓出土画像磚及其保存状況調査」／『文物図録』移動文物巻、一三六頁以下）。前室と後室からなる墓で、前室の壁面には生産や消費の場面を描いた磚画が複数嵌め込まれており、磚の大きさも横三七センチ、縦一七・五〜一八センチで、一号墓をはじめ新城墓群の磚と大差はない。ただ峪泉鎮は、嘉峪関市街の西側に位置しており、市街地を挟んで東方の新城鎮とは直線距離で二〇キロ以上離れており、新城墓群と同一の墓域を形成していたとは考えがたい。[51] 近接する墓域で行なわれていた喪葬習俗を取り込んだのであろうか。しかし朱で縁取りされた磚画は、これよりもはるかに遠く離れた高台県の駱駝城南墓群でも出土している（張掖地区文物管理弁公室他「甘粛高台駱駝城画像磚墓調査」）。本墓群の名称にもなっている駱駝城址は、魏晋時代には酒泉郡の表是県治だったが、その南側に広がる墓群では盗掘をきっかけにして、一九九四年に調査が行なわれた。磚画が出土したのは三室構造の墓だが、五八点の磚画（一部に別の墓からの盗掘品を含むので、正確には五三点[52]）にはいずれも朱の縁取りが認められ

図一三

図一四

図一五

る［図一四］。磚は、横三九センチ、縦一九・五センチとやや大型であるが（静安撮影『甘粛高台魏晋墓彩絵磚』）、伴出文物のデータを欠くので、年代については未詳である。(53)

それでは、これらの磚画墓の画材はどうだろうか。嘉峪関村三組墓群出土の磚画には、「（魏晋）樹鳥図画像磚」と定名された、三本の樹木と樹間の四・五羽の鳥が描かれた磚画が四点ほど含まれている［図一五］。生産にも消費にも直接関わらず、もちろん財でもない。このような画材は、一号墓をはじめとする新城墓群の磚画墓（ならびに西溝墓群の四・五号墓）にはほとんど見い出すことができないものである。また駱駝城南墓群出土の磚画には、やはり樹木を描いた「樹木図」や「山林図」と定名されたものや、伏羲や女媧を描いたもの、さらには「雲気図」と定名されたものなどが少なからず含まれている（『甘粛出土壁画』中冊、四〇五頁以下）。これらのうち、伏羲と女媧はともかく、それ以外の画材は積極的な意味を読み取ることが困難であって、新城一号墓の磚画の画材とその配置を基準にすると、形式化・装飾化が進んだことを示しているのではないだろうか。(54)

おわりに

河西地域の磚画墓・壁画墓のなかで最も注目されている果園墓群の丁家閘五号墓は双室構造の壁画墓だが、韋正はその造成年代を〈五胡〉時代後半の北涼・西涼時代とする通説を批判し、魏・西晋時代で前涼以前と断ずる（同「試談酒泉丁家閘五号壁画墓的年代」）。魏末の新城一号墓をさかのぼることはないと思われるが、前室と後室の壁画の画材は一号墓と類似しており、前室の壁面のうち、後壁（西壁）中段には墓主像と宴楽場面が、他の三面の中段には農耕を中心とした生産の場面が、下段には消費の場面を中心に、生産（農耕・牧畜）や交通（運輸・出行）などの場面が描かれている。(55) また後室の後壁にも必須アイテムの武器や財を象徴する奩などが描かれている。(56) 五号墓固有の画材も認められるが、その人物描写も、漢族の場合は斜め正面から描くことによって扁平な顔かたちを明示し、西方系の場合は顔を真横から描くことによって高い鼻を強調しているほか、羌族の場合は頭髪を左右に長く伸ばして描くという点も、新城墓群の磚画墓と共通している（関尾「河西出土磚画・壁画に描かれた非漢族」(57)）。

新城一号墓から始まった磚画の画法や画材は、同じ新城墓群の磚画墓から、さらには同じ酒泉郡禄福県の墓域である「果園—新城墓群」に広がっていったが、その画材や人物描写は壁画墓である丁家閘五号墓にも継承されたと言うことができよう。ただし、磚画墓や壁画墓の画法や画材が長期にわたって伝承されることはなかったのも、また事実である。駱駝城南墓群を擁した酒泉郡表是県は、五世紀前半の前涼時代、(58) 酒泉郡から独立した建康郡の郡治になったためか、五世紀後半になっても磚画墓が造営されたことが確かめられるが、その磚画は墨色で技法は著しく稚拙である（寇克紅「高台許三湾前秦墓葬題銘小考」）。この時代、磚画の技法はもはや過去の遺産と化していたのである。

註

（1）新城二号墓（双室墓）については、前室西壁に二点だけ磚画が用いられているが、いずれも『発掘報告』では「未完稿」（九九頁）とされている。また八号墓（双室墓）についても、張朋川が「僅在幾塊磚上画了幾筆樹」と言うが（同「嘉峪関・酒泉魏晋十六国壁画墓発掘追憶」）、これを「磚画墓」と呼ぶのは正しくないだろう。

（2）この大型図録本は、新城五～七号墓の三座の磚画の写真を収録するが、一方では多くの問題点も抱えている。最初にこの点を指摘したのは北村永「河西地方における魏晋画像磚墓の研究」で、拙稿もこれをうけている。

（3）本稿は、二〇一六～二〇一七年度日本学術振興会科学研究費補助金・基盤研究（B）「域圏論の視点による中国古代地域社会像の構築」（研究代表者：関尾／課題番号：16H05678）による研究成果の一部でもある。

（4）『発掘報告』によると、本来の東端は道路の東側だったようだが（一頁註①）、開墾によりその痕跡は既に失われている。また手元にある最新の星球地図出版社編『甘粛省地図集』によると、第一支幹渠と第三支幹渠は、それぞれ北一支幹渠と北二支幹渠となっている（二四頁）。

ただし『発掘報告』の刊行からすでに三〇年以上が経過しており、この説明の有効性は現在でも失われていないのか、疑問なしとしない。ちなみに粛州区博物館編『粛州文物図録』不可移動文物巻によると、果園郷に所在する魏晋時代の古墓群と古墓は、果園―新城墓群を含めると全部で一六に上り、全てが「全国重点文物保護単位」となっている（ただし『文物地図集』下冊によると、一部に「粛州区文物保護単位」を含む）。したがって果園墓群とは、これらの総称と理解することもできる。それに対して、新城鎮所在の古墓群と古墓は、『文物図録』不可移動文物巻によると、果園―新城墓群を含め、全部で七つを数える（ほかに新城村十組墓群、長城村三組墓群、西羅湾墓群、長城村七組墓群、野麻湾村墓群、および宏豊葡萄園墓群）。しかしこれらはいずれも、「市級文物保護単位」または「一般文物保護単位」となっており、制度的には、本稿で対象とする新城墓群とは区別されているようである。発掘調査が十分に及んでいないことが最大の要因のようだが、実質的にはこれらの古墓群と古墓も新城墓群の一部と考えることによって、本文に掲げた『発掘報告』の説明は、初めて理解できる。

（5）現在、酒泉県は酒泉市、新城・文殊両公社は新城鎮・文殊鎮、嘉峪関公社は峪泉鎮。

（6）九～一一号墓については、現地の嘉峪関ではなく、蘭州の機関が簡報を担当したせいか、甘粛省博物館「酒泉・嘉峪関晋墓的発掘」は、墓の編号をJXM（嘉峪関・新城・墓）ではなく、HKM（不詳）で示している。混乱が予想されるが、本稿では原表記に従うことにする。

（7）嘉峪関市文物管理所「嘉峪関新城十二・十三号画像磚墓発掘簡報」の略図（七頁図一）によると、二座とも六号墓と同じように、第二支幹渠の延長である新建渠の北側にあるので、支障はない。

（8）郭永利は、「此墓為筆者調査所獲」として、一四・一五号墓がいずれも門楼を有する単室の磚室墓で、同じ塋域内にあり、両墓の間隔はわずか二メートルとする（同『河西魏晋十六国壁画墓』、一〇八頁）。なお張興盛『地下画廊』によると、この他に一九九七、一九九八年、および二〇〇二年にもそれぞれ一座ずつ発掘調査が行なわれたとするが（一四頁以下）、詳細は不明である。

（9）嘉峪関市文物清理小組「嘉峪関漢画像磚墓」は、二号墓を一号墓の「側墓」（二四頁）とする。両墓の間隔は六メートルという。

（10）これらのうち、八号墓の傍らには未発掘の一座が、また九号墓と一〇号墓の間にも同じく未発掘の小さな一座が認められるというが、あるいはそれぞれに所縁ある小児のものか。

（11）全体の釈文は、『発掘報告』、二五頁以下。また写真は、『文物図録』可移動文物巻、九頁。なお嘉峪関長城博物館「嘉峪関新城魏晋磚墓発掘報告」は、この「甘□二□」を前秦・苻堅の甘露二年すなわち三六〇年とするが、墓の構造や伴出文物などからこれは成立の余地がない。

（12）墻垣が残っている一・二号墓、四号墓、および六号墓の三例では、いずれも門口が東側に設けられている。墻垣が失われてしまっているので、断言はできないが、三・五号墓と七・八号墓の場合も同じように東側に門口が設けられていたとすれば、前者では五号墓のほうが、後者では七号墓のほうが門口に近い。孫彦が言っているように（同『河西魏晋十六国壁画墓研究』、第一章）、祖墓が塋域の奥に営まれたとすれば、時期的な先後関係は、それぞれ三号墓→五号墓、八号墓→七号墓となる。註（9）に述べたように、一・二号墓のうち、二号墓が「側墓」とされていることも参考になろう。もっとも［図二］からわかるように、七・八号墓の場合、八号墓をまん中にして、東側に七号墓、西側に未発掘墓が立地しており、未発掘墓こそが祖墓ということになってしまう。したがって孫彦の所説が全ての塋域に当てはまるわけではない。なお関尾「河西磚画墓・壁画墓的空間与時間」、参照。

（13）一二・一三号墓については、嘉峪関市文物管理所「嘉峪関新城十二・十三号画像磚墓発掘簡報」の「M12, M13出土器物表」（一〇頁以下）が副葬陶器の一覧表になっているが、図版を欠くので、陶器による編年ができない。簡報は、一～八号墓と同じく魏晋時期であるとだけ述べる。

（14）ただし、第一報がその根拠を、墓門上の門楼の類似に求めているのに対して、第二報では木板画の存在と墓の構造の類似に求めている。しかし第二報については、前室・後室の双室構造の合葬墓である点は一号墓と同じだが、過道が後室の中央ではなく、一方（左側）に寄っている点（嘉峪関長城博物館「嘉峪関新城魏晋磚墓発掘報告」、一三頁図一）は、一・二号墓ではなく三号墓以下の六座に近いので、疑問が残る。また第一報は、註（11）に述べたように、一号墓出土の鎮墓瓶銘の紀年を三六〇年としているため、毛庄子墓の年代を三五〇年から四五〇年の間とする。

（15）写真は、『一号墓彩絵磚』、一五頁。なお「磚画番号」（仮称）とは、一号墓出土の文物に附された整理番号とはべつのもので、数字は『発掘報告』の「附録二　嘉峪関魏晋墓壁画内容綜録」（九七頁以下）や、『嘉峪関酒泉壁画』の「一号墓壁画編号位置示意図」（七頁）に依拠している。この番号を、前稿「河西魏晋墓出土磚画一覧（Ⅰ）」において、あたかも文物に附された整理番号であるかのように示したのは、私の誤解にもとづく。お詫びして修正したい。

（16）鄭岩『魏晋南北朝壁画墓研究』は、段清について「河西的大姓段氏家族」と推測し（一六六頁）、蘇哲『魏晋南北朝壁画墓の世界』も、「後漢河西豪族段氏との関連をうかがわせる」とする（二七頁）。これは金慶浩「漢晋時期涼州士人的性質与発展情況」も同じで、嘉峪関市文物清理小組「嘉峪関漢画像磚墓」に従って段清を後漢後期の人として、「正史」に見える段会宗以下の段氏出身者と一括して扱う。しかし紀向軍『居延漢簡中的張掖郷里及人物』によれば、居延漢簡のなかには、張掖居延を本貫とする段尊（有秩士吏・公乘）や、同じく渉楽の段昌（男子）といった名前が見えている（下篇）。これらの例からすると、段氏の人士は孫彦が考えるよりも早くから河西の各地に居住しており、かつ階層的にも多様であったと考えるべきだろう。

（17）釈文は、呂占光編『嘉峪関文物集萃』、二七、八七頁。ただしこの二か所に引かれた釈文は微妙に異なっている。本稿ではできるだけ正確を期したが、確信はない。なお《嘉峪関志》編纂委員会編『嘉峪関志』は、呂が伏羲と解釈した画像を「雷公」とする（同、一〇六頁）。

（18）嘉峪関市文物管理所「嘉峪関新城十二・十三号画像磚墓発掘簡報」には、「紫紅色招幡一塊」の出土も報告されている。出土墓が明記されていないが、上部に人面獣身像を墨線で描き、下部に「死人之陰、生人之陽」という文言があるという。

（19）写真は、『文物図録』可移動文物巻、一五〇頁。この七号墓は三室構造で、私印は中室の中央部分から出土しているが、墓主のものと判断してよいだろう。なお鄭岩は、一号墓を「段清墓」、この七号墓を「王霑墓」と呼んでいる（同『魏晋南北朝壁画墓研究』、四七頁図二一）。

（20）『発掘報告』によると、出土文字資料は本文で言及した以外にも、封門磚などの刻字（一・五・八号墓）、壁書題記（三号墓）、木片の反文（五号墓）、さらには銅鏡や銅銭の銘文などがあるが、いずれも墓主特定の手がかりにはならない。このほか、『文物図録』可移動文物巻には、「嘉峪関新城魏晋墓出土」という「魏晋朱書灰陶罐」の写真があるが（同、一〇頁）、朱書の釈読は困難なようである。

（21）『発掘報告』によると、三三六度（七号墓）から三五五度（四号墓）の範囲に収斂する（一八頁以下表一）。

（22）九号墓について、甘粛省博物館「酒泉・嘉峪関晋墓的発掘」が「墓道向北、出口向東、出口寛一四米、両側各有一方墩（闕？）」とする（一頁）。一〇号墓はこれと同じ塋域なので、同様に考えてよいだろう。この点については、内田宏美氏の教示を得た。

（23）嘉峪関市文物管理所「嘉峪関新城十二・十三号画像磚墓発掘簡報」が「均坐南向北、北偏西一五度」とする（七頁）。三三四五度で、註（21）に示した八号墓までの八座の範囲に収まる。

（24）孔他「記新発現的嘉峪関毛庄子魏晋墓木板画」が「墓葬坐南向北」とする（七五頁）。

（25）九号墓（双室墓）は、甘粛省博物館「酒泉・嘉峪関晋墓的発掘」の平面図（四頁図五）から、墓室が北側に位置していることがわかる。

（26）一・二号墓、四号墓、および六号墓については、『発掘報告』、四頁図二（本稿図二）を、九・一〇号墓については註（22）をそれぞれ参照。

（27）例えば、二七〇年代から四二〇年代に及ぶ敦煌・祁家湾墓群（敦煌郡敦煌県の都郷・西郷の墓域）の場合、甘粛省文物考古研究所編『敦煌祁家湾』によると、墓室の位置は北・東・西とまちまちである（五頁以下図三）。なお墻垣の門口は、南側五例（墓室は西側四例、東側一例）、北側一例（墓室は東側）となる。もっとも祁家湾墓群の場合、一定の範囲を対象とした悉皆的な発掘調査だったのに対して、新城墓群は対象が墳丘の存在が確認できるものにほぼ限定されていたので、同列に論じることはできないかもしれない。

（28）いずれも註（1）を参照。

（29）一号墓では、男棺・女棺とも棺蓋の内側に伏羲女媧図が描かれていた。これは毛庄子墓も同じである。ただし一号墓の両棺と毛庄子墓の男棺では、横置きした棺板の左右両端に伏羲と女媧が離れて描かれているのに対し、毛庄子墓の女棺では、縦置きした棺板の上部に一体化した伏羲女媧が描かれており、これだけ構図が大きく異なっている。一号墓の両棺の模本は『発掘報告』、二三頁図一九、全体写真は同、図版八。毛庄子墓の男棺の模本は嘉峪関長城博物館「嘉峪関新城魏晋磚墓発掘報告」、一八頁図一〇、写真は二四頁照（「照片」の略）二五、女棺の模本は同、一五頁図四、写真は孔他「記新発現的嘉峪関毛庄子魏晋墓木板画」、八一頁図一四（部分）。この毛庄子墓からは、四神をはじめとする神獣を描いた木板画や木器も多数出土しているが、高台県の駱駝城南墓群や許三湾五道梁墓群などから出土したものに画材や形状が類似している。高台県域の出土文物については、関尾「高台県古墓群発掘調査簡史」、参照。
　なお嘉峪関市文物管理所「嘉峪関新城十二・十三号画像磚墓発掘簡報」によれば、一号墓と同じく段氏の関係者のものと思われる一三号墓の男棺と女棺の棺蓋内側にも伏羲女媧図が描かれていたという。

（30）『発掘報告』、一八頁以下表一によると、前室は奥行き二・八メートル、幅二・九六メートル、高さ三・五メートル、また後室は奥行き四メートル、幅二・七メートル、高さ二・六メートルである。

（31）門楼全体の描き起こし図は、『発掘報告』、八頁図七、同じく全体写真は、同、図版一三。また力士磚や側獣磚などの拡大写真は、同、図版一。なお『発掘報告』は上段の二点の力士を「托梁赤幘力士」、下段の一点を「雷公」とするが（七頁）、写真からはその特徴を捕捉しがたい。また『発掘報告』によれば、門楼にも磚画があったがすでに剝落したとのことである（九頁）。可能性としては、第二段の左中右の三磚、第三段左右の二磚、第六段中央の磚（磚自体が剝落）、第八段中央の磚、第九段左右の二磚（右は磚自体が剝落）、および第一〇段左右の小磚などが考えられるが、残念ながらそれ以上のことはわからない。

（32）五七点の磚画の内容と位置については、『発掘報告』、五七頁以下の「附録二　嘉峪関魏晋墓壁画内容綜録」を参照。また前室四壁の磚画のうち磚画番号一六以外の三八点の写真は、『嘉峪関酒泉壁画』、一三頁以下。図六では、これらを参照しながら各磚画の内容をできるだけ具体化して示し、さらにそれぞれに描かれた人物の人数を書き入れた。

(33) なお『発掘報告』は、前・中・後室からなる三室墓について、後室の磚画は双室墓と同じだが、前室の壁面には墓主の「庄園経済生活」を中心に墓主の出軍図や出行図、さらには侍女図や宴飲図などが描かれることもあり、中室の壁面には墓主の「宴居生活」を中心として、一部には墓主の出行図も描かれたとする（四七頁）。

(34) ただし孫彦が依拠した『嘉峪関酒泉壁画』は、磚画番号一三の位置を示しておらず、孫彦も明示できていない。

(35) 狩猟が純然たる生産活動だったのか、疑問も残るが、消費活動でないことだけは確かなので、このような分類に含める。なお鄭岩も、磚画の画材を「生産」と「消費」に大別するが（鄭『魏晋南北朝壁画墓研究』、下篇五）、狩猟を「生産」に分類することには消極的である。

(36) 後述するように、複数の画材を描いた磚があるが（磚画番号三三、三四、三六など）、中心となる画材で判断した。

(37) 実例については、『一号墓彩絵磚』や『文物図録』可移動文物巻などを参照。ただ河西全域でみれば、紅を用いた磚画は高台許三湾城東墓群からも出土している（関尾「高台県古墓群発掘調査簡史」、参照）。なお附言すると、『文物図録』可移動文物巻に収録されている「唐仕女図画像磚」（一四三頁）も、許三湾城東墓群の別の墓から出土（厳密には盗掘）したものであろう。言うまでもなく魏晋時代のものである。

(38) 磚面を上下二段に分割している四点はいずれも壁面の最下段に嵌め込まれており、最後にスペースが足りなくなったのであろうか。

(39) 磚画番号三三・三四の二点について、『嘉峪関酒泉壁画』はいずれも「出行」としている（二八頁以下）。左側に塢を配し、右側に牛車、その周囲に女性と樹上の鳥に向けて弓を構える少年を描く点は共通しており、一連の動作を表現した連続するコマのようだが、後者には中央に羌族らしき女性が描かれている。したがって、これを単なる「出行」（ないしは出遊）図とするのには躊躇を覚える。女性と少年、そして牛車は二五にも描かれており、これへ続く可能性も捨てきれないが、壁面における位置が離れており、ここでは指摘するにとどめたい（郭永利は、このうち三三を「樹木射鳥図」とする。同『河西魏晋十六国壁画墓』、二〇〇頁）。なお連続するコマという点では、上下に配された二四・二七・三一も、三人の男性による狩猟のさまが描かれているが、全く弓を構えていない二四、うち先頭の一人が構えた二七、三人全員が構えた三一というように、時系列で読み解くことができる。なおこの三人のうちに男性墓主が描き込まれている可能性もあるが、特定はできない。

(40) 一二・一三号墓の磚画の実例は、『嘉峪関酒泉壁画』、二六九頁以下や、胡之主編『甘粛嘉峪関魏晋十二十三号墓彩絵磚』などを参照。図一〇・図一一もこれらに依拠して作成した。

一三号墓の磚画には、墓主像が描かれていないためもあって消費場面を描いたものが少なく、その結果として生産場面を描いた磚画が東西南北全ての壁面に確認される。

(41) 後室の磚画は四〇から五七の一八点だが、写真があるのは、四一だけである(『発掘報告』、図版八八)。説明(九七頁以下附録二)は「壁上両傍懸挂飾物二、中間為璧(?)、壁上纏有彩帯」と記す。

(42) 一八点はおそらく左右対称になるように嵌め込まれていたものと思われるが、確認はできない。また画材については、前註に紹介したような説明文を要約して掲げたが、その後の研究の進展により、再検討が必要であることも確実である。近年では、郭永利が、円圏のみならず、簡冊と考えられてきた矩形の図像はいずれも彩色の絲帛を、∞字形は絲束を示すとしている(同『河西魏晋十六国壁画墓』、第五章)。しかしながら、『発掘報告』が「絹帛」や「絲」と説明している図像が実際にどのような形状をしているのかはわからない。

(43) 鄭岩は、一般的に男性が右側に、女性が左側に埋葬されるので、右側に男性用アイテムの麈尾や刀が、左側に女性用アイテムの円盒が描かれるとするが(同『魏晋南北朝壁画墓研究』、一四七頁)、少なくとも一号墓には当てはまらないようである。註(41)に説明文を掲げた四一も、麈尾や刀のようには見えない。なお壁画に描かれた麈尾については、門田誠一『高句麗壁画古墳と東アジア』、第一章第二節を参照。

(44) 新城墓群では一号墓以外に、三号墓の後室に「婢女」を描いた磚が二点用いられている(『発掘報告』、一〇二頁附録二)。ただし「壁画磚内容」の項にある説明によると、これは本来前室(や中室)に描かれるべきものだった可能性が高い。あるいは一号墓の「婢女」も同じような存在だったのだろうか。

(45) ただし一号墓では、財の象徴である「絹帛」や「絲」が描かれているが、墓主が生前必須としたアイテムは描かれていない。なお一三号墓の後室の磚画については、写真（『嘉峪関酒泉壁画』、二九三頁）から判断する限りでは、一二点に上り、その画材はいずれも一号墓と同じような財を表現したものである。

(46)　それぞれ写真は、『嘉峪関酒泉壁画』、六九頁、七四頁、一八六頁、一八七頁。詳細については、関尾「河西魏晋墓出土磚画一覧（Ⅰ）」を参照。

(47)　この問題は、墓の規模や構造も検討しなければ最終的な結論を出すことはできないが、構造について言えば、一二・一三号墓は耳室を欠いている。また規模は一三号墓の場合、前室は奥行き二・五メートル、幅二・五二メートル（高さは不明）、後室は奥行き三・二メートル、幅二・二〜二・二六メートル、高さ二・一五メートルでいずれの数値も一号墓を下回っている。ただし一二号墓はこれよりもやや小ぶりのようである。いずれも、嘉峪関市文物管理所「嘉峪関新城十二・十三号画像磚墓発掘簡報」、参照。

　また門楼については、一号墓をはじめ、三号墓、五〜七号墓（四号墓は未詳）、および一〇号墓などで、下段に嵌め込まれていた鶏首人身と牛首人身の雕磚は、一二・一三号墓では確認できない。簡素化と評することができよう。なお鶏首人身と牛首人身は、敦煌では仏爺廟一三三号墓（87DFM133，実際には新店台墓群）の門楼、最上段の磚画に描かれている。甘粛省文物考古研究所編『敦煌仏爺廟湾西晋画像磚墓』、三七頁図二三。これについては、北村永「敦煌仏爺廟湾西晋画像磚墓および敦煌莫高窟における漢代の伝統的なモチーフについて」を参照。なお一三三号墓の造営は二八〇年代前後と推定される。関尾「河西磚画墓・壁画墓的空間与時間」を参照。

(48)　簡報である甘粛省文物考古研究所「甘粛酒泉西溝村魏晋墓発掘報告」には、磚画は五号墓や七号墓などから出土したとあり、四号墓は「磚混土洞結構」（五頁。なお平面・断面図は七頁図九）とされるが、その後の岳邦湖他『岩画及墓葬壁画』は四号墓・五号墓・七号墓の三座を磚画墓とし、『甘粛出土壁画』も四号墓と五号墓の磚画を収録する。四号墓には、一九九三年に発掘された「磚混土洞結構」墓（93JXM4）以外に、前年の一九九二年に発掘された磚画墓（92JXM4）があったようである。ただしこの簡報で報告されている「西溝村魏晋墓」とは、粛州区博物館編『粛州文物図録』不可移動文物巻に「上閘地墓群」（果園郷西溝村六組南、一一三頁）として紹介されている墓群だが、ここには「（其中較大型的墓葬三座）……其中二座墓内絵有壁画」とあって、磚画墓は二座だけだったように書いてある。

　なお甘粛省文物考古研究所「甘粛酒泉西溝村魏晋墓発掘報告」に七号墓出土として紹介されている磚画は、馬建華主編『甘粛酒泉西溝魏晋墓彩絵磚』に鮮明なカラー写真が掲載されているが、これによれば、朱の縁取りはなく、五号墓とは異なった画法が採用されたことは明らかである。また双室構造ながら、前室には岳他『岩画及墓葬壁画』が「林鳥」と定名した磚画が多用されているなど、画材にも相違が認められる。詳しくは、関尾「河西魏晋墓出土磚画一覧（Ⅱ）」を参照されたいが、この定名から推測すると、本文に後述する嘉峪関村三組墓群出土の「魏晋樹鳥図画像磚」と同じような画材だったものと思われる。

（49）釈文は、甘粛省文物考古研究所「甘粛酒泉西溝村魏晋墓発掘報告」、一〇頁以下、模本は、同一六頁図三一。なお韋正「試談酒泉丁家閘五号壁画墓的年代」は、その大きさが高さ二〇センチと、一九センチの新城一号墓出土の鎮墓瓶（72JXM1：9）とほぼ同じ数値であることや、その銘文の類似性などから、同時代の可能性を指摘する。ただし器形には大きな違いがある。

（50）詳細は、関尾「河西魏晋墓出土磚画一覧（Ⅱ）」を参照。

（51）嘉峪関村はその峪泉鎮のなかでも北部で、明代の長城遺址に近い。なお磚画が出土した嘉峪関村三組墓群については、『文物図録』不可移動文物巻に掲載されているが（五七頁）、そこでは「漢代 普通墓群」と説明されており、整合しない。『文物図録』可移動文物巻には、一二点の磚画が収録されているが、同じ墓から出土したものであろう。またこの墓群が、酒泉郡禄福県のものだったのか否かという問題についても、今後の検討に俟ちたい。

（52）詳細は関尾「高台県古墓群発掘調査簡史」を参照されたいが、許三湾東墓群の磚画墓から盗掘されたものと考えられる。その多くは、註（37）の「唐仕女図画像磚」と同じ画法によるものである。

（53）この他にも、敦煌仏爺廟一号墓（91DFM1）や、同じく二〇〇一年五月に調査が行なわれた仏爺廟の墓からも同じように朱で縁取りされた磚画が出土しているが（敦煌市博物館編『敦煌文物』、五五～五七、六〇、六三頁など）、敦煌では、瑞獣が画材の中心を占めており、磚画に対する考え方が根本的に異なっているように思われる。

（54）新城墓群の磚画墓の造営に寄与した画工集団が、他の墓群に属する磚画墓の造営にも関与したのか否かは不明である。とくに県域を超えた駱駝城南墓群の磚画の人物描写は新城墓群のそれとは微妙に異なっており（図一四、参照）、双方の画工集団間にはほとんど交渉がなかった可能性も十分に考えられる。

(55) 周知のように、丁家閘五号墓の前室の壁面は上・中・下の三段に区画されており、後壁（西壁）上段には西王母が、前壁（東壁）上段には東王公が描かれている。また左壁（南壁）下段中央には、鳥や猿が枝上にいる大樹とその樹下に置かれた台上の全裸の女性という特異な画像が描かれており、その解釈には定説がない。なお近年の朱智武「酒泉丁家閘五号墓〝社樹図〟弁析」は、この大樹を「社樹」、台を「祭台」と解釈し、河西地域で行なわれていた社の祭祀のようすで、「天神」の庇護を得るという願いも込められていたとする。

(56) 丁家閘五号墓壁画の描き起こし図は、甘粛省文物考古研究所編『酒泉十六国墓壁画』、一二頁図一七以下を参照。

(57) 一号墓の場合、西方系の人物は描かれていないが、羌族は三四の磚画に一例確認できる。

(58) 近年、白須淨眞「前涼・張駿の行政区画改編と涼州・建康郡の設置」が、建康郡の設置年代を、三三五年（最初期）から三四五年（完成期）としているが、わかりにくい上に、先行研究の理解を誤っている。むしろ馮培紅「河西走廊上的会稽与建康」のように、三三五（前涼・建興二三）年とシンプルに考えるべきだろう。

出典一覧

図一　新城墓群（一～八号墓）位置図：『発掘報告』、二頁図一。

図二　新城墓群（一～八号墓）分布図：『発掘報告』、四頁図二。

図三　新城一号墓、「段清」画像磚：『一号墓彩絵磚』、一五頁「宴飲（一）」。

図四　新城一号墓平面図：『発掘報告』、一二頁図一一。

図五　新城一号墓門楼図：『発掘報告』、八頁図七。

図六　新城一号墓前室磚画配置図：『嘉峪関酒泉壁画』、七頁「一号墓壁画編号位置示意図」を参照しながら、関尾作成。

図七　新城一号墓前室磚画分類図：図六に同じ。

図八　新城一号墓、「塢」画像磚：『一号墓彩絵磚』、二六頁「塢」。
図九　新城一号墓、出遊画像磚：『一号墓彩絵磚』、二九頁「出行」。
図一〇　新城一三号墓前室磚画配置図：『嘉峪関酒泉壁画』、二八七頁「一三号墓壁画編号位置示意図」を参照しながら、関尾作成。
図一一　新城一三号墓前室磚画分類図：図一〇に同じ。
図一二　新城一号墓後室磚画配置図：『発掘報告』、九七頁以下附録二に依拠しながら、関尾作成。
表一　新城一、一二・一三号墓（段氏関係墓）磚画数一覧：関尾作成。
図一三　西溝五号墓、穹廬羌女画像磚：『甘粛酒泉西溝魏晋墓彩絵磚』、五一頁「穹廬帳中的少女」。
図一四　駱駝城南墓群出土、放牧画像磚：『甘粛高台魏晋墓彩絵磚』、六頁「放牧図（二）」。
図一五　嘉峪関村三組墓群出土、樹鳥画像磚：『文物図録』移動文物巻、一三六頁「樹鳥図画像磚」。

敦煌祁家湾古墓出土「五胡十六国」時代の磚画をめぐって
――敦煌地区における来世観とその周辺――

町田隆吉

はじめに

中国西北部の河西地域における壁画墓及び磚〔塼〕画墓は、敦煌、嘉峪関、酒泉、高台、武威などのオアシス周縁に広く分布し、時期も漢代から明代にまで及んでいることから、これらの分析を通して河西地域の「墓葬文化」（以下、本稿では「葬送文化」と表記）の特色を読み取ることができるという（包艶他編『中国絲綢之路上的墓室壁画』西部巻・甘粛分巻、第一節）。こうした指摘をふまえれば、時期は限定されるが、魏晋・「五胡十六国」時代にこの地域で営まれた墳墓内の壁画や磚画などもまた、そうした特色を検討する際の貴重な図像資料とみなすことができよう。なお、墳墓内に認められる図像資料としては、このほかにも木棺などに描かれた図像などを加えることもできるが、ここでは河西地域のうち敦煌地区の墳墓から出土した磚画を手がかりに、当時の来世観についてささやかな考察を試みようとするものである。

敦煌地区における西晋・「五胡十六国」時代の墳墓群といえば、敦煌市東方のゴビ灘上に営まれた仏爺廟墓群、同じく西方の祁家湾墓群などが知られている（甘粛省文物考古研究所編『敦煌仏爺廟湾西晋画像磚墓』／『敦煌祁家湾――西晋十六国墓葬発掘報告』。以下、それぞれ『仏爺廟墓』、『祁家湾墓』と略記）(1)。これらの墓群のなかには、全体に占める割合は多くないが、画像磚や鎮墓瓶を有する墳墓が存在する。これまで敦煌地区における葬送文化の特色を示す埋納品としてしばしば取り上げられてきたのが、小型の鎮墓瓶（一〇センチにも満たない素焼きの陶器）で、とりわけその側面に記された鎮墓文が注目され、それを通して墓主の本貫や身分、あるいは死生観などが検討されてきた。そうした研究成果の例として、関尾史郎の『もうひとつの敦煌』、「敦煌の古墓群と出土鎮墓文」などをあげることができる。関尾は鎮墓瓶や画像磚を検討するなかで、こうした葬送文化を生み出した敦煌の地域社会の性格や成り立ちにまで言及している。本稿では、関尾の成果に導かれながら、とりわけ画像磚と鎮墓瓶がともに出土した祁家湾墓群の三基の墳墓（85DQM301, 85DQM310, 85DQM369. 以下、三〇一号墓、三一〇号墓、三六九号墓と略記）に焦点をあてて検討してみたい。というのは、このうち三一〇号墓と三六九号墓から出土した鎮墓瓶に見える紀年から画像磚がつくられた時期が判明するからである。これらの画像磚は、いずれも墓室内の後壁（西壁）下部に立てかけられて出土しており、埋納品の一部と見なしてよいように思われる。その点では一般の画像磚のように、墓室の壁面や墓門の照壁などにはめこまれているものとは異なるが、同時期の河西地域における壁画や磚画のモチーフと共通する要素が認められることから、この時期の墳墓内の壁画（あるいは磚画）の性格を検討する素材のひとつとして取り上げることも許されるであろう（この点については、郭永利『河西魏晋十六国壁画墓』などを参照[2]）。すでに述べたように、三一〇号墓及び三六九号墓の場合、鎮墓文から墓主の埋葬時期が明らかであり、かつ未盗掘で墳墓の規模が比較的小さいこともあり、埋納品を含めた葬送文化の検討が可能であることから、これらを利用しながら敦煌地区における来世観に迫ってみたいと考えている。

一　祁家湾墓群と画像磚出土墓の概要

一九八五年、甘粛省文物考古研究所によって敦煌市西方に位置する祁家湾墓群の一一七基の墳墓に対して発掘調査が行なわれた。その地域はいずれも党河故道の西側に位置している。ここから出土した鎮墓瓶に記された紀年によって祁家湾墓群は西晋・「五胡十六国」時代に営まれたものとされる（『祁家湾墓』、第五章「墓葬年代・分期及有関問題」）。その根拠とされた鎮墓文の紀年（最も早いものは西晋の咸寧二〔二七六〕年、最も遅いものは北涼の玄始九〔四二〇〕年）に加えて墳墓の形式や埋納された陶器及びその組合せなどから、甘粛省文物考古研究所は同墓群を二期五段階に時期区分する。ここで取り上げる画像磚及び鎮墓瓶が出土した三基（三〇一号墓、三一〇号墓、三六九号墓）は、そのうちの最後の段階、すなわち第二期第五段（「五胡十六国」時代の北涼と西涼の時期、四世紀末から北涼による西涼滅亡のころまで）に位置づけられている。その特徴のひとつに画像磚があげられているのは、一一七基の墳墓のうち、この三基のほかに画像磚の出土が見られないからである。これらの画像磚はいずれも墓室の後壁下部に墓門（墳墓の入口）と向きあうように立てかけられていた。このうち三一〇号墓と三六九号墓の画像磚は公開されているが、三〇一号墓出土の画像磚は、理由は詳らかにされていないが（あるいは画像が不鮮明なためでもあろうか）、未だに紹介されていない。

次に画像磚を出土した三基の墳墓について簡単に紹介しておきたい。これら三基の墳墓はともに単室土洞墓であるが、細部には違いが認められ、埋納物を含めて整理してみると**表一**のようになる。

表一にもとづき、まず墳墓の構造から見ていくと、三〇一号墓と三六九号墓はともに乙C型（単室土洞墓、過洞天井式）とされ、壁龕がある三六九号墓はⅠ式墓に、壁龕の無い三〇一号墓はⅡ式墓に分類される（但し『祁家湾墓』の附表六「二期五段墓葬登記表」（一九八頁）の三〇一号墓の部分には「龕：0.32×0.36-0.4（m）」とあり、小さな龕は存在したようである）。また、同じ単室土洞墓でも過洞天井式でなく、かつ耳室も龕も無い三一〇号墓は丙A型と分類されている。墓室の大きさや形状については、三〇一号墓と三六九号墓の墓室は長方形で、このうち三〇一号墓は面積がやや広く、

表一　敦煌祁家湾画像磚出土墓（M301・M310・M369）墓葬一覧

墓号		M301（被盗）		M310		M369	
墓形式		乙CⅡ（単室土洞墓）		丙A（単室土洞墓）		乙CⅠ（単室土洞墓）	
墓道		14.3m		15m×0.78m		15.5m	
墓室		2.76m×1.88m×1.4m　小龕		2.2m×2m×1.98m		2.52m×1.72m×？　壁龕	
墓主		女	男	男：鬲冨昌	女	男：魏平友	女
葬具		尸床+尸罩	尸床+尸罩	尸床+尸罩	尸床+尸罩	木板+尸床+尸罩	（二次葬）
随葬品	波浪紋陶罐			○（AⅩⅣ）	○（AⅩⅣ）		
	弦紋陶罐			○（AⅢ）			
	陶樽	○（AⅧ）		○（AⅧ）		○（AⅧ）	○（AⅨ）
	陶壺	○（AⅣ）		○（AⅤ）			
	陶灯	○（AⅤ） ○（CⅡ）		○（AⅤ）		○（AⅣ）	
	陶槅	○（Ⅶ）		○（Ⅶ）			
	陶盆			○（Ⅳ）			
	陶倉	○（Ⅳ）			○（Ⅲ）	○（Ⅲ）	
	陶耳杯				○（Ⅲ）		
	碗形陶甑				○（BⅡ）		
	陶釜	○（AⅩⅠ）			○（AⅩⅠ）	○（AⅤ）	
	陶碗	○（CⅣ）			○（AⅠ）		
	陶竈	○（BⅡ）			○（BⅠ）鶏首陶竈		○（BⅢ）
	陶礫	○（AⅣ）			○（AⅣ）		
	陶斗瓶（鎮墓瓶）	②（AⅩⅣ）墨書　（紀年なし）		②（AⅩⅢ）朱書「神璽二年八月」	○（AⅩⅢ）墨書「神璽二年十一月」	②（C）朱書「建初十一年十二月」 ○（BⅢ）泥	
	陶鉢				○（AⅢ）墨書		○（BⅣ） ○（DⅢ）小鉢
	画像磚	○		○		○	
	銀指輪	○					
	銅銭	②五銖銭１枚、冥銭１枚			②五銖銭２枚		
	絹織物			○			
	麻布				○		

＊M301号墓は乙CⅡに分類されているが、附表六「二期五段墓葬登記表」（198頁）には「龕：0.32×0.36-0.4（m）」（「－0.4」は奥行）とあり、「龕」の存在を示している。なお、○内は出土数。

三一〇号墓と三六九号墓はほぼ同じ大きさである。また墓道の長さは三基ともほぼ同じであり、全体として同規模の墳墓であるといえよう。これら三基に共通する埋納物には、陶樽・陶灯・陶倉・陶釜・陶竈・鎮墓瓶（陶斗瓶）・画像磚が認められる。このうち、陶樽・陶灯・陶釜は主要な埋納物として、時期の前後で形態の変化は大きいものの、一期（西晋）・二期（十六国）ともに埋納されているものである。これに対して陶倉・陶竈は、もともと漢代の中原地域で使用された伝統的な埋納物で、魏晋代に継承されるが、敦煌地区では二期第四段（前涼末及び前秦、後涼）に出現するとし、葬送制度が衰微する中で中原地域の伝統がかえって強められたという。

ところで、三基のうち三一〇号墓のみ、平面図及び陶器の組合図が掲載されており（『祁家湾墓』、四五頁図三一）、墳墓内における墓主や随葬物の位置などを確認することができる。この図によれば、墓門（墳墓の入口）は墓室の東側に設けられ、そこに墓道（長さ一五×幅〇・七八メートル）が接続している（また甬道も認められる）。墓室は方形（長さ二・二×幅二×高さ一・九八メートル）で、覆斗形をした長方形の藻井をもつ。また、墓底の深さは四・三五メートル、墓門の下部は幅〇・七二×中心の高さ〇・九三メートルである。墓室内部には、北側の壁面と南側の壁面に接するようにそれぞれ遺骸が納められており、残存する骨格や「尸罩」（遺骸をおおう底のない棺）などの大小から、北側が男性、南側が女性の骨と推測され、三一〇号墓は夫婦合葬墓と見なされている。さらに男女それぞれの鎮墓文によれば、ふたりはともに北涼の神璽二（三九八）年に亡くなっていることがわかる。具体的には男性（敦煌郡西郷某里の民の甯富昌、「甯」あるいは「雍」か）は八月二十三日、女性（姓名不詳）は二か月半ほど遅れた十一月八日である。墓室の中央部分にはふたりの遺骸をはさんで長方形の空間（幅〇・六×長さ二メートルほど）があり、耳室や龕が無いため、この部分に陶器類が置かれ、さらにその奥の後壁（西壁）下部に墓主夫婦を描いた画像磚が立てかけられていることから、郭永利はここが墓主祭奠の場を示しているものとする（同『河西魏晋十六国壁画墓』、四一頁）。

二　磚画と出土文物（鎮墓文ほか）

次に祁家湾墓群の三基の墳墓から出土した磚画三点のうち図像が公開されている二点について検討しておきたい。まず、カラー写真が公開されている三六九号墓の磚画（85DQM369：12）図一から取りあげることにする。

図一　祁家湾三六九号墓出土磚画

（一）祁家湾三六九号墓出土磚画

祁家湾三六九号墓出土の画像磚は方形をしているが、『祁家湾墓』には大きさの記載がない。この画像磚は一九九四年、大阪府立近つ飛鳥博物館の開館記念特別展に展示されたことがあり、同館編『シルクロードのまもり』（以下、『シルクロードのまもり』）にカラー写真で掲載され、そのキャプション部分に長さ三七センチ、幅三七センチであることが記されている。また、甘粛省文物局編『甘粛文物菁華』（二〇九頁図二二五「西涼・宴飲犢車図壁画磚」）には「長三五厘米、寛一七厘米、厚五厘米」とあるが、方形であることから関尾史郎が指摘するように「寛一七厘米」ということはありえず（同『もうひとつの敦煌』、三四頁）、ここではひとまず長さ三七×幅三七×厚さ五センチというように考えておきたい。(3)これは通常の画像磚のおおよそ倍の大きさであり、一枚の磚に一つの内容を描く通常のものとは異なり複数の内容が描かれていることから、より充実した構成になっているという（羅世平・廖暘『古代壁画墓』、七〇頁）。

それでは、先ず三六九号墓の磚画の内容について具体的に取りあげてみたい。この磚画の周囲は墨線で囲まれ（但し、今、墨線の確認できる範囲は上半分だけである）、その中央部分に墨線が横に引かれ、これによって上下に内容が分けられる。その説明は、『祁家湾墓』（第四章の十「画像磚」、一三九～一四〇頁）と『シルクロードのまもり』（一一二～一一三頁。ここには『祁家湾墓』の執筆者のひとり、戴春陽による解説の邦訳がある）に認められるが、そこにも若干の差異がある。とはいえ、上部を宴楽図、下部を出遊図と理解する点では共通している。

このなかで上部右側に描かれた墓主と考えられる左向きの男女は、出土した三点の鎮墓瓶（85DQM369：6, 85DQM369：9. もう一点は未詳）から、建初十一（四一五）年十二月に亡くなった墓主の魏平友と没年不明のその妻（姓名不詳）と考えられている。ここでは、夫である魏平友は「帢」（『祁家湾墓』、一三九頁。「帢」は簡略なかぶりものの一種で、色で貴賤を分けるとされる）をかぶり右前の長衣をまとって胸の前で拱手し、敷物（その下は不明）の上に正坐しているようにみえる。また、夫の右側には髻を高くゆった妻も長衣をまとって同じように坐している。(4)ふたりの上部には帷帳がめぐらされ、(5)その目線の先には、ひとりの人物が動物（獅子？）に何かを演じさせている光景がある。その人物は葛巾をかぶり短衣を着て片膝をついて墓主夫婦を振り返ってみている。(6)上部中央奥には、湾曲した脚をもつ長机があり、その下には壺（酒壺？）のようなものが見える。長机の上には「樽」（酒を入れる容器）があり、その傍らに右手に長い柄杓をもった使用人（『祁家湾墓』は「侍女」、『シルクロードのまもり』は「子ども」とする）が立っており、墓主夫婦の給仕をしている。このように墓主がなにかを鑑賞している構図は、酒泉丁家閘五号墓の西壁第三層にみえる同じく左向きの男性墓主像の壁画部分と類似している（甘粛省文物考古研究所編『酒泉十六国墓壁画』）。この場合、墓主は男性のみで、演奏を聞きながら雑技を鑑賞しており、鑑賞の対象こそ異なっているが、その構図は同じであると見なしてよいだろう。くわえて、墓主の左側に描かれた机上の「樽」、そして「樽」内に入れられた柄杓、さらに机の下には取っ手のついた首の長い壺を入れた温器がおかれており、その傍らに給仕をする使用人が立っている構図も同様である。こうした構図や内容の共通性は、磚画と壁画との違いはあるものの、ともに「五胡十六国」時代の墳墓であること、敦煌と酒泉という隣接する地区にあることなどと関連しているかもしれない。以上から、磚画上部を墓主夫婦の「宴楽図」と見なしてよいであろう。

それでは次に磚画下部の内容を確認してみたい。まず左側の場面には、右手に鞭をもった御者が馬を牽いている。その後ろに牛の傍らに立って牛車を御している男性（子ども？）が見える。その牛車には上に黒い日除けがかけられ、その先に鳥が一羽とまっており、さらにその前方にも鳥が羽を広げて飛んでいる。ここには墓主は描かれていないが、この馬や牛車は墓主が出かけるための手段であり、いずれも御者が従っていたことを表しており、墓主の身分や財力を示す内容であると見なしてよいだろう。

画像磚に描かれた魏平友夫婦にかかわる内容は、（あるいは潤色された部分を含んでいたとしても）かれらの生前の姿をふまえて描かれたものであると思われ、かつ来世においてもこのように経済的にも豊かでかつ安寧なる生活を送ってほしいという残された家族の思いの現れであるように見える。関尾史郎もまた『もうひとつの敦煌』のなかで、魏平友夫婦が侍女や御者を伴って描かれていることから、一般の民戸からほど遠い存在あったと指摘し、かれらの生前の生活を念頭においたものだとする（同、三五頁以下）。いずれにしてもこれが現世における魏平友夫婦の姿を反映しているものであるとすれば、この時期に祁家湾墓群に埋葬された人びとの中ではかなり富裕な階層に属していたと考えてよいであろう。

ところで魏平友の遺骸の周辺に置かれた鎮墓瓶は三つ存在するが、そこに記された鎮墓文のひとつは次のとおりである（以下、鎮墓文の釈文については、『祁家湾墓』、関尾史郎編『中国西北地域出土鎮墓文集成（稿）』、賈小軍・武鑫『魏晋十六国河西鎮墓文・墓券整理研究』などを参照した。なお、異同についての注記は省略した）。

【史料一】「西涼建初十一年（四一五）十二月魏平友鎮墓文」（85DQM369：9　鎮墓瓶：灰黒色、口径四・二×底径五・二×高七・四センチ。鎮墓文：朱書、一三行五三字。瓶底に「令」字。計五四字。『祁家湾墓』、一一九頁図八〇「斗瓶鎮墓文模本一」）

1 建初十一年
2 十二月十一日、敦
3 煌郡敦煌
4 縣西鄉里
5 魏平友死。
6 今下斗瓶、
7 五穀、鈆
8 人、用當
9 重復地
10 上生人。青

11　鳥子詔、令
12　死者自受其
13　央。如律
14　令。

（建初十一（四一五）年十二月十一日に敦煌郡敦煌県西郷里の魏平友が死くなった。今、斗瓶・五穀・鉛人を下して、もって地上の生者に（死者の殃が）重ねてもたらされるのをふせごうとするものである。青鳥子が詔（を告げる）、「死者にみずからその殃を受けさせよ。律令に定められたように」と。）

このように記された鎮墓文はシンプルな内容であるが、関尾史郎が『もうひとつの敦煌』で述べているように、表現などに多少の出入はあるものの敦煌地区において一般的に見られたものである（同、第二章「鎮墓瓶」）。それは、後漢代の中原地域で認められる鎮墓文に比べると極めて簡略化されており、この地区特有のものといってよいだろう。そこには、斗瓶（鎮墓瓶のこと）・五穀（穀物、冥界での食糧）・鉛人（死者の身代わりに殃や使役を引き受けるためのもの）[7]を埋納することで、地上における生人、ここでは現世を生きる魏平友の子孫に死者の殃や咎が及ばないようにするといった残された家族の幸福を願うものであった。とりわけ神仙である青鳥子によって伝えられる（ここでは省略された「北辰」の）詔[8]、つまり「死者にみずからその殃を受けさせよ。律令に定められたように」という命令によって、殃や咎を受けるのは死者に限ることを目的としている。こうした鎮墓文の内容を念頭においたとき、生前の行為と関連するのであろうが、殃や咎を受ける対象であった死者（ここでは夫の魏平友のみ）が昇天するようなことがあるのかという疑念が生じてくる。その一方で、同じ墓室内に埋葬されている妻の遺骸の周辺には鎮墓瓶は置かれておらず、この違いをどのように理解したらよいであろうか。今のところ、その理由を確かめるすべはないが、あるいは夫・魏平友の死と妻の死とは、その理由が異なっていたからかもしれない。というのは、次にあげる三一〇号墓の場合、夫も妻もともに遺骸の周辺より鎮墓瓶が出土しているからであり、とりわけ妻の腹部付近からは人名とおぼしきものが書かれた陶鉢の破片が、意図的に割られた形で出土していることからも、被葬者それぞれの死の事情と照応するかたちで鎮墓瓶が埋納されていたように思われるのである。

こうした鎮墓文にかかわる理解に誤りがないとすれば、上述の画像磚のモチーフとの関係をどのように考えたらよいであろうか。少なくとも鎮墓文に記された内容をふまえれば、現世を生きる魏平友の子孫たちは「地上の生人」であり、死者である魏平友は地下の冥界、すなわち閉ざされた空間である墓室内に生きる存在として認識されていたものと推測される。魏平友夫婦の墓室内に埋納された画像磚と鎮墓瓶の意味をあわせて考えるとき、五世紀初めの敦煌地区にあって死者の住む世界（＝来世）は決して天上界ばかりを意識したものではなかったのではないか、あるいは漢代にあっては天上界への昇天が期待されるべき来世であったものが（その変化の理由を考えるだけの材料を持ち合わせていないのだが）、このような地下の墓室内部へと変化する場合も存在したのではないかと思われる。(9)

（二）祁家湾三一〇号墓出土磚画

次に祁家湾三一〇号墓の磚画（85DQM310：17）図二について取りあげてみたい。これも同三六九号墓の磚画と同様、方形をしているが、大きさは明らかでない。彩色されているが、カラー写真が公開されていないため、モノクロ写真を参照しながら『祁家湾墓』一四〇頁の説明に耳を傾けてみたい。その説明では、上部左側に坐っている三人のうち、最も左側の右向きの人物が墓主のようであるといい、頭部に灰色の「帢」（ただし三六九号墓の男性墓主の「帢」とは異

図二　祁家湾三一〇号墓出土磚画

なっているように見える）をつけ、朱紅色でハート型の襟をした長衣を着ているという。その右側のふたりは賓客のようで、中央に位置する人物の手には「払塵」のようなものがあり（なお、これは「麈尾」だと思われる）、その傍らに瓶？が置かれている。また、右上部には木櫃（木製の戸棚）がある。その下には肉架（肉をかけるスタンド）が置かれ、その左にふたつの容器（そのひとつには三本の足がある）が見える。また、右下には木製の机があるが、それ以外ははっきりしないと説明したうえで、これは墓主の前での宴飲及び厨房の場面であるという。

三一〇号墓の磚画については、三六九号墓のそれのように、厳密に場面を上下に分けることはできないが、おおむね上部を宴飲図、下部を厨房図と見なしてよいであろう。ただ、上部については『祁家湾墓』の説明と異なり、その中央部で左向きに坐しているふたりの人物のうち、頭部と脚部がみえ、手に「麈尾」をもっている左側の人物が男性、[10]その右側で胸部から脚部にかけての衣服がわずかに見える人物が女性ではないかと思われる。すなわち賓客と見なされたこの両名こそ二か月半の間に相次いで亡くなった三一〇号墓の墓主夫婦であろう。なお、この時期の男性の墓主が手にもつ「麈尾」について、門田誠一が「日常平生の暮らしのなかでもつ」もので（同『高句麗壁画古墳と東アジア』、第二節「高句麗壁画古墳に描かれた麈尾を執る墓主像」、七八頁）、「一定の教養と階層の表徴たる持物」であると述べていることをふまえると（同八七頁）、この墓主の男性も敦煌地区における教養人で一定の階層の出身者であったと考えてよいだろう。また、上部左側の人物は坐しているのではなく、立っていると見るべきで（この人物の脚部は、中央部に坐る墓主夫婦の下に引かれている横線より下方にまで達している）、これは墓主ではなく墓主夫婦にかしづく侍女ではないかと思われる。つまり、三一〇号墓の磚画もまた、三六九号墓と同様に左向きの墓主夫婦で、その宴飲図を描いているものと理解したい。[11]

ところで、肉架より下の部分は、『祁家湾墓』の説明のとおり厨房図を示していると考えてよいであろう。ここで少し気になるのは、右上部の木櫃とされた部分である。この時期の壁画や磚画でこうした家具や器物を見なれないこともあり、この点について私見を述べておきたい。実は、はじめてこの右上部を見たとき建物の入り口が描かれているように思えたのである。つまり、これは墓主夫婦のいる位置から見える門扉で、その向う側が現世を意味する。つまり、この境界に木製の観音開きの扉があり、一方が開いているように見え、それはあたかも土居淑子のいう半開の扉＝異界への入口を示しているのではないかと思ったのである（同「古代中国の半開の扉」）。すなわち、右上部が異界＝

冥界への入り口で、そこを通りぬけた空間で侍女にかしづかれて宴飲する墓主夫婦、下部は不鮮明であるが厨房図であるとすれば、そこでふたりの飲食が準備されることになる。そうした冥界での墓主夫婦の姿を描いたのがこの画像磚であり、それが墓室後壁の下部に墓門と向き合うように立てかけられていたことになる。三一〇号墓の墓主は莆冨昌といい、鎮墓文から明らかなように、彼は神璽二（三九八）年八月二十三日に亡くなり、それからわずか二か月半後の十一月八日に夫のあとを追うかのように妻（姓名不詳）も世を去っていた。どのような理由があるにせよ、この連続するふたりの死の意味は残された家族にとっては重いものであったろう。それゆえにこそ、冥界への門をくぐった先には穏やかな来世が待っており、そこで幸福な生活を送ってほしいとの願いをこめて、このような埋納用の画像磚がつくられたのではないだろうか。

上述したように、三一〇号墓からも鎮墓瓶が出土している。男性墓主、莆冨昌については頭部（枕の内部に包まれていた）と脚部（尸罩の外側）から鎮墓瓶がそれぞれ一つずつ、女性墓主については、頭部に鎮墓瓶が一つ、腹部には割れた陶鉢があり、いずれも文字が記されていた。ここでは、まず男性墓主である莆冨昌の脚部から出土した鎮墓瓶に記された鎮墓文を紹介しておきたい。なお、このなかからは食物が朽ちた状態で見つかったという（ちなみに、脚部と同じ文面とされる頭部に置かれた鎮墓瓶の鎮墓文の模本・釈文は『祁家湾墓』には掲載されていない）。

【史料二】「北涼神璽二（三九八）年八月莆冨昌鎮墓文」（85DQM310：15　鎮墓瓶：灰色。口径三・五×底径五×高さ七・二センチ。鎮墓文：墨書、一四行六五字。『祁家湾墓』、一一五頁図七八「斗瓶鎮墓文模本」の三）

1　神璽二年八

2　月辛酉朔、

3 廿三日癸未、敦
4 煌郡西郷里
5 民補冨昌
6 命絶身死。
7 今下斗瓶・鉛
8 人・五穀、用當
9 地上之福。死者
10 自受央咎。生
11 死各異路、不
12 得相注忤、便
13 利生人。如
14 律令。

（神璽二年（三九八）八月辛酉朔、廿三日癸未の日に敦煌郡西郷里の民、補冨昌が命絶身死った。今、斗瓶・鉛人・五穀を下して、もって地上の（生者に）福をもたらすように（望むものである）。死者は自らその殃や咎を受けるべきである。生（者）と死（者）とはそれぞれ路を異にしており、相に注いたり忤したりしてはならない。生者に便利よきように（はかれ）。律令に定められたようにせよ。）

この鎮墓文からは、死者のために斗瓶・鉛人・五穀を埋納するので、生者である残された家族に福をもたらしてほしいという切なる願いが述べられていることがわかる。くわえて生者と死者とは道（具体的には住む世界）を異にする存在であり、相互につながりをもったり、相手を乱したりすることのないようにと強く望んでいる。このうち後段の部分は、先に取り上げた三六九号墓の鎮墓文史料一に比べると大きな違いであり、事情は不明であるが、生者と死者との分離の観念がより強く表明されているといってよいだろう。なお、夫の死より二か月半ほど遅れて亡くなった妻とされる女性の頭部（尸罩の外側）からも鎮墓瓶（85DQM310：16）が見つかっているが、判明する鎮墓文は七行二五字のみである。その冒頭及び末尾の部分を比べてみると、夫の𥚃冨昌に付された鎮墓文とほぼ同様の内容であった可能性が高いように思われる。(12) さらに妻の遺骸の腹部のあたりから、おそらく意図的に割られたものと推測される陶鉢が出土している。その残された鉢の外側には毎行二字、あわせて一六行分の墨書文字が認められ、次のような人名と思しき文字が並んでいる。

【史料三】「北涼神璽二（三九八）年十一月𥚃冨昌妻鎮墓文」（85DQM310：23　陶鉢：灰色、残。口径一六・四センチ。／『祁家湾墓』八七頁、図六一「陶鉢85DQM310：23墨書文字臨摸展開図」。写真は同「図版二九（XXX）3.鉢A型Ⅲ式 M310：23」。なお、『祁家湾墓』に釈文が掲載されていないため、ここでは関尾史郎『もうひとつの敦煌』第二章「鎮墓瓶」、六七〜六八頁、同編『中国西北地域出土鎮墓文集成（稿）』、九九頁の釈文を参照した。）

〔前欠〕

1　□
2　皇子
3　殷?女

4　寶女［
5　［　］
6　寛［
7　申［
8　覚［
9　光生
10　南［
11　］兒
12　道弘？
13　教之
14　效女
15　佛生
16　德文
17　佛德
18　□週？

ここに記された人名を墓主の縁者と見なす関尾史郎は、人名が書かれた陶鉢を破砕することで死者からの凶忌がこれらの生者に及ばないようにした可能性を指摘しており（同『もうひとつの敦煌』、六九頁）、これには同意できる。なぜなら、夫・蒲富昌の死に際して、死者のために斗瓶・鉛人・五穀を埋納して生者の福をはかっており、とりわけ斗瓶（＝鎮墓瓶）に生者と死者の分離を強く希求する内容を記したにもかかわらず、わずか二か月半ほどでその妻に死が訪れたわけで、残された子孫にとって埋納した鎮墓瓶だけではやはり強い不安をいだいていたであろうことは想像するに難くない。そこで、生者に対して再度もたらされるかもしれない死を断ち切ろうと意図し、生者と死者との間のいっそう具体的な分離を目的として生者である子孫など縁者の名を陶鉢に記し、新たな死者である妻の遺骸の上で陶鉢を割る（生者と死者とを分離する）という行為がなされたのではないかと推測される。三一〇号墓から出土した墓主夫婦の鎮墓文を時系列に並べた上で、あらためて画像磚に描かれた夫婦の墓主像について考えたとき、そこに描かれた世界は地上での生者の世界と分離された墓室内での死者の世界（冥界）であり、そこでの墓主夫婦の平穏な生活を願って現世の姿を模した墓主像を描いたとの思いを強くするのである。

むすびにかえて――敦煌地区の来世観とその周辺

汪小洋によれば、河西地域の魏晋・「五胡十六国」時代の墳墓の磚画や壁画の題材はおおむね次の三種類に分けられるという（同『中国墓室壁画史論』、第六章「魏晋南北朝墓室壁画」、一〇三頁）。すなわち、それは

1　当時の人びとの労働風景：特に狩猟、採桑、牛耕（出現率が最も高い）
2　墓主の財産と享楽生活：おもに動物図、宴飲図、厨房図、出行図など
3　軍事関係：墓主の出行、屯田、塢堡、操練など（出現率は少ない）

であり、ここには神仙や神獣などへの言及はないが、祁家湾三一〇号墓及び同三六九号墓から出土した画像磚の題材

は、いずれもその2に該当する。なお、祁家湾三〇一号墓出土の画像磚の内容は不明であるが、やはり墓主の生前の社会的地位や生活などを反映した内容が描かれていたのではないかと推測される。こうした理解は、たとえば酒泉丁家閘五号墓の前室の壁画について、ここには天・地・人の間の三つの世界の広範な事物が描かれているとされ、そのうちの西壁第三層の男性墓主像について「燕居行楽図」とよび、「壁画は墓主の生前の豪奢で華やかな生活を表現している」との説明（張朋川「酒泉丁家閘五号墓壁画芸術」）とも墓主像の部分に限っていえば符合する。[13]

それではなぜ祁家湾ではこのような墓主夫婦の生前の姿を模したものが磚に描かれたのであろうか。そして夫婦の墓主像が描かれた磚が埋納されたのは、いつの時点であったろうか。これについても関尾史郎の指摘はヒントを与えてくれる。すなわち、土洞墓中心の敦煌地区において画像磚が使用されるのは墓門上部の照壁が大多数で、墓室壁面にはめこまれる事例は極めて少ないのが特徴とされる。また画像磚の題材としては、照壁で多くの神獣などがしめられているのに対して、墓室壁面ではごく稀に墓主像や生活図などが認められるにすぎない。そのうえで関尾は、①照壁（墓門）を天上界（墓室内）と地上界の境とする北村永の主張（同「敦煌仏爺廟湾西晋画像磚墓および敦煌莫高窟における漢代の伝統的なモチーフについて」）と、②墓に描かれた神獣や神仙を死者の神霊的世界を防護する「スピリット」を示すものとする長廣敏雄の説（同『六朝時代美術の研究』増補版、第五章「鬼神図の系譜」、一四一頁）を紹介したうえで、これらの神獣や神仙は墓主を守護するために照壁に配置されたもので、中原地域で埋納された後漢時代の鎮墓瓶と同じように生者と分かつ役割が期待されていたのではないかと述べている（同『もうひとつの敦煌』、一〇七頁以下）。[14]つまり、関尾は墓門で区切られた墓室内を死者の世界とし、必ずしも天上界ととらえていないように見える。ここでは、こうした指摘をふまえ、墓室内の世界が当時の敦煌地区の人びとにどのように受けとめられていたのか、もう一度確認しておきたい。たとえば、**表一**で整理したように、祁家湾三〇一、三一〇、三六九号墓の埋納品のなかには照明道具

（燭台）、食物を煮炊きする道具（釜や竈など）、あるいは穀物を蓄えておく倉などが共通して含まれていた。これらは生活に必要な品々であり、死者の日々の暮らしに必要なものとして埋納されたはずである。つまり死者はそれらを携えて昇天するのではなく、墓室内に留まり安寧に暮らしたはずで、ここここそが墓主にとっての終の棲家であると当時の人びとに意識されていたからではないかと考える。もちろん酒泉丁家閘五号墓の前室壁画に見られるように、男性墓主像（前室西壁第三層）の上方に西王母（前室西壁第二層）や東王公（前室東壁第二層）などが描かれた天上界を意識した壁画も存在する（但し、ここには女性墓主の姿は描かれていない）。これは墓室内であっても天上界との共時的空間を意識して墓主像が描かれている事例であり、死者の世界とされる墓室内のとらえ方が必ずしも一様ではないことを物語っている。但し、この場合とて関尾の言説を援用すれば、墓室内の墓主を守護するために西王母や東王公が描かれたといえるかもしれない。

ところで敦煌の東に位置する仏爺廟墓群には、この地域には少ない磚室墓である一号墓（91DFM1）、三七号墓（95DFM37）、一三三号墓（87DFM133）などが存在し、これらの墓室壁面には次のような壁画が描かれている。

このうち図三仏爺廟一号墓の墓主夫婦像は、墓室後壁（東壁）の中央部、帷帳の下に夫婦（男女）が対座した姿で斜めから描かれている（殷光明「敦煌西晋墨書題記画像磚墓及相関内容考論」）。これは、夫婦（男女）が左向きに並んで坐る祁家湾三一〇号墓、同三六九号墓出土の画像磚とは描き方が異なっている（門田誠一『高句麗壁画古墳と東アジア』、第一節「東アジアの壁画墓に描かれた墓主像の基礎的考察」）。但し墓主像が墓門と向かい合っている点は、祁家湾三〇一、三一〇、三六九号墓の画像磚と同じである。また仏爺廟一号墓では照壁上部中央に東王公が描かれた画像磚がはめられており、先の関尾の主張をふまえれば墓室内の墓主を守護するために設けられたことになろう。なお、墓主像の前に祭祀のための「供台」（祭壇）が設けられているが、これは祁家湾三一〇号墓には存在しない（同三六九号墓については平面図など

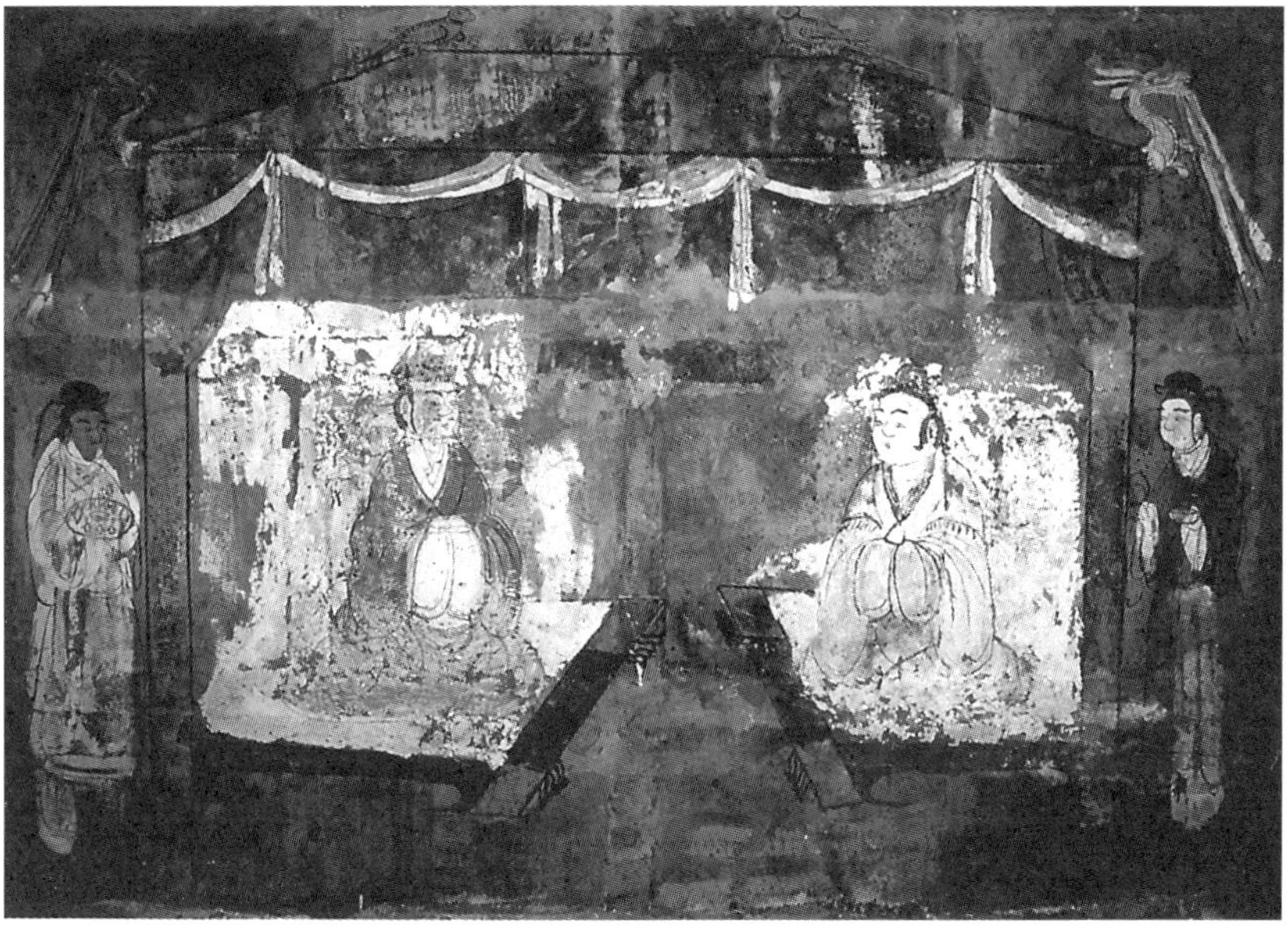

図三　仏爺廟一号墓墓主像

の資料がないため未詳）。そのほか、図四仏爺廟三七号墓では、墓室後壁（東壁）中央に帷帳が下がった建物が描かれているが、ここには墓主像は描かれていない。同様に図五仏爺廟一三三号墓の場合も、前室に設けられた壁龕に帷帳が下がった建物が描かれているが、やはり墓主像は存在しない。なお、三七号墓の場合、墓室内の両脇に置かれた尸罩の上部をまたいで木製の棒が渡されていて、そこに帷帳（『仏爺廟墓』、一三頁図四「M37平面図Ⅱ」は「帷幔」と記す）らしきものが実際にかけられているのを見て取れる。いずれも壁画前方に「供台」[15]が設けられていることは仏爺廟一号墓と同じである。ただし一号墓と異なり、墓室、墓門照壁に西王母や東王公の壁画や磚画は認められない。

　この帷帳の下に墓主像を描かないことについて、郭永利は、「無形の霊魂を留めおいている」という巫鴻の見解（同『礼儀中的美術』下、参「中古仏教与道教美術」、23「无形之神　中国古代視覚文化中的〝位〟与対老子的非偶像表現」、五一七頁）を受けて、これもまた墓主の居場

図四　仏爺廟三七号墓彩絵帷帳・供台図

図五　仏爺廟一三三号墓彩絵帷帳・供台図

所を示しているのだという（同『河西魏晋十六国壁画』、一五九頁）。また、鄭岩は、画像磚の基本形式を踏襲している仏爺廟墓の壁画には新しい変化も認められるとし、その一例として帷帳下に墓主像を描かない点、その前に「祭台」（＝供台）を設けている点などをあげる（同『魏晋南北朝壁画墓研究』、一三五頁注②）。その上で墓主像が描かれないことについて、この地で一般に流行しているある種の観念を反映している可能性があるとの注記をするのみで明確な説明はない。いずれにせよ、墓室内には男女の墓主の遺骸が埋葬されているわけであるから（墓主そのものが不在ではないわけなので）、墓主を描かなくともよいように思われる。

ところで、帷帳の下に墓主像が描かれていない壁画の前方に設けられた「供台」（『祁家湾墓』、一五頁ほか、郭永利『河西魏晋十六国壁画』、一五九頁。なお、鄭岩はこれを「祭台」という）について、向井佑介はこれを「神坐」と理解し、たとえば仏爺廟の場合、三七号墓では墓室の奥に、同一三三号墓では前室側壁の龕に設けられているとする（同「墓中の神坐」）。向井によれば、横穴式の墓室への葬制の変化は、墓に死者の霊魂はとどまる、さらに墓を介して霊魂は現世と冥界を往来するという観念に裏付けられたもので、神坐は墓にとどまる霊魂の居場所であり（この点は巫鴻の説と同じようである）、葬儀の参列者による死者の霊をまつる儀礼の場でもあったと主張する。祁家湾三一〇号墓、同三六九号墓の墓室後壁下部に立てかけられた磚に描かれた夫婦像が冥界での死者（の霊魂を具象化した姿）を描いたものであるとすれば、そして郭永利の指摘をもあわせて考えれば（同『河西魏晋十六国壁画墓』、四一頁）、神坐（供台、祭台）こそ設けられてはいないが、この磚画を前に残された家族たちによって祭祀が執り行なわれたと考えてよいであろう。

それでは、祁家湾三一〇号墓、同三六九号墓の画像磚及び仏爺廟一号墓の壁画の墓主夫婦像は、そもそもいつ描かれたのであろうか。たとえば、祁家湾三一〇号墓の場合、「生死各異路（生（者）と死（者）とはそれぞれ路（みち）を異にする）」という鎮墓文を記した鎮墓瓶が夫・俑冨昌の死に際して埋納されていたことを念頭におけば、夫婦像を描いた画像磚が埋納されるのは妻の死後であったと考えるべきであろう。なぜなら配偶者の一方が亡くなったとき、まだ現世で生きて暮らしているもう一方の配偶者を含む夫婦像を磚に描いて埋納するとは考え難いからである。こうしたとらえ方に大きな誤りがないとすれば、夫婦合葬墓の場合、墓主の夫婦像が磚に描かれたのは、墓室が最終的に閉ざされるとき、すなわち残された配偶者の一方が埋葬されるときだったのではないかと推測される。また仏爺廟一号墓の墓室後壁（東壁）に描かれた夫婦墓主像の壁画の場合も同様に残された配偶者の埋葬時に描かれたのではないかと考える。一方、仏爺廟で帷帳の下に墓主が描かれていない壁画をもつ三七号墓や同一三三号墓の場合は、その墓への最初の埋葬時に壁画を描いておくことは可能で、その前方に設えた「神坐」（もしくは「供台」[16]と称される空間）に種々の祭祀用の供物が準備され、死者の安寧なる生活と生者に対する幸福とがもたらされるようにとの願いをこめて祭祀が執り行なわれたのではないかと思われる（この場合、墓主像が描かれていないのであるから、亡くなった夫婦の一方を埋葬するごとに祭祀が行なわれた可能性もあるだろう）。こうした推測に大きな誤りがないとすれば、祁家湾の墳墓三基の墓室後壁下部に立てかけられた墓主夫婦を描く磚は、墓室を最終的に閉ざす際に執り行なわれた祭祀に伴い準備され埋納されたものではなかったかと考えられる。

墓門を閉ざすことによって現世（生者の世界）と来世（死者の世界、冥界）とは分離されるのであるが、それは果たして地上界と天上界というように考えられていたのであろうか。地上から地下に向かって下りてゆく傾斜した墓道によって導かれる黄泉の世界、その具体的空間としての墓室は、西晋・「五胡十六国」時代の敦煌の人びとにとって文字どおり地下の死者の世界として意識されていたのではないだろうか。生者と死者との関係は、たとえば鎮墓文において「生死各異路（生者と死者とはそれぞれ路を異にする）」と記されているように、それぞれに住む世界を異にすると考えられていたと思われ、さらに「死者自受央咎（死者はみずから殃と咎を受ける）」とあるように、死によって自ら殃と咎とを引き受けることになる死者の禍が生者に及ばないことを祈願して、鎮墓瓶が遺骸の頭部や脚部のそれぞれの位置に置かれたのである。そう考えたとき、自らの殃と咎を引き受けるべき死者の魂の行方は、やはり天上界ではなかったように思われてならない。繰り返しになるが、墓室のなかこそが、時に神仙や神獣に守護されながら生きる死者の終の棲家であり、それゆえにこそ鎮墓文にみえる斗瓶や五穀や鉛人をはじめ、灯火用の燭台や煮炊きをするための竈や蒸すための甑など様々な厨房用のミニチュア陶器などが埋納され、そのほか日常生活に必要とされる陶製の食器なども用意されて墓室あるいは耳室などに置かれたのである。このように死者のために様々に配慮された墓室空間を用意したうえで、[17]最終的に墓門を閉ざすにあたって墓主夫婦像（もちろん墓主像がない場合もあったが）を前に子孫たちによって祭祀が執り行なわれていたのではないかと考える。このように考えてみたとき、仏爺廟での墓室後壁に描かれた墓主夫婦像の壁画や帷帳下に墓主像の描かれない建物だけの壁画（西晋期）と、祁家湾での墓室後壁下部に立てかけられた墓主夫婦を描いた画像磚（北涼・西涼期）とは、墓室内での祭祀のための装置のひとつであったという点で通底するものがあるように思われる。

ここまで述べてきたことは、たとえば『礼記』郊特牲に記された「魂気は天に帰り、形魄は地に帰る（魂気帰於天、形魄帰於地）」といった死生観にかかわる記述のうち地下に帰る「形魄」の在りかについて、西晋・「五胡十六国」時代に営まれた敦煌地区の墳墓から発見された磚画や壁画、そして鎮墓文などを通してあらためて確認したに過ぎないかもしれない。とはいえ、その死の事情によって墓室内の埋納物（たとえば鎮墓瓶の有無など）に違いが生じていることなどから、当該時代の敦煌地区に生きた人びとの来世観が一様であったとは思われず、それゆえに敦煌、嘉峪関、酒泉、高台、武威など壁画・磚画が認められる河西全域にわたって地区ごとにそして墳墓ごとに文字資料及び図像資料などに基づく来世観の比較検討を試みる必要があると考えている。

註

（1）関尾史郎は『もうひとつの敦煌』、第一章「敦煌の古墓群」（二九～三一頁）で、仏爺廟墓群を「東郊墓」、祁家湾墓群を「西郊墓」と称している。

（2）祁家湾墓群の三基の墳墓（三〇一号墓、三一〇号墓、三六九号墓）出土の磚画に言及している著書・論文（報告書である『祁家湾墓』を除く）に、大阪府立近つ飛鳥博物館編『シルクロードのまもり』、賈小軍「文字・図像与信仰」、郭永利『河西魏晋十六国壁画墓』、同「河西魏晋唐墓中的胡人形象」、関尾史郎『もうひとつの敦煌』、孫彦『河西魏晋十六国壁画墓研究』、鄭岩「魏晋南北朝墓室壁画綜述」、同『魏晋南北朝壁画墓研究』（増訂版）、包艶他編『中国絲綢之路上的墓室壁画』西部巻・甘粛分巻、羅世平・廖暘『古代壁画墓』、李懐順・黄兆宏『甘粛考古概論』、同『甘寧青考古八講』などがあり、これらを参照しながら検討を進めていきたい。

（3）関尾史郎『もうひとつの敦煌』は、甘粛省文物局編『甘粛文物菁華』の数値にもとづき「一辺が約三五センチ」（三四頁）とするが、ここではひとまず『シルクロードのまもり』記載（七二頁）の長さ・幅（ともに三七センチ）に従っておきたい。

（4）墓主像の向きや位置、その変容などについては、門田誠一『高句麗壁画古墳と東アジア』、第一節「東アジアの壁画墓に描かれた墓主像の基礎的考察」を参照した。

（5）墓室内の「帷帳」に関する研究のひとつに、劉振東「新見漢晋南北朝時期的帷帳」がある。

（6）郭永利「河西魏晋唐墓中的胡人形象」は、磚画の上部で動物を調教する人物と下部で馬を牽引する人物を「胡人」と解釈している。また、この動物を「獅」と表記する（五一～五二頁）。

（7）「鉛人」の出土例は、たとえば祁家湾二〇八号墓、同三二三号墓に認められる（『祁家湾墓』、図版四五の四「鉛人」、参照）。また、『顔氏家訓』終制第二十には、顔之推が自らの葬儀に際して「錫人」（「錫」は「鉛」と通用する）の副葬をやめるようにとの指示が見えており、六世紀末にもこうした葬送習俗が続いていたことの証左としてよいだろう。

（8）青烏子が北辰の詔を告げるという部分は、たとえば「西涼庚子六（四〇五）年正月廿七日張輔鎮墓文」（80DFM1：32）に見られるように、「青烏子告北辰詔、令死者自受其殃。……」（関尾編『中国西北地域出土鎮墓文集成（稿）』、七二頁）と記されるのが一般的である。

（9）たとえば、酒泉丁家閘五号墓の前室では、男性墓主像とともに、その上方に西王母、東王公が描かれた壁画が認められ、そのほかの地域でも墓室内の画像磚に西王母、東王公が描かれている事例（高台県駱駝城古墓ほか）が存在していることなどをふまえると、昇天を意識した来世観も存在するのではないかとも考えられる。あるいは地域間での違いや死亡事由など種々の理由から同時期にいくつかの来世観、死生観が併存していたと考える方が自然なのかもしれない。敦煌地区よりさらに西方に位置するトゥルファン地域に営まれたアスターナ墓群の四〇八号墓及び六〇五号墓の壁画を「来迎・昇天」図であると主張する白須淨眞（同「シルクロード古墓壁画の大シンフォニー」）もまた、同編『シルクロードの来世観』の総論にあたる「シルクロードの来世観」の「三、現世の延長という来世観」のなかで、古代中国では「人の死後その肉体を離れた陽魂（筆者補：『礼記』郊特牲でいう「魂気」）は天に帰し、陰魄（同「形魄」）は肉体に留まるという基本的な理解があった」ことを認めたうえで、これらを整合的に説明することの難しさを述べている。ここでは「死者は現世に等しい生活を地下で送り続けるという考え方が根強かった」という白須の指摘に耳を傾けたいと思う。なお、魏晋南北朝時代の昇天図については、張倩儀『魏晋南北朝昇天図研究』を参照されたい。

（10）門田誠一『高句麗壁画古墳と東アジア』、第二節「高句麗壁画古墳に描かれた麈尾を執る墓主像」をふまえ、この男性が手にもつものを「麈尾」と解釈した。

（11）なお、郭永利は、磚画上部三人のうち、中央を男性の墓主、その両側のふたりを女性の墓主とするが（同『河西魏晋十六国壁画墓』、八〇頁）、三一〇号墓に埋葬されていたのは男女ふたりであることから（『祁家湾墓』、四六頁）、これは誤りである。また、賈小軍・武鑫らは、壁画・画像磚などは経済条件が好く一定の社会的地位のある墓から多く出土し、鎮墓文は経済条件の比較的劣る平民の墓から出土するといい、『祁家湾墓』の報告をもとに三一〇号墓の墓主を経済状況の好くない平民及び貧民とし、三〇一号墓並びに三六九号墓の墓主を一般の中・小地主と考えているが（賈・武『魏晋十六国河西鎮墓文・墓券整理研究』、下巻七「文字・図像与信仰」、一九五頁）、本文で述べているように、こうしたとらえ方には問題がある。

（12）女性墓主の鎮墓文については、『祁家湾墓』、一一五頁図七八「斗瓶鎮墓文模本」の四（85DQM310：16）を参照。ただし同四六頁には朱書とあり、一一六頁及び一九八頁（附表六）には墨書とあって異なっている。

（13）ちなみに呉新栄は「（酒泉丁家閘十六国墓・五号墓）綜述」のなかで、丁家閘五号墓の墓主像の「燕居行楽図」について、同様に「墓主の顕著な社会的地位と豪華な生活の現実」が描かれていると指摘している（七六九頁）。

（14）北村永、長廣敏雄、そして関尾史郎の主張とも関連するが、墳墓における神獣や西王母などと、陽魂及び陰魄とを結びつけて考えようとする荒見泰史は、「棺や古墓内に四周の守り神としての四獣や西王母などが描かれるのは、一つには陽魂が天上界へ昇ることを求めるため」であり、さらに「陰魄が宿り陽魂とも繋がりを保っている肉体を護るため」（同「シルクロードの敦煌資料が語る中国の来世観」二三頁）であると述べて、神獣や西王母などと陽魂・陰魄とのかかわりを整合的に説明しようとしている。

（15）仏爺廟一三三号墓の場合、墓主が描かれていない壁画の前方について、壁龕内のためか『仏爺廟墓』、三三頁図二〇「M133平面図」では「供台」と記されていないが、前出の図版一二「M133墓室北側壁龕及彩絵帷帳」の写真では、三七号墓と同様の「供台」に相当する場を確認することができるため、本文では「供台」が存在すると記した。

（16）なお、『仏爺廟墓』、二三頁図一一「M39平面図」は、三九号墓の墓室後壁（東壁）の前に「供台」が存在したことを示しているが、後壁に墓主像ないしそれを暗示する建物などの画像が描かれているとは記されていない。おそらく三九号墓では墓主像などが描かれていなくともこの場を利用して祭祀が行なわれていたと判断して「供台」を表記したのであろう。

（17）この点に関連して、江介也は、魏晋時代には魂の行方について量的にいくつかの見方が重層化し複雑になっていると述べた上で、仏爺廟西晋墓の豪奢な墓門照壁をもつ墳墓について死者の魂の安寧と子孫の幸福に対する地域独自の願いのかたちを見出している（同「河西地区魏晋墓の墓門上装飾塼壁（照墻）と墳墓観・他界観」）。そこには魂の墓中回帰という考えが認められ、死者の魂のため墓室内のかりそめの完全無欠化、すなわち快適空間化が図られたという。

図表出典

表一　敦煌祁家湾画像磚出土墓（三〇一号墓・三一〇号墓・三六九号墓）墓葬一覧：著者作成。

図一　祁家湾三六九号墓出土磚画：『甘粛文物菁華』、二〇九頁図二二五「西涼・宴飲犢車図壁画磚」。
図二　祁家湾三一〇号墓出土磚画：『祁家湾墓』、図版四一「画像磚M310：17」。
図三　仏爺廟一号墓墓主像：殷光明氏撮影、北村永氏提供。
図四　仏爺廟三七号墓彩絵帷帳・供台図：『仏爺廟墓』、図版五「M37墓室結構」。
図五　仏爺廟一三三号墓彩絵帷帳・供台図：『仏爺廟墓』、図版一二「M133墓室北側壁龕及彩絵帷帳」。

魏晋時代河西の壁画墓と壁画の一面
――遼陽との比較を通して――

三崎良章

はじめに

甘粛省西部のいわゆる河西地域では、三世紀前期～五世紀中期の魏晋時代に造営されたと考えられる、墓室の壁面などに画像が描かれた「壁画」を伴う墳墓、すなわち「壁画墓」が多数発掘されている。[1] 画像は事物の具体的形象を示していることから、壁画の内容を分析することで、また墳墓に画像を描くという行為自体を検討することを通して、魏晋時代の河西、さらには中国全体の社会・文化の実態をより詳細に正確に理解できることが想定される。そうした河西の壁画墓や壁画の特性やその資料的価値は、同時期の他地域のそれらと比較することによって、より明確になると考えられる。

魏晋時代に造営されたと考えられる壁画墓がこれまでに発掘されている地域としては、河西地域の他には遼寧省の遼陽と朝陽、北京、雲南省の昭通などがある。そのなかで本稿では、特に遼陽を比較の対象として考察することで、河西の壁画墓・壁画の特徴や資料的意味を明らかにしたい。

一　遼陽の壁画墓と壁画

中国における壁画墓の造営は前漢前期から始まったと考えられるが、(2)その後造営は増加したようで、現在では前漢後期には洛陽や西安を中心に六基の壁画墓が存在することが知られている。さらに後漢時代になると、経済の発展や儒教の社会への浸透、孝廉制度の進展などを背景に厚葬の風潮が広がったことにより壁画墓は盛行し、特に後漢後期には空前の発展を遂げた。(3)造営された地域は洛陽・西安を中心に山東・遼寧・内蒙古南部・河西などに拡大し、その数も増大した。発掘された新および後漢時代の壁画墓の数は、黄佩賢が整理したところによると、二〇〇七年までで六二基であるが（黄佩賢『漢代墓室壁画研究』、三一〜三二頁）、その後の発掘を考慮すると、現在では七〇基近くに達する。(4)しかし後漢末期以降は洛陽・西安などでは壁画墓の造営は激減したようで、曹魏・西晋時代の中原にはほとんど見られない。(5)その要因としては、戦乱の激化による社会の混乱や曹魏政権による薄葬令の施行などが指摘されている（蘇哲『魏晋南北朝壁画墓の世界』、一八頁）。

ところがその時期、周縁地域の一部では壁画墓造営が継続され、漢代よりもさらに盛行した地域があった。それが河西と遼寧省の遼陽・朝陽である。ただ朝陽で発掘された五基の壁画墓は朝陽市街の西方約四〇キロメートルから北北東約四五キロメートルというかなり広い地域に点在しており、一つの墓群あるいは墓域とみなすことはできず、五基の墳墓の間の構造や画像の内容の差異も大きい。(6)そこで河西の壁画墓・壁画との比較の対象とすることができるのは遼陽の壁画墓・壁画ということになる。

遼陽は遼寧省の省都瀋陽の南約六〇キロメートルに位置し、漢の遼東郡の郡治襄平県が置かれた地であり、後漢末

表一　遼陽壁画墓一覧

	墳墓名	別称	築造時期	発掘年月	所在地	掲載文献（※：報告書・簡報）
01	道西庄墓	道西庄壁画墓	170年代～230年代		太子河区望水台	劉未2004
02	棒台子1号墓	棒台子壁画墓 棒台子墓 棒台子屯壁画古墓 大青堆子墓	170年代～230年代	1944	太子河区望水台	李文信1955※・藤田国雄1956・劉未2004
03	棒台子2号墓	棒台子壁画墓	170年代～230年代	1956	太子河区望水台	王増新1960Ａ※・李文信1978・劉未2004
04	小青堆子墓				太子河区	
05	上王家墓	上王家村晋代壁画墓 上王家村墓 上王家村晋墓	4c.初～330年代	1957.9	太子河区望水台	李慶発1959※・劉未2004
06	東台子墓			2001（盗）	白塔区	
07	南台子墓			1980年代	白塔区	
08	北園1号墓	北園墓 北園壁画墓 北園壁画古墓 北園漢墓 北園6号墓	170年代～230年代	1943	太子河区北園	駒井和愛1944・李文信1947※・駒井和愛1950※・劉未2004
09	北園2号墓	焦化廠墓	170年代～230年代	1959.11	太子河区北園	遼陽市文物管理所1980※・劉未2004
10	北園3号墓		170年代～230年代	1986	太子河区北園	湯池1989・劉未2004
11	北園4号墓	北園3号墓	170年代～230年代	1978	太子河区北園	劉未2004
12	車騎墓	三道壕窯業第4現場壁画古墓 窯業四廠墓 第四窯廠漢墓 冶建車騎墓	170年代～230年代	1951	太子河区三道壕	李文信1955※・藤田国雄1956・劉未2004
13	三道壕1号墓	三道壕窯業第2現場第1号壁画墓 三道壕壁画墓	280年代～4c.初	1955.5	太子河区三道壕	東北博物館1955※・劉未2004
14	三道壕2号墓	三道壕窯業第2現場第2号壁画墓	280年代～4c.初	1955.5	太子河区三道壕	東北博物館1955※・東北文物工作隊1955・劉未2004
15	三道壕3号墓		230年代～270年代	1974.8	太子河区三道壕	遼陽市文物管理所1980※・劉未2004
16	令支令墓	三道壕窯業第2現場令支令張君墓 窯業二廠墓 三道壕第2窯廠漢墓 令支令張君墓	230年代～270年代	1953	太子河区三道壕	李文信1955※・藤田国雄1956・劉未2004
17	冶建化工分廠墓		280年代～4c.初		太子河区三道壕	劉未2004
18	迎水寺墓	迎水寺壁画墓	170年代～230年代	1918.5	文聖区迎水寺	八木奘三郎1921※・塚本靖1921・濱田耕作1921・劉未2004

19	河東新城東漢壁画墓		170年代～180年代	2010.8	文聖区河東新城	李龍彬他2016※
20	満洲棉花会社墓		2c.中期～170年代	1933.4	白塔区	梅本俊次1934・劉未2004
21	南林子墓		170年代～230年代	1941.9	白塔区南林子	駒井和愛1942・原田淑人1943※・劉未2004
22	玉皇廟１号墓	玉皇廟壁画墓	170年代～230年代	1942.5	太子河区玉皇廟	駒井和愛1942・劉未2004
23	玉皇廟２号墓		2c.中期～170年代	1979	太子河区玉皇廟	劉未2004
24	玉皇廟３号墓		2c.前期	1984	太子河区玉皇廟	劉未2004
25	玉皇廟４号墓		280年代～4c.初	1990	太子河区玉皇廟	劉未2004
26	東門里墓	東門里壁画墓 東門里東漢壁画墓 東門裏壁画墓	2c.中期～170年代	1983.11	白塔区文廟	遼寧省博物館他1985※・劉未2004
27	南環街墓	南環街壁画墓	230年代～270年代	1995.8	太子河区香港花園	遼寧省文物考古研究所1998※・劉未2004
28	南郊街東漢壁画１号墓		2c.中期～170年代	2004.4	文聖区南郊街	遼寧省文物考古研究所2008※
29	南郊街東漢壁画２号墓		2c.中期～170年代	2004.4	文聖区南郊街	遼寧省文物考古研究所2008※
30	南郊街東漢壁画３号墓		2c.中期～170年代	2004.4	文聖区南郊街	遼寧省文物考古研究所2008※
31	東門外墓		170年代～230年代	1931	文聖区	水野清一1934・劉未2004
32	鵝房１号墓	鵝房壁画墓	170年代～230年代	1975.11	文聖区鵝房	遼陽市文物管理所1980※・劉未2004
33	峨眉墓		280年代～4c.初	1977	宏偉区峨眉	劉未2004
34	南雪梅１号墓	南雪梅村壁画墓	170年代～230年代	1957.5	弓長嶺区南雪梅	王増新1960Ａ※・劉未2004・鄭君雷2005

本表は〈三﨑良章2007〉に掲載した表１に修正を加えたものである。

この34基の他、〈金国建2015〉によると、遼陽市南郊の苗圃では2014年５月～９月の発掘調査によって漢魏時代の壁画墓が４基発見されたという。詳細は現時点では不明であるが、これを併せると遼陽出土の漢魏時代の壁画墓は38基となる。

※１：墳墓の配列はおおむね所在地の北から南とした。

※２：造営時期は19は〈李龍彬他2016〉、28～30は〈遼寧省文物考古研究所2008〉、それ以外は〈劉未2004〉によった。ただし〈劉未2004〉では例えば「170,180年代」という表記をするが、煩雑であるので、本表では「～」の前であれば「170年代」、「～」の後であれば「180年代」とした。

※３：（盗）は盗掘を意味する。

※４：掲載文献がない墳墓は現地調査で確認したものである。

期から三国時代には公孫氏による事実上の独立政権の中心地となっていた。遼陽には後漢後期から魏晋時代にかけての墳墓が多数残されているが、壁画墓の発掘は一九一八年の太子河畔の迎水寺墓に始まり、(7) 最近でも二〇一四年に遼陽市街南部の苗圃で四基の壁画墓が発見されている（金国権「遼陽発現近百壁画漢墓都臨太子河」）。初期の発掘の報告が不充分なこともあり、発掘された壁画墓の総数についてはこれまでいくつかの異なる数字が示されてきたが、現在確認できるものは表一に示した三四基、および報道のみで知られる苗圃の四基で、合わせて三八基となる。

壁画墓の多くは後漢・魏晋時代の襄平城、現在の遼陽市街の北郊と南郊を中心に所在するが、その範囲は概ね南北一〇キロメートル、東西八キロメートル程度のなかに収まる。(8) いずれも南芬層の岩石の石板・石柱で構築され白石灰で隙間が埋められた石室墓で、平面の形が長方形のもの、平面の形が「T」字形や「工」字形で平行に並ぶ棺室の前後に廊をもつもの、さらに棺室の周囲を回廊がとりまく形式のものがあり、(9) また棺室や廊に耳室がつく墳墓もある（劉未「遼陽漢魏晋壁画墓研究」）。壁画墓の材質は、磚室墓や磚石混築墓が多い後漢時代の中原のそれと大きく異なっているのである。

築造年代と分期については劉未や李林が検討しているが、両者の見解は若干異なる。最古のものを前者は玉皇廟三号墓で後漢時代の二世紀中期（劉「遼陽漢魏晋壁画墓研究」）、後者は東門里墓で二世紀中期～一七〇、八〇年代とする（李林「漢魏遼東壁画墓分区与分期研究」）。また最も新しい壁画墓を上王家墓とすることでは見解は一致するが、その年代を前者は四世紀初～三三〇年代、後者は四世紀初～三四〇年とする。ただ築造年代はいずれも後漢後期から東晋初期までということになる。前者はその間を六期に分ける。すなわち第一期：二世紀前期、第二期：二世紀中期～一六〇、七〇年代、第三期：一七〇、八〇年代～二三〇年代、第四期：二三〇～二七〇年代、第五期：二八〇年代～四世紀初、第六期：四世紀初～三三〇年代である。一方後者は四期に分ける。すなわち第一期：二世紀中期～一七〇、八〇年代、第二期：二世紀末〜二三〇年代、第三期：二四〇年代〜四世紀初、第四期：四世紀初〜三四〇年代である。注目されるのは、両者がともに漢魏交替期を挟んで一つの時期を設定していることである。後漢時代に始まった遼陽の壁画墓造営は、中原での政権交替を経ても変化・衰退することはなく、四世紀前半まで連続したと理解されるのである。

画像は石板で構築された壁面に直接描かれるが、墨線で輪郭を描き、黄・朱・青・緑・白・紫などの色彩でうめていく方法である。描かれた画像の内容について、前者は、Ⓐ墓主の日常生活に関するもの―宴居・雑技舞楽・庖厨、Ⓑ墓主の社会的地位に関するもの―車馬・属吏・門卒・門犬、Ⓒ墓主の荘園に関するもの―楼宅・倉庫、Ⓓ墓主の精神世界に関するもの―祥瑞・雲気・天象の四つに分類しているが、墓主の日常生活に関する画像が多く、祥瑞は少なく、また時代の変遷による内容の変化はあまり見られないとする。黄佩賢によると、漢代の壁画の内容は天象・昇仙・神話・瑞祥、御凶・辟邪・逐疫、経史人物と故事、生平の経歴と現世生活などに分類され、後漢後期になると現世の生活が重視され、壁画の主要な内容になるという（同『漢代墓室壁画研究』、一九一・二二五頁）。それに従えば、遼陽の壁画は後漢後期の壁画の内容と一致すると理解できる。[10] 画像の内容面では後漢の壁画墓文化が遼陽に伝わったのである。

壁画墓造営が始まった当初の壁画墓の被葬者は、後漢支配下の遼東郡の官吏が想定される（遼寧省博物館他「遼陽旧城東門里東漢壁画墓発掘報告」）。遼陽には二世紀末に公孫氏政権が出現したが、公孫氏政権時代にも壁画墓造営は続いた。公孫氏政権の創始者は遼東郡襄平県を本貫とする公孫度である。彼は献帝を擁立して政権を掌握した董卓の中郎将徐栄の推薦によって、一八九年に遼東太守に任命されたが、一九〇年に董卓が献帝を擁して長安に遷都して中原が混乱状態になると、平州刺史・遼東侯として事実上自立した。[11] すなわち公孫度は後漢の官人として台頭し、後漢政府の遼東に対する支配力が減退する中で自立したのである。公孫氏政権は、二〇四年の公孫度の死後、公孫康、公孫恭、公孫淵と引き継がれ、公孫淵は二三七年には燕王を名のり、「百官有司」を置き、正式に王を称したのである。しかし翌二三八年に曹魏の太尉司馬懿の軍によって滅ぼされた。公孫氏は四代、約五〇年間にわたり襄平すなわち遼陽を中心に遼東を支配したのであるが、そうした公孫氏政権によって、遼東には混乱の続いた中原に対して比較的安定した社会が築かれ、中原からの人口の流入も続いた（松田徹「遼東公孫氏政権と流入人士」）。後漢の官人から自立した公孫氏政権下で、中原からの流入者によって後漢時代の社会・文化が遼陽では継続したのであり、壁画墓文化もその一つであった。二世紀末から三世紀前半の壁画墓は公孫氏政権の関係者の墳墓であると考えられるが（李龍彬他「新発現的遼陽河東新城東漢壁画墓」）、後漢の壁画墓文化は公孫氏政権によって魏晋時代にも継続したのである。

さらに二三八年に公孫氏政権を滅ぼした曹魏も遼陽の社会構造に大きな打撃を与えることがなかったため[12]、遼陽においては壁画墓の造営が続き、結局、東晋初期の三三四年に前燕が襄平を攻撃し、襄平の豪族を前燕の支配する棘城（遼寧省北票市）に徙すまで存続したと考えられる[13]。後漢の遼東郡治であった遼陽では、後漢の壁画墓文化の周縁地域への伝播のなかで、二世紀前期に壁画墓が出現し、公孫氏政権がそれを引き継いで発展させ、さらにその滅亡後も壁画墓造営が継続し、東晋初の四世紀前半までの約二〇〇年間、遼陽壁画墓文化ともいうべき独自の壁画墓文化が展開したのである[14]。

二　河西の壁画墓と壁画の全体像

河西地域は、前漢武帝が武威・張掖・酒泉・敦煌のいわゆる河西四郡を設置して以来前漢の直轄地となって、漢人の移住が進んだ。それは後漢時代にも続き、壁画墓文化もそれに伴って中原から流入したと考えられる。最も古い壁画墓として知られているのが武威・紅花村五壩山墓で（何双全「武威県韓佐五壩山漢墓群」）、後漢前期の墳墓とされる（黄佩賢『漢代墓室壁画研究』、三二頁）。その後、後漢後期には同・磨嘴子墓（党寿山「甘粛武威磨嘴子発現一座東漢壁画墓」）、酒泉・下河清一号墓（甘粛省文物管理委員会「酒泉下河清第一号墓和第一八号墓発掘簡報」）、民楽・八卦営一～三号墓（施愛民「民楽八卦営魏晋壁画墓」）[15]が築造されたが、下河清一号墓が磚室墓である他は土洞墓である。壁画の内容は黄佩賢によると、日月星辰、四霊、羽人、神禽瑞獣、現世生活の人物・動物などであり、中原の後漢壁画墓と共通するが、構図や輪郭線は簡単であるという（黄『漢代墓室壁画研究』、一二〇頁）。

後漢末期から魏晋時代にかけては、中原に基盤を置く勢力の河西に対する支配力が減退したため、河西地域では在地の豪族が社会を主導するようになり、また羌や氐・胡・鮮卑などの非漢人の活動によって、中央との連絡はしばしば遮断される情勢となっていた。そして四世紀初に前涼が姑臧（甘粛省武威市）を都に建国され、以後五世紀前半までの百余年間、前秦・後涼・南涼・北涼・西涼といった五胡十六国諸国の支配が続いた[16]。こうした政治・社会状況のなかで壁画墓造営は続いたのである。

河西の魏晋時代の壁画墓の発掘は、一九四四年に敦煌・仏爺廟墓群で翟宗盈墓が発掘されたのが最初である（閻文儒「河西考古簡報」（上）・夏鼐「敦煌考古漫記」（一））。以後、特に一九七〇年代以降その数は増大し、最新の発掘は二〇〇七年の高台・地埂坡一・三・四号墓である（甘粛省文物考古研究所他「甘粛高台地埂坡晋墓発掘簡報」／呉葒「甘粛高台地埂坡魏晋墓」）。河西の壁画墓の総数は一〇〇基近くに達するが、発掘報告書や簡報が公表されていない墳墓も多く、正確な数を示すことはできない。多くの壁画墓が存在する地域は東から高台・酒泉・嘉峪関・敦煌であり、それぞれの地域のかつての県城などの周辺に複数の墓群が展開し、その中に壁画墓が存在する。すなわち、高台の駱駝城・許三湾・地埂坡、酒泉の丁家閘・西溝・東閘溝、嘉峪関の新城・牌坊梁、敦煌の仏爺廟・祁家湾などである。その他に永昌や瓜州でも壁画墓が発見されている。

河西地域の壁画墓は日干し磚で構築された墓室からなる磚室墓が多いが、土洞墓も少数ながら存在する。構造は概ね共通し、傾斜する墓道と照壁・甬道・墓室などで構成される。墓室の数は単室や二室が多いが、三室や四室の墳墓もあり、また墓室に耳室や壁龕が附属するものもある。多室墓の場合は前室・中室・後室などが直線的に並ぶ。

磚室墓は磚を壁から天井に積み上げ、内壁の磚の隙間は石灰でふさいで墓室や甬道・過道を形成する。使用される磚の大きさは墳墓により様々であるが、多くは横三〇～四三センチメートル×縦一五～二一センチメートル×厚さ五～六センチメートルで、横対縦の比は二対一程度である。ただし、横二六センチメートル×縦一七センチメートルや横一四センチメートル×縦一七センチメートルのように縦横の差の小さい磚、三四センチメートル四方、三八センチメートル四方などの正方形の磚もある。そうした磚の最も広い面を横長にして並べることが多いが、広い面を縦長にして使う場合もある。また厚さ五～六センチメートルの面を数個上下に重ねたり、縦に並べたりして広い面の磚と磚の間に配置することもある。

画像は一磚一画と称される一点の磚に完結する画像を描くことが多い。すなわち磚の最も広い面に直接朱・黒・黄・茶などの色彩を使って画像を描いたり、あるいは先に石灰を塗ってから画像を描くのである。また厚さ五～六センチメートルの面に記号的な図を描くこともある。(17) そうした画像が描かれた磚は「画像磚」と呼ばれ、「画像磚」を壁面に使った壁画墓は「画像磚墓」とも称される。また嘉峪関の新城三・五号墓のように一磚一画の画像磚とともに複数の磚で一つの大きな画面をつくり、そこに完結した画像を描いたものを組み合わせる墳墓もある。そうした画像をまとめて宴飲の場面や農耕・牧畜などの場面にするのである。孫彦は、墓主が描かれた画像磚を中心に、墓主と関係する内容の画像磚が一定の規律に従って配列されているとする（同『河西魏晋十六国壁画墓研究』、第二章第一節）。このような構造の墓室は後漢時代の築造と考えられている下河清一号墓にすでに見られる。また画像磚を照壁を構築するのに用いたり、あるいは壁に立てかけた墳墓もある。

一方、敦煌の仏爺廟一号墓（殷光明（北村永訳）「敦煌西晋墓出土の墨書題記画像磚をめぐる考察」／北村永「敦煌仏爺廟湾西晋画像磚墓および敦煌莫高窟における漢代の伝統的なモチーフについて」）や、同三七・一三三号墓の墓室（甘粛省文物考古研究所編『敦煌仏爺廟湾西晋画像磚墓』、図版五・一二）には、一つの壁面の大部分を使って大きな画像が描かれる。さらに酒泉・丁家閘五号墓では、磚で構築された前室の四壁全面と後室の西壁に壁面全体に黄土を塗って大きな画面をつくり、そこに色彩を使って大きな画像を描いている（甘粛省文物考古研究所編『酒泉十六国墓壁画』）。また高台・地埂坡一・三・四号墓の三基の壁画墓は土洞墓であるが、土壁全面を平滑にし、そこに朱・黒・黄などの色彩で画像を描いている（甘粛省文物考古研究所他「甘粛高台地埂坡晋墓発掘簡報」／呉葒「甘粛高台地埂坡魏晋墓」）。

壁画の内容は孫彦によると、祥瑞図が照壁に、仙人世界の画像が墓室頂部に描かれ、墓室壁面の画像は農耕や放牧・狩猟・庖厨・宴飲・楽舞などの人間の現実世界の内容が大きな比重を占めるが（同『河西魏晋十六国壁画墓研究』、一一八～一二〇頁）、賀西林はそれらは中原の漢文化の影響を受けているとする（同「漢代墓室壁画綜述」）。

三　河西の壁画墓の構造上の特性

河西の壁画墓の構造を遼陽の壁画墓と比較したときの大きな特性の一つが照壁の存在である。照壁は墓道から墓室に入る墓門の上に築かれる装飾壁であり、磚壁・櫓壁・檐壁・照墻・額墻・門楼・門楼式照墻などとも呼ばれる。また一部の墳墓では墓門の上に加え、甬道口の上にも照壁を備えている。照壁の多くは磚によって構築されるが、砂礫で造られるものもある。河西の墳墓で照壁をもつものの数は、韓莎によると二〇一一年八月の時点で敦煌・酒泉・嘉峪関・高台・武威・安西・玉門から出土した八九基になる（同「河西地区魏晋十六国時期照墻研究綜述」）[18]。墓室に壁画をもつ墳墓の多くは照壁をもつが、墓室に壁画がない墳墓でも照壁を造ることは少なくない。ただし、玉門・金鶏梁出土の二四基の墳墓の照壁のように装飾のない照壁もある。また河西以外でも近接する青海省・新疆維吾爾自治区等で照壁を伴う墳墓が発見されている[19]。河西の墳墓の照壁は漢代の関中の墳墓が起源であるとされることが多いが（郭『河西魏晋十六国壁画墓』、一一〇頁／鄭『魏晋南北朝壁画墓研究』増訂版、一四七頁）、孫彦は後漢中期に出現した河西の漢族の伝統であり、河西の地域的な特色が鮮明な墓葬建築だとする（同『河西魏晋十六国壁画墓研究』、五八～五九頁）。いずれにせよ照壁は魏晋時代の河西で発達し、さらに青海・新疆等に伝わったのであろうが、それ以外の地域への広がりは見られないのである。

磚で造られた照壁の多くは磚に彫刻を施したり彩色の画像が描かれる。画像が描かれた照壁をもつ墳墓は墓室の壁面に画像が描かれない場合でも壁画墓と見ることができるのである。照壁に彫刻されたり描かれたりした画像の内容は門や斗拱・力士・龍首、あるいは四神や瑞獣・仙界の人物などであり（孫彦「論河西走廊魏晋十六国墓葬照墻装飾」）、墓室の画像と異なって、墓主や現実の生活の画像は見られない。いずれにせよ照壁の存在が河西の壁画墓の大きな特性で、壁画の事例の増大にもつながっているのである。

河西の壁画墓のもう一つの特性が、全ての壁画墓が何らかの形で磚を使用しているということである。墓室は磚で造られる磚室墓が非常に多い。すなわち敦煌・仏爺廟墓群のうちの三基[20]、祁家湾墓群の三基[21]、高台・地埂坡墓群の三基[22]を除いて、全て磚室墓である。これら九基は土洞墓であるが、そのうち仏爺廟と地埂坡の六基は磚で構築された照壁を備え、祁家湾の三基は画像磚が墓室後壁に立てかけられていた。一方遼陽で一般的な石室墓は、河西では見られない。

こうした磚を墳墓に使用するということが河西の壁画の描き方に大きく影響しているように思われる。すなわち画像は高台・地埂坡墓群の三基の墳墓を除いて、全て磚上に描かれているのである。磚はおそらく製造上の制約から、前述したような大きさに限られる。個々の磚にそれぞれ完結した画像を描いた上で関連する画像磚をまとめる方が、多くの磚を何らかの方法でまとめて一つの画面を作り、そこに画像を描くことよりも容易である。そのため一磚一画の画像が一般的になったのではなかろうか。それが河西の壁画墓の大きな特性を生み出し、さらに画像磚を墓室の壁に立てかけるという使用法の登場にもつながったと考えられるのである。

四　河西の壁画の墓主像の特徴

河西の壁画の内容を遼陽のそれと比較すると様々な特徴が浮かび上がるが、その一つに墓主および墓主夫人の描かれ方がある。遼陽の壁画に描かれた墓主像については高句麗壁画との関連から研究が進展し、すでに多くの成果が著されている。(23) 例えば東潮は、墓主像は前漢時代に出現し、後漢時代には墓室における表現として定型化して、遼東の(24)壁画墓ではある時期には必ずと言ってよいほど描かれる。そして描き方は夫婦対座図（斜向・側視）から夫婦並列側視座図へ、さらに墓主正視座図へ変化し、墓主正視座図が朝陽・袁台子壁画墓や高句麗の安岳三号墳・徳興里古墳につらなるとする（同「遼東と高句麗壁画」／『高句麗壁画と東アジア』、第三章）。また門田誠一は、絵画表現として墓主が単独で描かれるのは後漢代の安平・逯家庄壁画墓、夫婦並座図は洛陽・朱村壁画墓からだとする。そして遼陽では後漢後期から夫婦並座図が描かれ、それも正面像ではなく、斜めに向き合った夫婦像であることが特色であり、墓主が単独の正面座像として描かれる場合もあるとするのである（同「東アジアの壁画墓に描かれた墓主像の基礎的考察」）。

遼陽壁画の墓主像の例として、三道壕一号墓と上王家墓の画像を見てみよう。三道壕一号墓の築造時期は東北博物館は後漢末期から西晋時代（同「遼陽三道壕両座壁画墓的清理工作簡報」）、徐光冀は漢末魏初とし（同総監修『中国出土壁画全集』第八巻、一五頁）、さらに劉未によると二八〇年代から四世紀初（同「遼陽漢魏晋壁画墓研究」）、李林では二三〇年代から四世紀初の時期とされており（同「漢魏遼東壁画墓分区与分期研究」）、確定しがたいが、公孫氏時代から西晋時代の間とすることに問題はない。構造は墓門に平行する前廊、その左右端の耳室、前廊後方の四棺室からなる石室墓で、壁画は左右の耳室各壁と門柱の側面に描かれ、そのうち右耳室の前壁・後壁・右壁に夫婦対座図が描かれている（東北博物館「遼陽三道壕両座壁画墓的清理工作簡報」）。図一は右壁の夫婦対座図である。見られるように男女二人が盛装してそれぞれ方榻の上に座し、斜めに向かい合っている。前壁・後壁にも同様な形で男女の画像が描かれている。[25]こうした墓主夫婦の対座図は三道壕二号墓・車騎墓・三道壕三号墓[26]・令支令墓[27]・迎水寺墓・南郊街東漢壁画一号墓にも見られる。また棒台子二号墓には東潮が夫婦並列側視座図とする画像が、鵞房一号墓には墓主夫婦が前後に並んで座す画像が描かれている。[28]

図二は上王家墓の墓主座図で墓主が単独で正視している。この墳墓は遼陽壁画墓のなかで最末期のもので、四世紀初期の築造と考えられる。墓門に平行する前廊、その左右端に耳室があり、前廊の後方に二棺室があるという構造の石室墓で、壁画は棺室の前柱と左右耳室の壁面に描かれている（李慶発「遼陽上王家村晋代壁画墓清理簡報」）。そのうち右耳室の壁面にこの画像が描かれる。墓主一人が方榻上で右手に麈尾を執って端座して正面を見ているのである。いわゆる墓主単独正視座図は遼陽壁画墓にはこの画像のみである。棒台子二号墓と三道壕一号墓などとの間には建造時

図一　夫婦対座図（三道壕一号墓右耳室右壁）

図二　墓主座図（上王家墓右耳室正壁）

図三　宴飲図（河東新城東漢壁画墓前廊南壁）

期に明確な相違は見られず、東が言うような夫婦対座図（斜向・側視）から夫婦並列側視座図への変化は認められないが、夫婦対座図あるいは夫婦並列座図よりも墓主単独正視座図の出現が遅いことは間違いない。

以上がこれまで論じられてきた墓主像であるが、遼陽の壁画墓にはその他にも墓主が描かれている。その一つが図三の河東新城東漢壁画墓の墓室前廊南壁に描かれた宴飲図の墓主像である。この墳墓は李龍彬他によると後漢末の築造であるが、「公孫」という墨書が見られることから、公孫氏政権の支配者層の墳墓と考えられる（同「新発現的遼陽河東新城東漢壁画墓」）。墓主が盛装して幔幕の下の食器を前にした方榻上に端座して、右側の童子の方を見ている画像である。墓主の後ろや左には侍者三人が仕えている。こうした墓主が宴飲などの場面に描かれる画像は、この他棒台子一号墓(29)・北園一号墓・三道壕三号墓・南郊街東漢壁画一号墓でも発見されている(30)。

遼陽の壁画に描かれた墓主・墓主夫人像は夫婦対座図・夫婦並列座図・墓主単独正視座図・その他と分類することができるが、共通するのはいずれも盛装して方榻上に端座する姿で、多くは周囲の侍者などより大きく描かれることである。すなわち墓主・墓主夫人は公式的な画像、あるいは威厳を示す画像になっているのである。

以上のような遼陽壁画の墓主像に対して、河西地域の壁画の墓主の描かれ方はかなり異なる。以下、張宝璽『嘉峪関酒泉魏晋十六国墓壁画』等によりながら見ていく。嘉峪関・新城墓群では一・三・四・五・六・七・一二・一三号墓(31)に画像が描かれているが、そのうち一号墓の墓主像が**図四**である。一磚一画の画像磚で、前室南壁の後室への過道口の左上部に配されている。榻上に座す人物が墓主であり、墓主像の右側に「段清」と朱書されていることから、同墓は「段清墓」とされている。左側の人物は侍者であろう。**図五**は同墓前室南壁の過道口の右中部に配された画像磚で、宴飲の場面である。八人の女性のうち右から四人目の人物が墓主夫人であろうが、他の人物と大きな差は見られない。また**図四**と**図五**の画像磚は過道口の両側に配されているが、墓主と墓主夫人が対応するようには見られない

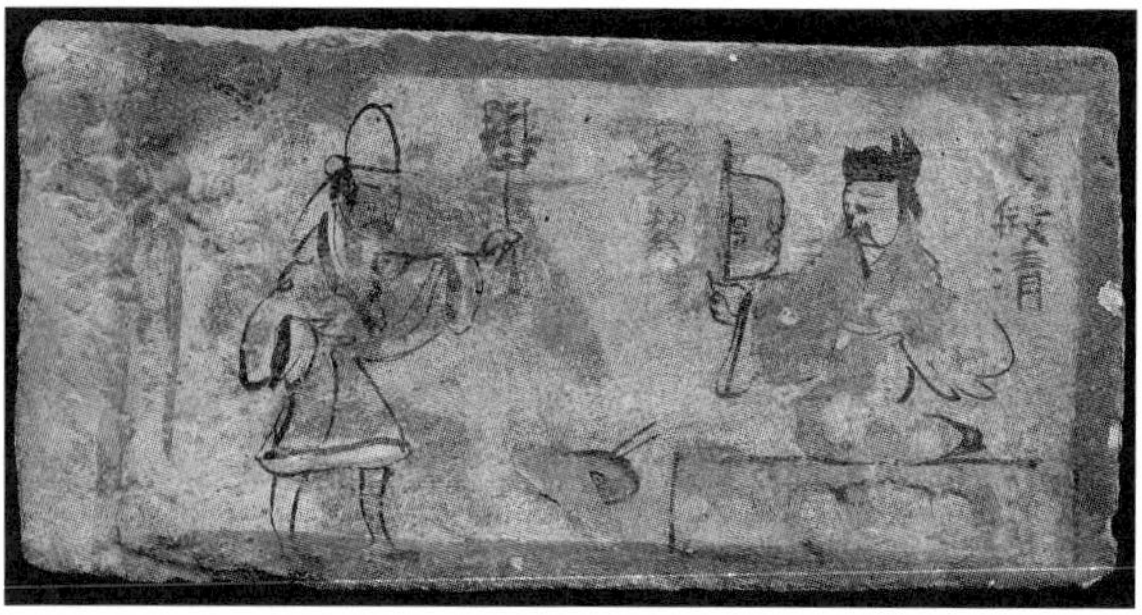

図四　宴飲図（新城一号墓前室南壁）

図五　宴飲図（新城一号墓前室南壁）

（同、一一二頁）。同墓にはその他にも墓主が描かれた画像磚が二点、墓主夫人が描かれた画像磚が一点ある（同、一二三・一二五・一二六頁）。三号墓は前・中・後室からなる三室墓であるが、前室には男性のみ、中室には羊や牛を屠殺する人物や露車の御者を除くと女性のみが描かれる。墓主は前室南壁の中室への過道口の左上に配された屯営の場面の画像の大帳の中に描かれる（同、四七頁）。墓主夫人は中室の女性だけの場面に描かれていると思われるが、明確ではない（同、六九〜八二頁）。四号墓には明確に墓主像だと認められる画像はない。前室東壁と北壁の狩猟図で馬上から弓を射る男性、前室西壁の出游図の女性が墓主及び墓主夫人と推測できるのみである（同、九五・九八・一〇二頁）。五号墓では墓主は図六、墓主夫人は図七に描かれていると思われる。ともに宴飲の場面であるが、墓主・墓主夫人がどの人物かは明確ではない。二件の画像磚は前室南壁の後室への過道口の右側に上下に並んでいるが、やはり別の場面で描かれている（同、一一六頁）。六号墓は前・中・後室の三室墓で、墓主は中室西壁の出行の場面で四点、宴飲の場面で七点の画像磚に描かれ、墓主夫人は中室東壁の宴飲の様々な場面で九点に描かれている（同、一六〇・一六一頁）。七号墓は前・中・後室の三室墓であるが、男女各一人が食器をのせた円卓を挟んで向かい合う宴飲場面が前室・中室に八点、男一人と女二人が円卓を挟んで向かい合う宴飲場面が中室に一点ある。墓主夫婦である可能性はあるが、この墳墓には男子二人、女子二人という宴飲場面も数多い（同、二二七〜二六七頁）。一二・一三号墓には墓主と思われる人物像は見られない（同、二七七〜三〇八頁）。嘉峪関・新城墓群の壁画に描かれた墓主・墓主夫人は、遼陽壁画のような威厳を示す姿では描かれていない。方榻が描かれないもの、冠や衣服で客との差違が示されないもの、侍者と同程度の大きさで描かれるものがあり、さらに飲食などの生活の場面に多く描かれる。また明確に墓主であるとにわかには認識できないような描かれ方も多いのである。

図六　宴飲図（新城五号墓前室南壁）

図七　宴飲図（新城五号墓前室南壁）

　そうした墓主の描かれ方は高台の駱駝城南墓群(32)から出土した画像磚や酒泉・西溝七号墓(33)にも見られる。駱駝城南墓群からは男性二人が対座する画像磚が一点、女性二人が対座するものが三点出土している（俄軍他主編『甘粛出土魏晋唐墓壁画』中冊、四〇七〜四一〇頁）。図八はそのうちの一点で、左側の男性が墓主と推測されるが、右側の男性との間に大きな差は見られず、他の三点の女性二人の画像磚でも二人の間の差は見

図八　宴飲図（駱駝城南墓群）

られない。また男女が同一の画像磚に描かれたものはない。酒泉・西溝七号墓には二人の女性が対座している画像（酒泉市博物館編著『酒泉文物精萃』、七七頁）や墓主が侍者と向き合っている画像（同、八三頁）があるが、墓主・墓主夫人には遼陽の画像ほどの権威性は感じられないのである。

高台・苦水口一号墓や酒泉・丁家閘五号墓、酒泉・高閘溝魏晋墓には盛装の墓主が描かれる。苦水口一号墓[34]は前・中・後室からなる三室墓であるが、中室南壁に配された画像磚に、墓主が帳内の榻上に座し、侍女が侍立する場面が描かれている（俄軍他主編『甘粛出土魏晋唐墓壁画』中冊、四六三頁）。公式的な姿であるが、墓主はその他の画像磚では馬車の中や出行の騎馬の一人として、生活の場面にも描かれる（同、四五五・四五六・四六二・四七二・四七三・四七八頁）。また墓主夫人が女性のみの宴飲図のなかに描かれる点（徐光冀総監修『中国出土壁画全集』第九巻、五二頁）は、嘉峪関・新城墓群の画像と共通する。

酒泉・丁家閘五号墓の壁画は多くの論者にしばしば取り上げられる画像である。この墳墓は四世紀末から五世紀中葉の築造と考えられる。[35]墓主は前室西壁第三層北側に、建物の中の華蓋状の器物がさしかけられた下の方榻上に冠を被り麈尾を持つ正装で端座しているが、正面座像ではなく、斜め左向きで向かって左側で演じられる雑伎や舞楽を鑑賞している様子で描かれている［図九］。高閘溝魏晋墓の墓主像は幔幕の下の方榻上に端座して顔を傾けて傍らの人物の話を聞いている画像である（徐総監修『中国出土壁画全集』第九巻、二一二頁）。この墳墓は郭永利によると、前・中・後室からなる三室墓で、西晋中期から前涼時代の築造である（同『河西魏晋十六国壁画墓』、第二章）[36]。これら二点は公式的な画像であるとともに、日々の生活の場面の画像であるとも言える。

そうした中で敦煌には、遼陽壁画墓の夫婦像に類似する画像が残されている。敦煌・仏爺廟一号墓の夫婦対座図である。殷光明によると、同墓は西晋時代に築造された単室の磚室墓であり、その墓室東壁中央の磚を並べた面に横一・六五メートル、縦一・一四メートルの大きさに白く塗って画面を造り、そこに画像が描かれている［図一〇］（同（北村永訳）「敦煌西晋墓出土の墨書題記画像磚をめぐる考察」）。屋根の下の帷幕の内側に墓主人夫婦が方榻の上に座って斜めに向かい合っている様子である[37]。しかし甘粛省文物考古研究所編『敦煌仏爺廟湾西晋画像磚墓』によると、仏爺廟墓群では三七号墓に、墓室西壁に墓主と思われる人物が描かれた画像磚が二点配されている。一点は墓主が榻に座して侍者が給仕するのを待っている様子（同、図版二）、もう一点は墓主が穀物の山を前にして膝を折って坐り、その傍らに侍者が侍立する画像である

図九　燕居図（丁家閘五号墓前室西壁）

図一〇　夫婦対座図（仏爺廟一号墓墓室東壁）

（同、図版三）。また三九号墓の墓室西壁には、童子と遊ぶ女性が描かれた画像磚がある（同、図版八）が、この女性は墓主夫人であると思われる。さらに一三三号墓の前室西壁には四つの穀物の山を前にして墓主が膝を折って坐る画像の画像磚（同、図版一三）が配されている。仏爺廟三七・三九・一三三号墓の築造は西晋早期とされており（同、一〇三頁）、一号墓と同時期である。仏爺廟墓群の壁画には墓主や墓主夫人が生活の場面に描かれる画像も多くあるわけである。

また敦煌・祁家湾三一〇号墓と三六九号墓からは夫婦並座の画像が描かれた画像磚が出土した。この両墓はいずれも土洞墓で画像磚は方形で墓室後壁下に一点ずつ立てかけられていた。三一〇号墓の画像磚には左上部に三人の人物が並んで正面を向いて正座している（甘粛省文物考古研究所編『敦煌祁家湾』、図版四一）。甘粛省文物考古研究所は左側の人物が墓主、中央と右側の二人が客だとしているが（同、一四〇頁）、郭永利は中央が墓主、左右の二人が女墓主だとする（同『河西魏晋十六国壁画墓』、八〇頁）。また三六九号墓の画像磚には、上下二つの部分に分けられたうちの上部分に、墓主夫婦が帷帳の中で並んで正座して斜め前方に向かって雑伎を鑑賞している画像が描かれている（甘粛省文物考古研究所編『敦煌祁家湾』、表紙）。三一〇号墓からは北涼の神璽二（三九八）年、三六九号墓からは西涼の建初一一（四一五）年の紀年の記された鎮墓瓶が出土しており[38]、建造年代は四世紀末から五世紀初と特定できる。四世紀末から五世紀初の祁家湾では、遼陽・棒台子二号墓の夫婦並座図とは若干趣は異なるが、夫婦並座図が描かれたわけである。

以上のように、敦煌の壁画墓には遼陽の壁画墓の墓主像と近い墓主夫婦の公式の場面の画像が残されており、河西の壁画の墓主像が遼陽の壁画の墓主像と全く異なると言うことはできない。しかし全体的な傾向としては、河西の壁画墓の墓主像は遼陽のそれと異なり、権威性が少なく、生活性が高いと見ることができる。両地域の喪葬文化の相違が窺えるのである。中国全体の墓主像の変化について鄭岩は、墓主正面座図は前後漢の際に出現し、後漢晩期に増加し、魏晋南北朝時代の壁画墓では大多数の墓主像が正面像になると指摘する（同「墓主画像研究」）。また古田真一も、墓主は前漢では昇仙図の中に登場し、後漢以降は墓主宴飲図の形式が定着していき、魏晋南北朝時代になると墓主図における正面性は普遍的な表現となり多くの壁画に出現するとした（同「中国壁画墓における墓主人の表現をめぐって」）。しかし河西の壁画墓に見られる墓主像はそうした変化とは異なる動向を示している。そこに河西社会の独自性を見ることができるのである。

おわりに

河西の壁画墓の大きな特性はその数の多さである。遼陽壁画墓の三八基に対して河西壁画墓は一〇〇基近くに及ぶ。築造された期間は、遼陽壁画墓が二世紀初から四世紀初にかけての約二〇〇年間、河西壁画墓が三世紀初から五世紀初の約二〇〇年間であり、ほぼ同じ時間のなかでの数であるから、河西の壁画墓の量的な大きさに気づかされる。しかも二二〇年の曹魏成立以後の魏晋時代に限ると、劉未や李林の編年から類推して、遼陽壁画墓の数は二〇基弱となろうから（劉「遼陽漢魏晋壁画墓研究」・李「漢魏遼東壁画墓分区与分期研究」）、魏晋時代研究にとって河西の壁画墓の重要性がいっそう際立つのである。さらに先述したように新及び後漢時代の中国全体の壁画墓数が七〇基近く、唐代のそれが一五〇基近くとされており（賀西林他『中国墓室壁画史』、一四二頁）、河西壁画墓は唐以前の中国において特筆される存在なのである。

一方壁画墓が出土している地域は、遼陽が一か所に集中しているのに対し、河西の場合は永昌から敦煌までの東西約七五〇キロメートルに及ぶ範囲のなかの各地域に点在しており、しかもそれぞれの地域の中にもいくつかの墓群が存在しているわけで、一地域での集中度は低い。また墓群間の壁画墓の構造の傾向には相違も認められる。しかしそれとともに河西全体としての共通性が存在する。すなわち照壁の存在や磚室墓であること、一磚一画の画像磚を使用することなどの点である。このことは河西の地域社会全体の傾向や河西の各地域間の共通性と相違の検討、さらに河西と他地域との関係の解明に資することになる。

画像の内容の点では、本稿では墓主像の描かれ方を中心に検討したが、その結果、河西と遼陽の社会状況の相違、河西の喪葬文化の独自性が窺えた。しかしこれは河西の壁画の特徴の一面にとどまる。その他の画像、例えば庖厨や雑伎、農耕・牧畜などの生産場面、非漢民族の描かれ方、補助文様なども魏晋時代の河西の地域社会に対する検討に貴重な資料となることは多言するまでもない。河西壁画墓の量的な大きさは、そうした資料が多く残されていることを意味している。河西壁画墓・壁画の魏晋時代研究にとっての重要性が改めて強調されなければならないのである。

註

（1）関尾史郎は河西の壁画墓の数は一〇〇基近くに上るとする（同「河西魏晋墓出土磚画一覧（Ⅰ）」）。「壁画」の定義は論者によって異なり、関尾は二〇〇六年以来、一つの磚に描かれた画像を「磚画」、多数の磚を一つの画面として描かれた画像を「壁画」としている（同「甘粛出土、魏晋時代画像磚および画像磚墓の基礎的整理」）。また鄭岩は「壁画」の範囲を広くとり、石線刻、磚彫、模印磚なども含めて「壁画」として論じている（同『魏晋南北朝壁画墓研究』増訂版、一～三頁注①）。本稿では石、磚、土で築かれた墳墓の天井を含む壁面や照壁に描かれた、単なる模様ではない画像を「壁画」、そうした「壁画」を伴う墳墓を「壁画墓」と称することとする。壁画は多くは朱・黄・白などの色彩を用いて描かれるが、墨色のみで描かれたものもある。

（2）賀西林『古墓丹青』、一四頁。現在最古の壁画墓と考えられているのは河南省永城市の芒碭山柿園梁王墓である。

（3）賀西林他『中国墓室壁画史』、三七頁、賀西林「漢代墓室壁画綜述」、参照。
（4）後述するように、遼陽では二〇〇九年以降、複数の後漢時代の壁画墓が発掘されている。前漢後期から後漢時代には、ここで言う「壁画墓」の他、陰刻のスタンプの画像を押印した画像磚や、絵画を石の墓室材に彫りつけた画像石を用いた墳墓も盛んに作られた。それらは主に南陽や洛陽を中心とする河南、四川、山東、陝西北部などで発見されている（町田章『古代東アジアの装飾墓』、一五五～一七四頁／蔣英炬他『漢代画像石与画像磚』）。
（5）鄭岩は、一九五五年に河南省霊宝県で発見された壁画墓は西晋時代のものとされるが、西晋墓とする根拠は不詳であるとする（同『魏晋南北朝壁画墓研究』増訂版、八四頁）。
（6）三﨑良章「遼寧省における魏晋時代の壁画墓」。その他、北京市の石景山八角村魏晋壁画墓（石景山区文物管理所「北京市石景山区八角村魏晋墓」）や、雲南省昭通市の后海子東晋壁画墓（雲南省文物工作隊「雲南省昭通后海子東晋壁画墓清理簡報」）などが発掘されているが、それぞれ一基だけの発掘にとどまっている。
（7）八木奘三郎「遼陽発見の壁画古墳」、濱田耕作「遼陽附近の壁画古墳」、塚本靖「遼陽太子河附近の壁画ある古墳」、参照。
（8）南雪梅一号墓のみがこの範囲の外になり、遼陽中心部の東南一七キロメートルの地点である（王増新「遼寧遼陽県南雪梅村壁画墓及石墓」）。
（9）中国語では「南芬組」と表記する。遼陽の壁画墓を構成する石板・石柱は、遼寧省文物管理所「遼陽発現三座壁画墓」、遼寧省博物館他「遼陽旧城東門里東漢壁画墓発掘報告」などの簡報では石灰岩、南芬頁岩などとされているが、新井宏嘉氏（早稲田大学本庄高等学院・地質学）の教示によると、この岩石は石灰岩の部分と頁岩の部分が混ざった岩石であり、現在の名称としては「南芬層の岩石」とするのが適当であろう。
（10）賀西林「漢代墓室壁画綜述」も、東北地区の魏晋時代の壁画は漢代の壁画の特徴を継承しているとする。
（11）『三国志』魏書巻八公孫度伝。
（12）三﨑「遼寧壁画墓に見られる遼東社会の一面」で、曹魏は公孫氏政権を滅ぼした後、公孫氏政権の官人を吸収して魏の官人とし、彼らが壁画墓を造営したとした。曹魏支配下でも公孫氏政権時代の社会状況は継続していたと考えられる。

（13）劉未、前掲「遼陽漢魏晋壁画墓研究」を参照。なお田立坤「袁台子壁画墓的再認識」は、前燕が襄平の豪族を前燕の都の棘城に移住させたことで遼陽の壁画墓文化が朝陽に伝わり、それが前燕の「袁台子壁画墓」造営につながったとする。

（14）賀西林他『中国墓室壁画史』は、遼陽壁画墓を「漢代墓室壁画」の章と「魏晋南北朝墓室壁画」の章に分けて記述しているが、連続するものと考えるべきであろう。

（15）施愛民「民楽八卦営魏晋壁画墓」はこれらの墳墓を「魏晋壁画墓」として論じるが、漢代造営の可能性を排除していない。

（16）この時期の河西の動向については、三﨑『五胡十六国』、第三章参照。

（17）記号的な図については、三﨑「甘粛出土魏晋時代画像磚墓、壁画墓等に見える記号的図像について」、同「甘粛画像磚墓に見られる補助文様」、参照。

（18）郭永利は敦煌・瓜州・嘉峪関・酒泉・高台・武威の墳墓で合計五六基とするが（同『河西魏晋十六国壁画墓』、九九頁）、これは主に二〇〇七年以降の発掘が反映されていないためである。二〇〇九年の発掘までを取り上げた韓莎「河西地区魏晋十六国時期照墻研究綜述」の数字の方が実態に近いと言える。ただし例えば甘粛省文物考古研究所他「甘粛高台地埂坡晋墓発掘簡報」が五基の墳墓に照壁を認める高台・地埂坡墓群の照壁を三基としたり、甘粛省文物考古研究所『敦煌祁家湾』が三基とする敦煌祁家湾墓群の照壁をもつ墳墓を一基とするなど、データに遺漏がある。実態はおそらく一〇〇基を越えるであろう。

（19）青海省文物考古研究所編『上孫家寨漢晋墓』図版八・九は、青海省大通県の上孫家寨墓地で発掘された墳墓の照壁を紹介し、青海省文物考古研究所「青海互助県高寨魏晋墓的清理」では青海省互助県の高寨魏晋一・二号墓の照壁の存在が確認できる。また于志勇他「新疆庫車県晋十六国時期磚室墓発掘」、新疆文物考古研究所「新疆庫車友誼路魏晋十六国時期墓葬二〇〇七年発掘簡報」は、新疆維吾爾自治区庫車県の友誼路一・二・三号墓の照壁の存在を伝えている。

（20）甘粛省文物考古研究所編『敦煌仏爺廟湾西晋画像磚墓』によると、九一・一一八・一六七号墓。

（21）甘粛省文物考古研究所編『敦煌祁家湾』によると、三〇一・三二〇・三六九号墓。

（22）甘粛省文物考古研究所他「甘粛高台地埂坡晋墓発掘簡報」、呉葒「甘粛高台地埂坡魏晋墓」によると、一・三・四号墓。これらの三基は、画像磚で構築された照壁と土壁上の画像をもつ。土壁上の画像という河西の壁画墓としては特殊な形態であるが、しかし同時に照壁という河西の壁画墓の特徴も備えている。そこに地埂坡墓群の特徴が見られる。

(23) 高句麗壁画古墳の壁画には墓主夫婦並座図・対座図、墓主単独正面座図が多く見られるが、そうした画像と共通する画像が遼陽の壁画墓に存在することから、東潮「遼東と高句麗壁画」、同『高句麗壁画と東アジア』第三章、鄭岩「墓主画像研究」、門田誠一「東アジアの壁画墓に描かれた墓主像の基礎的考察」などが遼陽壁画墓の墓主像について論じている。

(24) 東潮は「遼東」と表記するが、意味しているところは「遼陽」である。

(25) 三つの画像に描かれた六人の人物の関係は即断はできない。東北博物館は同墓に棺室が四つあり、それに対応しているとする（同「遼陽三道壕両座壁画墓的清理工作簡報」）。

(26) 墓主像は前室右耳室の西壁に男性、北壁に女性が描かれている。壁面は西・北に分かれるが隣り合った壁であり、男女の画像が向き合っているという（遼陽市文物管理所「遼陽発現三座壁画墓」）。そのうち墓主像は遼陽市博物館に模写が展示されている。

(27) 墓主像は、向かって左から男性・女性・女性と男女三人が描かれている。そのうち左の二人の男女が対座図（斜向・側視）となっている（徐光冀総監修『中国出土壁画全集』第八巻、三四頁）。

(28) 車騎墓・迎水寺墓・南郊街東漢壁画一号墓・棒台子二号墓・鵞房一号墓のそれぞれの画像が掲載されている論文等は次の通りである。車騎墓：李文信「遼陽発現的三座壁画古墓」、迎水寺墓：八木奘三郎「遼陽発見の壁画古墳」、南郊街東漢壁画一号墓：徐光冀総監修『中国出土壁画全集』第八巻、四頁、棒台子二号墓：同書、八頁、鵞房一号墓：同書、三三頁。なお三道壕二号墓の夫婦対座図については画像は公表されておらず、東北博物館が「壁右方画男女対座在方席上」としているのみである（同「遼陽三道壕両座壁画墓的清理工作簡報」）。

(29) 東潮「遼東と高句麗壁画」、門田誠一「東アジアの壁画墓に描かれた墓主像の基礎的考察」はこの墳墓の二点の墓主像を墓主夫婦としているが、頭のかぶりものからすると、李文信「遼陽発現的三座壁画古墓」の理解に従って、二点とも男性と見るべきであろう。

（30）棒台子一号墓・北園一号墓・三道壕三号墓・河東新城東漢壁画墓・南郊街東漢壁画一号墓のそれぞれの画像が掲載されている論文等は次の通りである。棒台子一号墓：李文信「遼陽発現的三座壁画古墓」、北園一号墓：徐総監修『中国出土壁画全集』第八巻、一九頁、南郊街東漢壁画一号墓：同書、三頁、三道壕三号墓：遼陽市文物管理所「遼陽発現三座壁画墓」、河東新城東漢壁画墓：李龍彬他「新発現遼陽河東新城東漢壁画墓」。

（31）郭永利『河西魏晋十六国壁画墓』、第二章によれば、築造時期は一・三・四・五号墓が曹魏から西晋早期、六・七・一二・一三号墓が西晋中期から前涼時代である。

（32）名称は高台県博物館のキャプションによる。俄軍他主編『甘粛出土魏晋唐墓壁画』中冊、四〇七～四一〇頁は、「一九九四年駱駝城古墓区出土」とする。同墓群は郭永利『河西魏晋十六国壁画墓』、第二章によれば西晋中期から前涼時代の建造である。

（33）郭永利『河西魏晋十六国壁画墓』、第二章によれば、西晋中期から前涼時代の築造である。

（34）郭永利『河西魏晋十六国壁画墓』、第二章によれば、曹魏時代から西晋早期の築造である。

（35）甘粛省文物考古研究所編『酒泉十六国墓壁画』、一一頁。韋正「試談酒泉丁家閘五号壁画墓的時代」はこの墳墓の築造年代を魏晋時代で前涼時代より以前とする。園田俊介「酒泉丁家閘五号墓壁画にみえる十六国時代の河西社会」は、この墳墓の墓主の人物像、それを取り巻く環境などについて論じている。

（36）馬軍強「酒泉高閘溝磚廠墓出土壁画磚及墓葬時代浅析」は、築造年代は曹魏時代より遅くないとする。

（37）仏爺廟墓群では墓室の壁面の一部を白く塗った画面に屋根と帷幕を描く画像が三七号墓の墓室東壁と一三三号墓の前室北壁壁龕にあるが、そこには人物が描かれていない（甘粛省文物考古研究所編『敦煌佛爺廟湾西晋画像磚墓』、図版五・一二）。

（38）釈文は、甘粛省文物考古研究所編『敦煌祁家湾』、一一六・一二二頁。

付記：本稿は、二〇一六～二〇一七年度日本学術振興会科学研究費補助金・基盤研究（B）「域圏論の視点による中国古代地域社会像の構築」（研究代表者：關尾史郎／課題番号：16H05678）、二〇一七年度早稲田大学特定課題研究助成費（特定課題

B・基礎助成）「墳墓画像による三～五世紀における中国西部地域の民族状況の研究」（研究代表者：三﨑良章／課題番号：2017B-351・2017K-375）による成果の一部でもある。

出典一覧

表一　遼陽壁画墓一覧：著者作成。

図一　遼陽・三道壕一号墓右耳室右壁「夫婦対座図」（模写）：徐光冀総監修『中国出土壁画全集』第八巻、一五頁。

図二　遼陽・上王家墓右耳室正壁「墓主座図」：李慶発「遼陽上王家村晋代壁画墓清理簡報」、六一頁。

図三　遼陽・河東新城東漢壁画墓前廊南壁「宴飲図」：李龍彬他「新発現的遼陽河東新城東漢壁画墓」、三一頁。

図四　嘉峪関・新城一号墓前室南壁「宴飲図」：胡之主編『甘粛嘉峪関魏晋一号墓彩絵磚』、一五頁。

図五　嘉峪関・新城一号墓前室南壁「宴飲図」：嘉峪関市文物局編『嘉峪関文物図録』可移動文物巻、九九頁。

図六　嘉峪関・新城五号墓前室南壁「宴飲図」：胡之主編『甘粛嘉峪関魏晋五号墓彩絵磚』、四一頁。

図七　嘉峪関・新城五号墓前室南壁「宴飲図」：胡之主編『甘粛嘉峪関魏晋五号墓彩絵磚』、四二頁。

図八　高台・駱駝城南墓群「宴飲図」：俄軍他主編『甘粛出土魏晋唐墓壁画』中冊、四〇九頁。

図九　酒泉・丁家閘五号墓前室西壁「燕居図」：甘粛省文物考古研究所編『酒泉十六国墓壁画』、図版（頁番号なし）。

図一〇　敦煌・仏爺廟一号墓墓室東壁「夫婦対座図」：殷光明（北村永訳）「敦煌西晋墓出土の墨書題記画像磚をめぐる考察」、口絵四。

第二部　各　論

河西出土文物から見た朝服制度の受容と変容
──魏晋・五胡期、胡漢混淆地帯における礼制伝播のあり方──

小林　聡

はじめに

現在、中国前近代の諸王朝を支えたものとして「礼制」が注目されている。礼制の内容は多岐にわたるが、礼制の究極の目標は、理想的な政治・社会を実現することであり、そのために経書を典拠としつつ、どのような制度・秩序を構築していくかという問題が、歴代王朝において論じられてきた。とりわけ、漢唐間の諸王朝にとって、礼制の構築は非常に重要であったといえる。筆者は、魏晋南北朝時代における官爵体系（官僚機構や爵位の序列）が、礼制世界の中でどのようにして編成されていたか、それは現実の官僚機構などの序列とどのように相違するかという問題を考えている。

周知のように、魏晋南北朝の官僚制度・政治制度については多くの研究蓄積があるが、日本においては、この時代を特徴づけるものは「貴族制度」であるという大前提があり、官僚制・王朝支配の貴族制的な運用に研究の重心が置かれてきたといえる。そのため、礼制の観点からこの時代の王朝支配の特徴を探ろうとする研究は、かつてはそれほど盛んではなかったが、一九八〇年代以降はしだいに隆盛に向かっていった。たとえば、金子修一は、漢唐間の礼制を歴史学の観点から考察する中で、漢唐間の皇帝祭祀の形態を集中的に扱った一連の研究を発表し（同『中国古代皇帝祭祀の研究』）、渡辺信一郎は、中国王朝の支配構造を探る中で、礼制を重視した一連の研究を行なっており（同「中華帝国・律令法・礼的秩序」／『天空の玉座』）、また、阿部幸信は主として印綬制度の解析から官僚制の構造を探ろうとして、精力的に研究成果を発表してきている（同「漢代における印綬賜与に関する一考察」など）。また、近年では戸川貴行が東晋から南朝にかけての江南王朝において建康を中心とする新たな世界観が形成され、それに基づいて礼制が再構築されたことを論じている（同『東晋南朝における伝統の創造』）。また、中国でも、漢唐間の儀礼に関する研究が近年飛躍的に増加しており、たとえば、陳戍国は各時代の礼制を総括した一連の著作を発表し（同『中国礼制史　魏晋南北朝巻』など）、李書吉は北朝の礼制の「周典化」を論じ（同『北朝礼制法系研究』）、梁満倉は『儀礼』を根幹とする漢代礼制が、より広い内容を持つ『周礼』に基づいた「五礼」体系によって構成される魏晋南北朝時代の礼制へと発展したことを明らかにしている（同『魏晋南北朝五礼制度考論』）。これらの論考によって礼制研究の地盤が固まり、その後、礼制に的を絞った様々な論考が発表され、一つの研究ジャンルをなすに至っている。

筆者は礼制と官爵制度の関係を考察する中で、礼制によって定められた公的な服飾制度（本稿ではこれを「服制」と称する）に注目するようになった。それは、この服制、特に本稿において主たる考察対象とすることになる朝服制度が、様々な品目を組み合わせることによって、礼制世界における官爵秩序を可視的に表現するものであり、それを再構成することに意義を見いだしたからである。前近代中国の服制は、現在に至るまで各国において盛んに研究されてきている。古典的な業績として、日本では原田淑人・林巳奈夫・杉本正年（原田『漢六朝の服飾』／林編『漢代の文物』／杉本『東洋服飾史論攷　中世編』）、中国では周錫保・沈従文・孫機（周『中国古代服飾史』／沈編著『中国古代服飾研究』／孫『中国古輿服論叢』増訂本）といった諸氏の著作があり、その後も、北朝・唐代の服飾史を中心に多くの論考が発表されている。その一方で、近年、漢から唐にかけての時期に属する壁画・画像磚・線刻画・画像石・人物俑などの文物が大量に出土しつつあり、従来は伝世文献史料に頼らざるを得なかった時代や地域についても次第に空白が埋まりつつある状況であるといえる。このように、魏晋南北朝、ひいては漢唐間の服飾史研究は今後も発展する余地を残しているといえよう。

筆者は、伝世文献史料及び出土文物を使用し、魏晋から初唐にかけての時期（およそ三～七世紀）の服制の改変過程の変遷を検討してきたが、その変遷過程の要点は、①西晋王朝成立後、『泰始律令』や『晋礼』に代表される〝礼・法二元構造〟が形成される中で、祭服・朝服を二本柱とする服制が整備された点、②五胡～北魏前期の華北においては、西晋が構築した礼制・服制の知識が失われる一方で、鮮卑服に代表される北族的要素や、西域の服飾に代表される西方的要素が、漢族的な服飾体系と併存するようになり、北朝後期、とりわけ六世紀後半において、これら様々な服飾要素が混合し、全体として洗練されていった点、③東晋・南朝においては、西晋から受け継いだ服制が変容を遂げていき、礼制の再整備を行った梁武帝時期に至って一定の完成を見た点、④初唐期に至り、南北の服制が融合して祭服・朝服・公服・公事之服・常服という五大服制体系が形成されたが、このうち、常服は前述の鮮卑服をルーツとしていた点、といった諸点に集約される。(1)

魏晋南朝時代の政治的中心部（中原地区など）において服飾を表現した文物の出土は少なく、伝世文献史料を十分補うものとは言えない。これに対し、甘粛省の河西地区と遼寧省の朝陽地区といった〝辺境〟諸地域における、三～四世紀前後の古墓からは、壁画や画像磚など服飾を表現している文物資料を活用しうる状況にある。また、それらによりやや時代が降るが、近年、山西省の大同地区においても北魏前期の服制を知ることができる文物が相当数発見されている。これら三地域は、同時期の華北中心部や江南地区における出土文物の少なさを補う恰好の材料を提供していると言えよう。筆者は服制史研究の一環として、河西地区の出土文物を主たる題材として、いくつかの論考を発表してきた（小林「中国服飾史上における河西回廊の魏晋壁画墓・画像磚墓」／「河西地区出土文物における朝服着用事例に関する一考察」／王玘訳「在中国古代礼制、服制史上河西出土文物的特点」／「五胡・北朝期における服飾の「多文化性」」）。河西地区に関する筆者の関心は、①漢代以降、服制の中核に位置した「朝服」制度がどのように浸透し、変容していったかということ、②鮮卑や羌などがこういった中国的な服制とどのように共存していたかという二点であるが、本稿では、その中でも①の〝朝服制度の行方〟について焦点を当て、今までの論を補足しつつ改めて論じてみたい。

一　朝服着用とその周辺

本節では、伝世文献史料によって朝服に関わる事象、特に朝服制度の拡散と浸透の諸局面を概観する。

（一）朝服の基本的な性格

さて、前述のように漢唐間においては、可視的に官爵秩序を表示するものとして輿服制度があるが、この輿服制度の中には車制と服制という二つの体系があり、そのうち服制の内部には着用場面の相違に基づいて様々な服制が存在したが、その中でも特に祭服と朝服が代表的な体系であったといえる。祭服とは非日常的な空間において着用される服飾であるが、現実の官僚制度とは直接関連を持たない爵位・官秩を基準にした服制体系であった点に特徴がある。これに対し、朝服は官人などが公的な場で日常的に着用する衣服であり、最も頻繁に人々の目に映る服制であった。朝服の具体的な品目は、『宋書』巻一八礼志五に詳しく述べられている。すなわち、

朝服一具、冠幘各一、絳緋袍・皁緣中單衣領袖各一領、革帶・袷・袴各一、舄・袜各一量、簪導飾自副。四時朝服者、加絳絹黄緋青緋皁緋袍單衣各一領、五時朝服者、加給白絹袍單衣一領。

とあるように、「朝服一具」とは、正式には頭部に着用する冠幘、上半身等をおおう袍（絳絹・黄緋・青緋・皁緋・白絹の五色があり、身分によって着用しうる色に相違があった）・単衣・革帯・袷、下半身に着用する袴・舄・袜、という品目の集合体を意味していた。また、『宋書』巻一八の他の記事や『隋書』巻一一礼儀志六が載せる、西晋から南朝陳にかけての諸官爵の印綬冠服の着用規定によれば、他に簪導（白筆）・印綬・鞶囊（印章を収納する袋）・佩玉・腰剣などが挙げられているので、より広く考えれば、これらの品目も「朝服」体系の範疇に入るとしてよいであろう。冠幘・袍・印綬・佩玉は、官秩や官品、及び職務によって格付けがあり、また簪導・腰剣の有無によっても格付けが違い、これらの朝服諸品目を全て身につけたうえで、各々の諸侯・官職の朝廷における貴賤・属性が表現される仕組みになっていた（小林「六朝時代の印綬冠服規定に関する基礎的考察」）。

次に朝服を着用することにどのような意味があるのか、以前に論じた事項も含めて（小林「朝服制度の行方」）、改めて考えてみたい。官人であることの象徴としての朝服の機能を示す例を一つ挙げると、『北史』巻五五趙彦深伝に、

及彦深拜太常卿、還、不脱朝服、先入見母、跪陳幼小孤露、蒙訓得至於此。母子相泣久之、然後改服。

とあり、趙彦深が太常卿に任じられた際に、朝服（おそらくは九卿の身分を示す進賢冠や印綬など朝服体系一式であろう）を身につけたまま母と面会し、彼女の訓育のもとに幼少時の苦労を乗り越えてこの日を迎えることができたことを述べて感謝の意を伝え、しかるのちに私服に着替えたことが記される。このエピソードは、公的な場で着用すべき朝服を着用して、私的な場で母と面会することは本来ありえない行為であったことが前提となって成立している。つまり、公的空間で中国王朝の官人として活動することの可視的・服飾的な表徴が朝服であったといえる。

朝服を構成する諸品目の中でも、朝服全体を象徴するかたちで頭部を飾る冠が重要である。天子が着用する通天冠及び進賢五梁冠、諸王が着用する遠遊冠、文吏が着用する進賢冠（その中に三梁冠・両梁冠・一梁冠などの格付けがある）、武官や侍従官などが着用する武冠、司法関係の官が着用する法冠、謁者が着用する高山冠などがある。『続漢書』巻三〇輿服志下に、進賢冠について「進賢冠、古緇布冠也、文儒者之服也。……公侯三梁、中二千石以下至博士兩梁、自博士以下至小史私學弟子、皆一梁。宗室劉氏亦兩梁冠、示加服也。」とあり、武冠について「武冠、一曰武弁大冠、諸武官冠之。」とあり、また、『南斉書』巻一七輿服志に、進賢冠と武冠について、

進賢冠、諸開國公・侯・鄕・亭侯、卿、大夫、尚書、關内侯、二千石、博士、中書郎（監の誤りか）・丞・郎、祕書監・丞・郎、太子中舍人・洗馬・舍人、諸府長史、卿、尹・丞、下至六百石令長小吏、以三梁・二梁・一梁爲差、事見晉令。武冠、侍臣加貂蟬、餘軍校武職・黄門・散騎・太子中庶子・二率・朝散・都尉、皆冠之。唯武騎虎賁服文衣、插雉尾於武冠上。

とある。『南齊書』の記事にみえる進賢冠の規定は、「晋令」すなわち西晋『泰始律令』に基づくものとされているので、これと対になっている武冠の規定もまた同様に晋制であったとみてよいであろう。王公から最下級官吏までの広範囲の官人集団が、進賢冠や武冠、ひいては朝服を着用すべきである（あるいは着用が許されていた）ことが、後漢から西晋にかけての観念であったといえる。冠以外に官人の象徴となる品目として印綬が挙げられるが、阿部幸信は印綬保持の意味を考察する中で、前漢末期以降、印は官属統率の象徴、綬は周制の位階秩序を示すもの、という機能分化を遂げたとするが（同「漢代における印綬賜与に関する一考察」）、氏も指摘するように無印の官が多く存在しているので、印綬は全ての官人が所持する品目ではない。これに比して進賢冠や武冠は、「私学弟子」が除外された西晋以降においては、官職就任を可視的に表現するものであったといえる。もっとも、先述のように、印綬もまた朝服の範疇

に含まれるので、様々な品目が一体となって官人身分を表示していたということもできよう。

前述のように、朝服の着用は、王朝に仕え、行動する官人の表徴であったとしても、史料にはそこから逸脱した着用事例がある。そこで、いわば〝朝服着用の周辺・境界〟の諸事例をいくつか見ていき、朝服の意味づけを明確にしていきたい。

（二）朝服を着用しないことの意味——死後の朝服——

まず、時間的な〝周辺・境界〟ともいうべき、〝死後の官人〟の朝服着用について見てみる。『三国志』巻四二蜀書一二譙周伝の裴松之注に、譙周が死去した後のことを述べた『晋陽秋』を引いて、

詔曰、朕甚悼之、賜朝服一具・衣一襲・銭十五萬。（譙）周息熙上言、周臨終屬熙曰、久抱疾、未曾朝見、若國恩賜朝服衣物者、勿以加身。當還舊墓、道險行難、豫作輕棺。殯斂已畢、上還所賜。

とあり、祖国蜀の滅亡後、西晋に仕えて陽城亭侯・騎都尉となり、その後死去した譙周が、西晋朝廷から贈られた「朝服衣物」を着用して葬られることを辞退したことが記される。これは正史に見える死後の朝服賜与のかなり早い事例といえるが、その後、東晋南朝においては「東園秘器・朝服一具・衣一襲」などと他の品目や贈官とセットになって死後に賜与される例が定例化・制度化されていき、その制度は唐代にも引き継がれる。(2) ある王朝の朝服、つまり印綬冠服を帯びて埋葬されるということは、死後もその朝廷に官人として仕えることを意味するのであろうが、譙周のように様々な理由から、それを辞退する事例も多々ある。他の例を挙げると、たとえば、本稿にかかわる河西地区の例であるが、『晋書』巻八六張茂伝に、

（張茂）臨終、執（張）駿手泣曰、……吾遭擾攘之運、承先人餘德、假攝此州、以全性命、上欲不負晋室、下欲保

完百姓。然官非王命、位由私議、苟以集事、豈榮之哉。氣絶之日、白帢入棺、無以朝服、以彰吾志焉。

とある。前涼の張寔が殺されると涼州の人士は弟の張茂を推戴し、張茂は使持節・平西将軍・涼州牧を自称して涼州を統治するという経緯があったが、同伝によると、張茂はかつて西晋によって平西将軍・秦州刺史には任命された経歴を持つものの、平西将軍・涼州牧については晋王朝による正式の任命手続きを踏んでおらず（「王命に非ず」）、「私議に由る」ものであった）、「仮摂」という形式として理解されていた。それゆえ、死に臨んで西晋の朝服を着用する官人としてではなく、「白帢」つまり私人としての衣服を着用して入棺することを望んだということになる。

死後、朝服を下賜され、それを着用して埋葬されるということは、死後もその王朝に仕えることを意味し、その着用を拒むことは、当該王朝に対して礼を失するという考え方もできようが、そもそも、官人のうちごく一部の限られた者のみに死後の朝服賜与が許されるわけなので、私服による埋葬が王朝に対する忠誠を示していないということにはならないであろう。この点については、他の史料も合わせて検討すべきであるので、ここではこれ以上の考察は控える。

（三）朝服の地域的な周辺・境界

次に、〝地域的な周辺・境界〟における朝服のあり方の事例を見てみよう。まず、『晋書』巻六三段匹磾伝に、

匹磾著朝服、持節、賓従出見（石）季龍曰、我受國恩、志在滅汝。不幸吾國自亂、以至於此。既不能死、又不能爲汝敬也。（石）勒及季龍素與匹磾結爲兄弟、季龍起而拜之。匹磾到襄國、又不爲勒禮、常著朝服、持晋節。

とあり、西晋王朝から幽州刺史・左賢王・渤海公という官爵を授けられていた鮮卑の実力者、段匹磾が、石勒や石虎（季龍）に対して西晋の官人としてふるまったことを記している。ここでは西晋を「吾国」として認識し、その象徴

として節を持ち、西晋の朝服を着用して西晋王朝の権威に服さない石氏にまみえたという構図となる。また、『南斉書』巻五八蛮伝に、武陵山地区から北上して建平郡（荊州西部）に居住するに至った蛮の一派[3]、建平夷（建平蛮）の東晋王朝との関係などを述べて、

晉太興三年[4]、建平夷王向弘・向瓌等詣臺求拜除、尚書郎張亮議、夷貊不可假以軍號。元帝詔特以弘爲折衝將軍・當平鄕侯、竝親晉王、賜以朝服。

とあり、建平夷の首領、向弘が東晋王朝に官爵授与を求めたので、元帝が張亮の反対を押し切って王爵とともに朝服を賜与したことが記される[5]。これは三二〇年のことであり、樹立間もない東晋王朝が成漢と領域を接するこの地の蛮夷の首長を取り込んでいこうとする「冊封」政策の一環とみることができるが、その中で冊封体制内への包摂を目に見える形で表す品目として朝服が活用されたということになる。

以上は西晋王朝崩壊期の流動的な状況における、中国王朝が有する威信や諸制度の波及範囲の境界線上における、朝服の意味や機能を示すものといえるが、郡県制施行地域の外側に位置する勢力の君長と朝服の関係を語る史料も存在する。たとえば、『三国志』魏書巻三〇東夷伝高句麗条に、

漢時賜鼓吹技人、常從玄菟郡受朝服衣幘、高句麗令主其名籍。後稍驕恣、不復詣郡、于東界築小城、置朝服衣幘其中、歳時來取之、今胡猶名此城爲幘溝漊。

とあって、高句麗には漢王朝支配下の玄菟郡から「朝服・衣幘」が与えられていることを記す。また、同書同伝韓条には、

景初中、明帝密遣帶方太守劉昕・樂浪太守鮮于嗣越海定二郡、諸韓國臣智加賜邑君印綬、其次與邑長。其俗好衣幘、下戸詣郡朝謁、皆假衣幘、自服印綬衣幘千有餘人。

とあって、諸韓国の場合は、魏王朝支配下の帯方郡によって、臣智以下の首長層に印綬が与えられたとされるが、印綬が与えられている以上、朝服も与えられていた可能性は高い。また、諸韓国では下戸にも「衣幘」が貸し与えられたとある。幘は進賢冠や武冠と組み合わせて使用されるものの（林編『漢代の文物』、六二〜七〇頁）、幘単体でも着用され、『続漢書』巻三〇輿服志下に「群臣貴賤みな之を服」したとあるように、幘は上級から下級に至るまでの官人が着用する官人身分の表徴であったといえる。こういったことは、中国王朝の官人の服制（あるいは、それを模倣して自作したものも含めて）が、東夷諸国の首長層が自らの威信を示すために効果的な品目であったことを物語る。高句麗古墓のうち、輯安方面の古墓壁画には高句麗の独自色が強い服装が描かれているが、平安南道・黄海道方面といった旧楽浪郡周辺地域においては、武冠などに見られるように、朝服かそれを模倣したと思われる服飾が描かれている例が、墓主像を含めていくつかある（次節でもこの点を論じる）(6)。旧楽浪郡周辺においてこういった現象が見られるのは、やはり『三国志』東夷伝が描くような東夷諸国の首長層の朝服などの中国的服制に対する需要が下敷きになっているといえよう。

また、その他の郡県制の域外の君長に対する朝服賜与の事例として、『晋書』巻一一四苻堅載記下に、

> 車師前部王彌寘・鄯善王休密馱朝於（苻）堅、堅賜以朝服、引見西堂。寘等観其宮宇壮麗、儀衛厳粛、甚懼、因請年年貢献。

とあり、前秦の苻堅が西域諸国に朝服を下賜している。この後、まもなく呂光による西域遠征が始まり、両王は苻堅から官職を与えられてその先導をつとめるが、五胡王朝でありながら中華王朝を自認する前秦が、西域諸国を自らの構築した礼制秩序内に取り込もうとしたと理解できよう(7)。

ただし、朝服制度は、非漢族にとって無条件に受容されるものとは限らなかった点にも留意したい。たとえば、

『魏書』巻一四東陽王丕伝に、

丕雅愛本風、不達新式、至於變俗遷洛、改官制服、禁絶舊言、皆所不願。高祖知其如此、亦不逼之、但誘示大理、令其不生同異。至於衣冕已行、朱服列位、而丕猶常服列在坐隅。晚乃稍加弁帶、而不能修飾容儀。高祖以丕年衰體重、亦不強責。

とあり、北魏の孝文帝が漢化政策の一環として朝服制度を導入した際に、鮮卑の「本風」を愛する元丕は、当初「衣冕」・「朱服」を着用することを肯んぜず、孝文帝の黙許のもとに「常服」を着用していたことをことを伝える。「衣冕」は、朝服や祭服（おそらくは平冕制度）も意味しており、「朱服」は朝服の一部をなす絳緋袍（前述）を指すと考えられるのに対し、「常服」は鮮卑服を指すと考えられる。(8) 礼制を目に見える形で表現する朝服制度が、北族にとっては不快に感じられ、鮮卑服を着用することがアイデンティティの表現となったといえる。(9)

（四）礼制世界・音楽世界における朝服の周辺・境界

筆者は最近、漢唐間の朝廷などで舞楽が演奏される際に、音楽にたずさわる「楽人・伶人」がどのような衣装を着用したか、それは礼制上どのような意味を持ったかといった点に関心を持っているが、礼制・服制・楽制の三者の関りについては稿を改めて論じることとし、ここでは〝礼制世界の周辺・境界〟における朝服に関わる若干の史料を挙げ、今まで述べてきた〝周辺・境界〟論の補足をおこなってみたい。

まず、『宋書』巻一九楽志一に、曹魏の太和年間以降の議論を載せ、

於是尚書又奏、祀圓丘以下、武始舞者、平冕、黑介幘、玄衣裳、白領袖、絳領袖中衣、絳合幅袴、絳襪、黑韋鞮。咸熙舞者、冠委貌、其餘服如前。章斌舞者、與武始・咸熙舞者同服。奏於朝庭、則武始舞者、武冠、赤介幘、生

絳袍單衣、絳領袖、皁袖中衣、虎文畫合幅袴、白布袜、黒韋鞮。咸熙舞者、進賢冠、黒介幘、生黄袍單衣、白合幅袴、其餘服如前。奏可。(10)

とあり、円丘などの諸祭祀と朝廷儀礼における奏楽の際に舞人（楽人に含まれる）が着用すべき冠服が定められたことを記すが、この尚書の提案に基づく服飾規定は、以下のように整理できる。(11)

①諸祭祀において武始舞（曹操を記念する舞楽）が演奏される際には平冕など、咸熙舞（文帝を記念する舞楽）の演奏には委貌冠（祭祀の際に下級の官人が着用する皮弁と同等のかぶりもの）などの冠服を着用する。

②朝廷儀礼においては武始舞では武冠など、咸熙舞では進賢冠などの冠服を着用する。

つまり、諸祭祀では平冕や皮弁という祭服系統の冠とそれに対応するその他の服飾、朝廷儀礼では武冠あるいは進賢冠とそれに対応するその他の服飾（朝服に類する冠服）という整然とした使い分けが規定されている。この制度はその後の東晋~南斉や北魏にも影響を与えており、舞人が着用する冠服のスタンダードとなったようである。この制度においては、楽人の一種である舞人は官人身分を持たないにもかかわらず、祭服・朝服かそれに類する冠服を着用していたことになる。また、『続漢書』巻三〇輿服志下によれば、漢代においては爵弁・方山冠（進賢冠に類するとされる）などが国家祭祀や朝廷儀礼の際に舞人が着用する独自の冠服が設定されていたが、魏の明帝期に至って、官人が着用すべき朝服はもとより、非日常的な服制である祭服までもが楽人の服制として流用されることとなったということになろう。

楽人が朝服を着用することに対しては、かなり時代が降る初唐期の事例であるが、『唐会要』巻三四論楽に、武徳元（六一八）年、唐の高祖が舞人安叱奴を散騎常侍に任じた際のこととして、

禮部尚書李綱諫曰、臣按周禮、大樂胥不得參于士伍、雖復才如子野、妙等師襄、皆終身繼世、必不易其業。故魏

武帝欲使禰衡撃鼓、先解朝服、露體而撃之。曰、不敢以先王之法服、爲伶人衣。……（『大唐新語』巻二極諫、『舊唐書』巻六二李綱伝略同）。

とある。ここでは、禰衡が撃鼓に際して朝服を脱いだ故事が参照されている。その典拠と思われる『後漢書』巻八〇下文苑・禰衡伝や『世説新語』言語篇の劉孝標注には、鼓史（もしくは鼓吏）となっていた禰衡が朝服を脱いだと明記されているわけではないが、唐代にはそのように理解されていたのであろう。そして、李綱はその理解を下敷きにして、官職を得た士人が着用すべき朝服を楽人が着用するのは不適当であると認識したのである。

国家行事において演奏される音楽の担い手たる楽人（舞人を含む）の身分については、『通典』巻一四六樂典六清樂に、

昔唐虞訖三代、舞用國子、欲其早習於道也。樂用瞽師、謂其專一也。漢魏以來、皆以國之賤隷爲之、唯雅舞尚選用良家子。國家每歲閲司農戶、容儀端正者歸太樂、與前代樂戶總名音聲人。歷代滋多、至有萬數。

とあるのが全体を見通した基本的史料と言える。濱口重國は、この史料などから八佾舞（雅舞）に良家子を用いるほかは、その他の国家の「正楽」は賤民が担当し、正楽の範疇に入らない「散楽」は良民が担当したという、いわば三重構造を想定した（同『唐王朝の賤人制度』、主篇第三章「官賤人の研究」）[12]。音楽関連の史料を見ると、南北朝時代から隋唐代にかけて、進賢冠や武冠、及びそれらの省略形である介幘・平巾幘を楽人が着用する規定が生まれていくのであるが、「登歌」・「宮懸」のように明らかな「雅舞」に含まれる楽曲はもちろん、南朝梁における巾舞・白紵・巴渝、隋唐における西涼楽といった俗楽においても、舞人などの楽人が平巾幘を着用するよう定められている。つまり、良民はもとより官賤民といった無官の者が、本来官人が着用すべき冠服（あるいはそれに準ずる服飾）を着用して演奏を担当したことになる。尾形勇は、公私を問わず礼的秩序が及ぶ範囲は皇帝から一般庶民であり、奴婢（賤民）身分は

この秩序から除外されるとしており（同『中国古代の「家」と国家』、終章「中国古代帝国の秩序構造」）、また、先に引いた『唐会要』にある李綱の言に見られるように音楽の演奏に朝服はそぐなわないという観念があった。そういった基本理念からすれば無官の庶民や官賤民が支配階層に適用される服飾を着用するべきではなかったが、礼制世界と密接に結びついた実際の音楽世界ではそういった理念から逸脱する現象が生じ、制度化されていたことになる。

以上見たように、漢唐間において、進賢冠や武冠に代表される朝服や、あるいはそこから派生した介幘・平巾幘に代表される服飾は、〝活動する（つまり、生前の）官人〟・〝中国本土＝郡県制施行地域〟・〝礼制秩序〟の境界線をはみ出して着用されていったことがわかる。

二　出土文物から見る朝服着用とその周辺

前節では、伝世文献史料をもとに、朝服系統の服制の〝周辺・境界〟の様相を概観したが、本節では、河西地区を中心とする出土文物において朝服やそれに準じる服飾が描かれた事例を、特に冠幘を中心に検討する。

前述のように、甘粛省河西地区の壁画や画像磚などが表現する人物は、官人や土豪階層から、庶民階層に至るまで多様であり、また、民族について言えば、漢族のみならず、羌・氐・鮮卑・羯など、当時、河西地区に生活していた多様な民族が描かれていることが特徴である。(13)河西地区の画像磚に描かれた人物像は、例えば後漢時代や北朝の古墓壁画に比して、服飾品はそれほど写実的に描かれてはいないが、服飾関係の各品がいわば記号化して明確に描き分けられているので、人物の属性（民族・階層・職業など）が、少なくとも当時の河西居住者には判別しうるように描き分

図一

図二

図三

図四

けられていたようである。たとえば、頭部のかぶりもの（かぶりものがない場合は髪型）についても、いくつかのパターンに類型化しうる。(14)

（一）進賢冠の着用事例

朝服体系を象徴する先述の進賢冠についても、河西地区の壁画・画像磚においてもその存在を確認しうる。たとえば、酒泉・粛州区郊外の丁家閘五号墓の墓室西壁の壁画「宴居行楽図」の墓主像〔図一、左側の人物〕は、進賢冠と黒い領の赤い袍を着用しており、全体として朝服を描いていると思われる。次に、やはり酒泉・粛州区郊外に位置する高閘溝魏晋墓（高閘溝磚廠晋代太守墓）では「断案」と称される六点からなる一連の画像磚があるが、ここには多数の進賢冠が描かれている。まず、その磚の一つに墓主を描いたとおぼしきものがあるが、この人物は頭部に進賢冠を着用し、黒領の袍（濃い色であるが、何色であるかは判別しにくい）を着用している［図二］。「断案」には、そのほか四つの磚に進賢冠と濃い色の袍を着用した官人が描かれている。一例として図三を掲げるが、このうち進賢冠着用者は左の二人である。また、この墓には「出巡図」と称される五点の磚に合計一三名の人物が描かれ、墓主と彼に随行する官人たちが騎乗している様子が表現されていると思われる。いずれも進賢冠・黒色の袍を着用して騎乗しているが、これを朝服と称してよいかどうかは検討の余地がある。高閘溝魏晋墓以外の例では、敦煌郊外の仏爺廟一号墓（91DFM1）の墓室東壁に描かれた「墓主宴飲図」において、墓主が進賢冠と赤い袍を着用しており［図四］、おそらくは制度に則った朝服を着用している場面を描いているのではないかと思われる。また、同墓の「伯牙弾琴図」の伯牙

図五

図六

も進賢冠を着用しているようであるが、これは線描のみなので、袍の色は不明である。

河西地区以外の進賢冠の例としては、湖南省長沙市金盆嶺にある西晋時代の墓から進賢冠を着用した多数の青磁人物俑が出土している。一例として図五を掲げるが、これらは地方官衙の官人を描いたものであり、様々な場面で進賢冠が着用されており、西晋時代においては官人にとってポピュラーな冠であったことを示唆している。なお、騎乗俑の場合は、先述の高閘溝魏晋墓の「出巡図」の騎乗の場面と同様、袴を着用しているので、通常の朝服の形式に則っているとは思えず、こういったヴァリエーションが許容されたことも注目してよいかと思われる。遼寧地区の例としては、公孫氏政権滅亡後の魏王朝支配下の古墓とされる（三﨑良章「遼陽壁画墓に見られる遼東社会の一側面」）、遼寧省の遼陽三道壕張君墓（令支令墓）の右耳室右壁に描かれた墓主像がある［図六］。この古墓は、墓主張某が進賢冠と黒領の袍（袍の色は不明）を着用しており、宴席における朝服を描いたものと考えられる。

（二） 武冠の着用事例

一方、河西地区における武冠の例は、進賢冠に比して少ない。まず、酒泉・粛州区の西溝七号墓（93JXM7）の中「議事」画像磚［図七］や、敦煌・仏爺廟古墓群出土の「門吏捧剣」の画像磚［図八］などに武冠を描いているとおぼしき例がある。西溝七号墓の「議事」は墓主を表現していると思われるが、他の画像磚は比較的身分の低い人物を描いているようである。こういった河西地区の全体的な傾向を見ると、同じ朝服であっても、武冠には進賢冠ほどの権威はないように思われる。

他地域の武冠の例としては、前述の長沙市金盆嶺西晋墓の「特便面載風帽瓷俑」と称される青磁人物俑に例がある（風帽と称されているが、これは武冠であろう）が［図九］、これもまたそれほど高い身分の人物を表現したようには思わ

図九

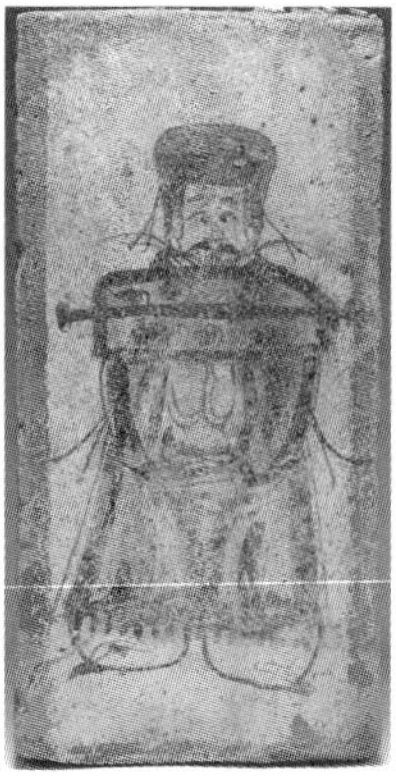

図八

図七

図一一

図一〇

れない。一方、四世紀前半の前燕時代のものとされる朝陽市袁台子の東晋壁画墓（79YM4）の西壁に描かれた墓主像では、墓主が武冠と絳緋袍らしき黒領の袍を着用しており［図一〇］、また、同墓の墓門に描かれた「左門吏図」でも門吏が武冠を着用している（右門吏も同様であろうが、剥落のため詳細は不明）。また、三燕諸国の東方に位置する高句麗でも、武冠、あるいはそれを模倣したと思われる冠を着用している事例が墓主像を中心に見られる。四世紀後半の造営と推定される北朝鮮黄海道にある安岳三号墳の前室西側室に描かれた墓主像［図一一、右側の人物］、及び玄室東側回廊の東壁の墓主像をはじめ、平安南道の薬水里古墳（玄室北壁）・徳興里古墳（前室北壁及び玄室北壁）・水山里古墳（玄室西壁）・双楹塚（玄室北壁）といった五世紀頃までの高句麗の古墓壁画において、墓主が同様の冠を着用している事例を相当数確認することができ、中国の朝服制度が三燕諸国を経由して高句麗に伝播していったことを推測させる。

このように、河西地区において進賢冠がそれなりの権威を保ったように見えるのに対し、三燕・高句麗においては墓主像は武冠か、それを模倣した冠を着用していることが多く、武冠の優越が認められるという地域差が見られる。

（三）介幘の着用事例

ここまで、魏晋～五胡時代における、進賢冠・武冠を伴った朝服着用の事例をいくつか検討した。河西地区の画像磚の膨大な数を考慮すると、進賢冠や武冠を描いた事例はかなり少ないとみてよいであろう。しかし、これらの冠に準じるかぶりものとして幘が描かれている事例はそれなりに存在する。後漢時代には、様々な幘のうち、（黒）介幘が進賢冠と、平上幘（後に平巾幘と称される）が武冠と組み合わせて使用され、西晋王朝の服制においてもこれが踏襲された。さらに東晋以降の江南諸王朝では、中下級の一部の官職について、〝進賢冠＋朝服（絳朝服など）〟の代わりに〝介幘＋単衣〟、あるいは〝武冠＋朝服〟の代わりに〝平巾幘＋単衣〟といったより簡便な服飾が正規の服制として認められるようになり、朝服体系に次ぐ礼制上の地位を持つようになった（小林「晋南朝における冠服制度の変遷と官爵体系」）。

出土事例から幘の着用事例を見ると、後漢時代の壁画・画像石・人物俑の事例においては、黒介幘・平上幘は、進賢冠や武冠を着用している人物より下位に位置する人物として描かれており、細かく言えば、平上幘の事例の方が多い（進賢冠を着用する例が多いので、その省略形態である介幘の着用が相対的に少ないのかもしれない）。ところが、河西地区の壁画・画像磚の時代になると、進賢冠や武冠の事例が相対的に減少し、幘、特に介幘の事例が多くなる（平上幘はほとんど見られない）。これは後漢時代に比して大きな変化と言える。

介幘の事例として、嘉峪関新城一号墓（72JXM1）の「宴飲図」［図一二、三人全て］、同五号墓の「駅伝図」、「宴飲図」［図一三、左上の人物］、「出行図」、高台苦水口一号墓（01GLM1）の「出行図」［図一四］、「離別図」、「五馬狩猟図」［図一五、右端の三名］、「帳居図」［図一六、左側の人物］、許三湾東墓群の「祭奠図」などの画像磚がある。このうち、新城五号墓の「宴飲図」には男性五人が描かれるが、左上の人物のみが介幘を着用し、皿を持ち上げており、他の鮮卑帽らしきものを着用した二人がその人物を団扇であおいでいるように見えるので、左上の人物は介幘を描くことによって他の人々よりも高位にあることを示しているのではないだろうか。高台県苦水口一号墓出土の「五馬狩猟図」では、右側の三騎は上から武冠、平上幘、介幘を着用していると思われ、また、それらに続く左側の二騎は河西地区の画像磚に頻出する、ふたこぶ状のかぶりものを着用しており、この磚からは、かぶりものの違いによる貴賤は判別できない。その他、先述の丁家閘五号墓の墓室壁画「宴居行楽図」の墓主の背後に立つ人物［図一、右端の人物］も介幘を着用しているようであるが、ここでは、進賢冠を着用する墓主に対して、介幘はその下位に位置する人物の冠として表現されている。なお、二〇〇八年一二月に甘粛における閲覧調査に参加した際、旧・高台県博物館に展示されていた

図一二

図一四

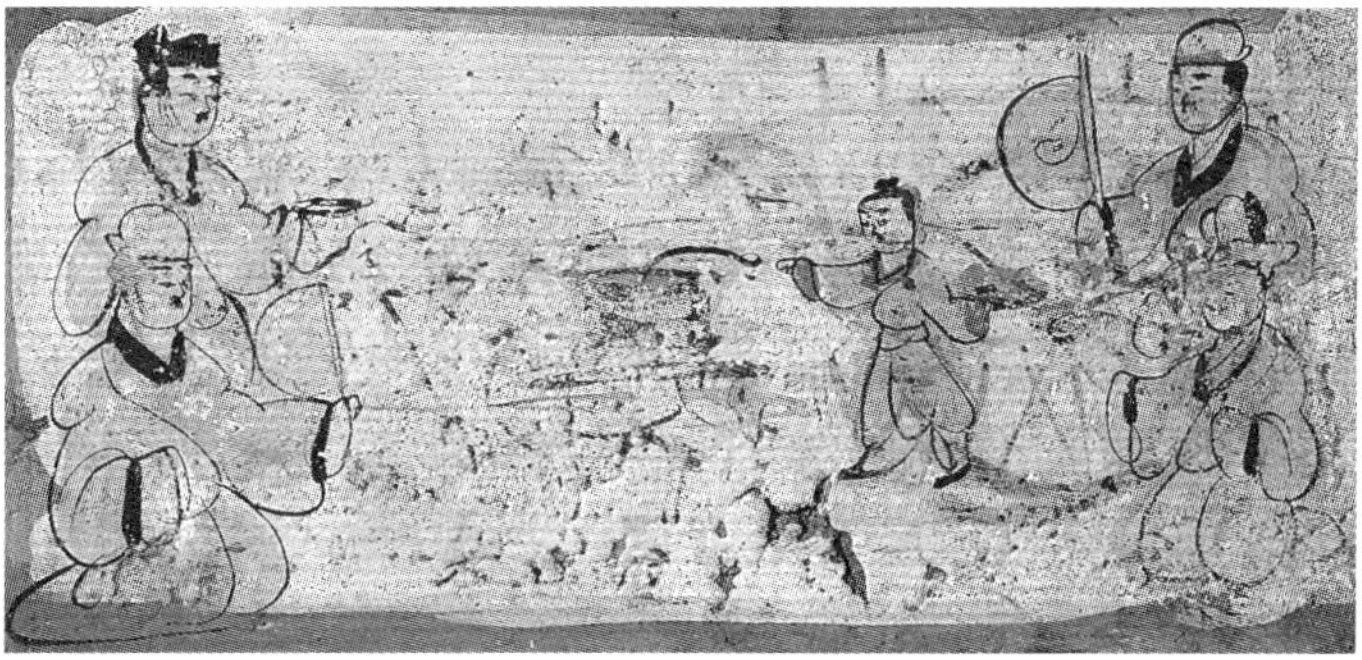

図一三

魏晋時代の彩絵木俑（駱駝城墓群出土）一〇体のうちに、黒介幘を象っていると思われる木俑が一体あることを確認した。この木俑の衣服は模様の入ったカラフルなものであり、もとより朝服の基準からは逸脱する服飾である。

全体的に言って、進賢冠や武冠、すなわち朝服を描いた事例が比較的限定された古墓から出土しているのに対し、介幘はより広い範囲の古墓から出土しているというおおまかな傾向は確認できるかと思われ、介幘着用は、①朝服着用者＝官人身分を持つ人物に比して、やや劣る地位にある人物を示しているか、あるいは、②官人身分を持つ人物が、進賢冠を着用しなくてもよい場面にいるかという二つの状況のうち、どちらかを示していると見られる。敢えて推測すれば、もし、墓

図一五

図一六

主が進賢冠を着用できる身分を持っていれば、高閘溝魏晋墓や仏爺廟湾一号墓のように誇らしげに画像磚に描いたであろうから、①の場合がほとんどであろうと思われる。

なお、同時期か近接した時期における河西以外の地域における介幘の事例として、新疆ウイグル自治区・トルファン市のカラホージャ九八号墓（75TKM98）の壁画［図一七］があり、高句麗では、徳興里古墳前室西壁の「一三郡太守像」［図一八］や、前述の安岳三号墳の「墓主図」［図一一、墓主の左側の人物］、水山里古墳の「墓主・侍者像」［図一九］も、介幘を表現しているかと思われる。ただし、これらのかぶりものには頂部に突起が描かれており、これが「梁（進賢冠の本体）」であるならば、進賢冠かそれを模倣した冠を意味しているという可能性も捨てきれない。徳興里古墳や水山里古墳の場合、衣服として黒領の赤い袍を着用しており、全体として〝進賢冠＋絳緋袍〟という正式の朝服を表現していることになる。なかでも徳興里古墳の場合は「太守」像であるので、西晋の服制に照らせば、進賢両梁冠などの朝服を着用すべきであり、[15]

図一七

図一八

図一九

その制度に則って描かれた可能性もある。もし、今挙げた高句麗の壁画の諸例（のうちいくつか）が進賢冠であり、高句麗古墳、あるいは三燕諸国の古墓の世界では、墓主像が武冠系統を着用していることが多い（水山里古墳の墓主とおぼしき人物像は例外であるが）とすれば、進賢冠は武冠よりも下位に位置したことになる。つまり、中国的な服制とは違う服飾に関する序列意識が存在したということになる。

おわりに

以上、簡略ながら、進賢冠や武冠に象徴される朝服制度、及び朝服制度から派生した介幘などの拡散・浸透について論じた。

朝服は、もともとは〝中国王朝の支配下において、現実に活動する（つまり生きた）官人が着用する服飾体系〟として制度化されていたが、第一節で見たように、朝服を賜与され、これを着用して埋葬される、つまり死後も朝服を着用し続ける例、あるいは中国王朝の直接支配の及ばない地域・国家においても威信を示す表象として活用される例があり、また庶人身分や賤民身分であっても音楽演奏においては、朝服に類する服飾を着用することが定められる礼制上の〝逸脱〟も起こった。かつて拙稿で述べたが、朝服は、〝進賢冠＋朝服〟から〝介幘＋単衣〟

への変化に見られるように、時代によって変化することが比較的少ない祭服に比して、何らかの状況変化に応じて容易に変容しうる服制であった（小林「晋南朝における冠服制度の変遷と官爵体系」）。朝服やそこから派生した服制が、時間や空間、あるいは本来の礼制規定を超えて拡散・浸透していったことがわかる。

そういった朝服の空間的拡散・浸透を、出土文物を使って確認したのが、第二節である。その結果、魏晋時代から五胡十六国時代にかけての河西地区は、次第に中原王朝の支配下から脱していったが、様々な民族が勃興する状況においても、中国礼制を可視的に表現する朝服、特にそれを象徴するかぶりものとしての進賢冠の権威が持続した様子がうかがえた。ところが、三燕諸国や高句麗の古墓壁画などには、墓主のかぶりものとして武冠かそれを模倣した冠が多く見られ、介幘、あるいは進賢冠、及びそれらを模倣したかぶりものは、おおむね武冠系統の下位に位置するという〝逆転現象〟、つまり武冠系統の優越が起こっていた可能性があった。また、本稿では触れなかったが、大同地区における北魏前期（平城時代）の壁画や人物俑を見ると、鮮卑帽に代表される北族的服飾が優越していた様子がうかがえ、河西・大同・朝陽（及び高句麗）という三地域（あるいは四地域）の服飾面における各々の特徴が浮き彫りになっているようにも思われる。また、進賢冠を簡略化した介幘であるが、このかぶりものは河西およびトルファン地区の壁画や画像磚、及び高句麗の壁画においても頻出している。全体的に言って、魏晋以降、進賢冠・武冠が比較的限られた範囲の高位の人物が着用する品目になり、それとともに漢代に比して出土事例が減少していく一方で、介幘は下級官人を含めた官人の象徴になるとしてよかろう。なお、洛陽遷都以降の北魏の陶俑群においては、武冠やそれを省略した平巾幘（もともと武冠の基部をなしていた平上幘とは形状を異にする）が優越し、その他の服飾も北魏独特の服制体系が形成されていった。[16]その体系が、本稿で述べたような、三～五世紀前後の各地における服飾事情とどのような関係にあるのかといったことを考えることは、漢唐間における服制の全体像を作り上げるためには必要な作業であるが、この問題は、今後の出土状況も見ながら考えていくべきことであろう。

註

（1）かつて、筆者は服制の展開に関する大まかな流れを提示したが（小林「漢唐間の礼制と公的服飾制度に関する研究序説」）、本文に示したアウトラインには、筆者のその後の研究の進展によって新たに得た知見も加えている。

（2）東園秘器とは、少府に属する東園署（東園匠）によって制作された棺などの葬送用器物で、死去した臣下等に東園秘器が賜与される例は漢代にも見られる。王斌通「唐代東園秘器探考——以唐代礼令典章為視角——」、参照。

（3）建平蛮を含む長江三峡地区の諸蛮の来歴については、李敬洵が簡潔にまとめている（同『四川通史』第三巻・両晋南北朝、二〇四〜二〇九頁）。

（4）もとは「天興三年」と記されるが、中華書局本は張森楷に従って「晋太興三年」に改める。

（5）川本芳昭は、魏晋〜東晋時期、四川東部（建平郡を含む）の山地帯には蛮が多数居住していた状況を指摘する（同『東アジア古代における諸民族と国家』、第二章「民族問題を中心としてみた魏晋段階における四川地域の状況について」／第三章「民族問題を中心としてみた五胡十六国南北朝段階における四川地域の状況について」）。

（6）後述のように、平安南道・黄海道方面の高句麗古墳の壁画においては、墓主は武冠かそれを模倣した冠を着用していることが多い。尹国有はこの種の冠について、『旧唐書』巻一九九高麗伝の「衣裳服飾、唯王五綵、以白羅爲冠、白皮小帶、其冠及帶、咸以金飾。官之貴者、則青羅爲冠、次以緋羅、插二鳥羽、及金銀爲飾」とある記事を援用し、「羅冠」と称している（同『高句麗壁画研究』、一三〜一五頁）。

（7）川本芳昭によれば、五胡時代、胡族のなかには江南の漢族王朝を正統とする者もあったが、自己を中心とする中華思想も存在していたとする（同『魏晋南北朝時代の民族問題』、第二章「五胡十六国・北朝時代における「正統」王朝について」）。

（8）黄良瑩は、北朝の「常服」が鮮卑胡服・西域胡服を土台に形成されていったことを論じている（同『北朝服飾研究』、「緒論」）。

(9)　黄良瑩は、皇太子恂が孝文帝から下賜された中国式の衣冠を着用せず、「胡服」をひそかに着用し続けたことなどを例として、孝文帝の服制改革に対する反発を指摘している（同『北朝服飾研究』、第三章「北魏洛陽時期的漢式服飾」）。また、張金龍は、孝文帝の治世における服飾制度における漢化の様相を、出土文物など非文字資料をも使用して詳細に論じている（同『北魏政治史』第七冊、第九巻第四章「改革服制」）。

(10)　『三国志』魏書巻三明帝紀景初元（二三七）年五月条に、この三大舞楽のことが載せられているので、この年には、三大舞楽における衣服制度はすでにできあがっていたと見られる。

(11)　ただし、この記事に続けて、沈約が「武始、咸熙二舞、冠制不同而云章斌与武始・咸熙同服、不知服何冠也」と注記するように、何を着用するか不明な章斌舞（明帝を記念する舞楽）については、今後検討していきたい。

(12)　濱口重國は、本文に引いた『通典』の記事について、「國家毎歳閲司農戸、容儀端正者歸太樂」の部分を良民の太楽署への配属と考えた岸辺成雄の解釈（同『唐代音楽の歴史的研究』楽制篇上、各説第一章「太常寺楽工」）を批判し、官戸や官奴婢の配属と解釈している。

なお、堀敏一が指摘するように、「良家子」の範囲については諸説があるが（同『中国古代の身分制』、第二篇第五章「漢代の良家について」）、本文に引いた『通典』の記事では「良家子」は「國之賤隷」と対になって使用されているので、この場合は良民身分を指すと考えてよいかと思われる。

(13)　関尾史郎は、河西地区の画像磚に描かれた非漢族に関する中国の先行研究（岳邦湖・張暁東・賈小軍・孫彦・郭永利）を整理しつつ、画像磚中の非漢族として、羌族を中心とした遊牧系、ソグド人などの中央アジア系の二種に集約しうるが、彼ら非漢族が墓主の私的経営に漢族とともに組み込まれた状況が描かれているに過ぎず、〝民族融合〟の様子をことさらに描いたわけではないとする。氏はまた、そういった河西画像磚の中でも非漢族（先住民族・中央アジア系民族）がモチーフの主体となっている観のある地埂坡四号墓の特殊性も指摘している（同「河西出土の磚画・壁画に描かれた非漢族」）。日本国内では、園田俊介が画像磚に現れる髪型やかぶりものによって、胡人（羌）・編髪の胡人（氐）・尖頂帽の胡人（月支）・三角帽の胡人（羯胡か）といった分類を試みている（同「河西画像磚墓にみえる胡人図像」）。なお、宋馨は鮮卑服の歴史的展開を追う研究の中で、河西の画像磚に描かれた非漢族の例として、鮮卑帽を着用した「鮮卑人」と、平頂型の帽を着用した「西域人（オアシスの住民）」とを挙げ、この両者の間には労働内容に区別があるとしている（同「北魏平城期的鮮卑服」）。

（14）この点については、かつて論じた（小林「五胡・北朝期における服飾の「多文化性」」）。なお、前節で述べたように進賢冠には梁数による格付けがあるが、梁数を判別することが困難であることもあり、本稿ではこの点については検討しない。

（15）『宋書』巻一八礼志五の、西晋服制を述べた規定中に、「郡國太守・相・内史、銀章青綬、朝服、進賢兩梁冠。江左止單衣幘。其加中二千石者、依卿・尹」とあり、西晋の制度において、①郡太守は進賢両梁冠と朝服（絳朝服）を着用するべきこと、②東晋以降は黒介幘と単衣という簡略化した服制が許可されていたこと、③郡太守でも中二千石クラスの待遇（班位あるいは礼秩）が与えられた場合は、九卿などと同等の服制（五時朝服や水蒼玉が加えられる）が許されたことが述べられる（小林「晋南朝における冠服制度の変遷と官爵体系」）。徳興里古墳の「一三郡太守像」の場合、これが晋制の朝服に則った品目（進賢冠や絳朝服など）を着用しているとすれば、①に対応することになる。

（16）小林仁は、北魏時代における陶俑の変遷について詳細な検討を行なっているが（同『中国南北朝隋唐陶俑の研究』、第一章「洛陽北魏陶俑の成立とその展開」など）、そこには服飾についての検討も含まれる。また筆者も、北魏時代において、武冠（あるいは平巾幘）＋朱衣＋袴のスタイルが形成されていったことを指摘したことがある（小林「北朝時代における公的服飾制度の諸相」）。

図表出典

図一　鄧士伏責任編集『甘粛丁家閘十六国墓壁画』、四頁（宴居行楽図）。
図二　酒泉市博物館編『酒泉文物精萃』、五六頁（聴訟彩絵磚画（断案之一））。
図三　酒泉市博物館編『酒泉文物精萃』、五八頁（行刑彩絵磚画（断案之五））。
図四　北村永「敦煌仏爺廟湾西晋画像磚墓および敦煌莫高窟における漢代の伝統的なモチーフについて」、口絵四（墓主人宴飲図）。
図五　陳建明主編『湖南名窯陶瓷陳列』、六頁（青瓷対書俑）。

図六　鄭　岩『魏晋南北朝壁画墓研究』、二九頁図七（遼陽三道壕張君墓墓主画像）。
　（原図は、李文信「遼陽発現的三座壁画古墓」、『文物参攷資料』一九五五年第五期、三七頁挿図三十一「家居図」）。
図七　馬建華主編『甘粛酒泉西溝魏晋墓彩絵磚』、五頁（議事）。
図八　敦煌市博物館編『敦煌文物』、五六頁（画像磚　門吏捧剣）。
図九　陳根遠『中国古俑』、図七七（特使面載風帽瓷俑）。
図一〇　ソウル大学校博物館『二〇〇〇年前の我々の隣　中国遼寧地域の壁画と文物特別展』、一八頁（墓主図）。
図一一　平山郁夫総監修『高句麗壁画古墳』、七六頁図七（前室西側室の西壁　墓主）。
図一二　胡之主編『甘粛嘉峪関魏晋一号墓彩絵磚』、一七頁（宴飲（二）（局部））。
図一三　胡之主編『甘粛嘉峪関魏晋五号墓彩絵磚』、四一頁（宴飲（一））。
図一四　甘粛省文物局編『高台県博物館』、五〇頁（出行図壁画磚）。
図一五　甘粛省文物局編『高台県博物館』、三一頁（五馬射猟図壁画磚）。
図一六　張掖市文物管理局編『張掖文物』、一一八頁（帳居図画像磚）。
図一七　穆舜英主編『中国新疆古代芸術』、八八頁（カラホージャ九八号墓（75TKM98）壁画）。
図一八　平山郁夫総監修『高句麗壁画古墳』、一〇八頁図五四（前室の西壁・上段　一三郡太守像（部分））。
図一九　菊竹淳一・吉田宏志『世界美術大全集　東洋編』第一〇巻（高句麗・百済・新羅・高麗）、五七頁図一八（墓主・侍者像）。

魏晋時代の河西にみられる楽器
——琵琶系楽器・琴瑟系楽器・洞簫系楽器を中心に——

荻　美津夫

はじめに

河西地方の魏晋墓の磚画・壁画には、多くの奏楽・奏舞関連資料が残されている。管見によると、敦煌市の仏爺廟墓群・新店台墓群、嘉峪関市の新城墓群、酒泉市の西溝墓群・丁家閘墓群、高台県の駱駝城址墓群・許三湾城址墓群・地埂坡墓群等において確認される。

中国では、磚画・壁画や俑（陶俑・木俑）などにみられる音楽関連資料の蒐集・検討は、はやくから進められた。その主要な成果として中国芸術研究院音楽研究所編『中国音楽史図鑑』（以下、『音楽史図鑑』）があり、また一九九六年以降、中国音楽文物大系総編輯部編『中国音楽文物大系』（以下、『文物大系』）が出版された。ここには、ほぼ各省ごとに、省内で出土した楽器資料や、さまざまな図像資料にみられる楽器・舞踊等の音楽関連資料が蒐集され、解説がつけられており、中国音楽研究の基本的資料・文献となっている。石窟関連の全集では、『敦煌石窟全集』に、第一六巻として鄭汝中主編の音楽画巻がおさめられているほか、墓室等の壁画全集でも、「中国古代壁画精華叢書」シリーズ中の関係部分、賀西林他主編『中国墓室壁画全集』第一巻（漢魏晋南北朝）（『墓室壁画全集』）、楊惠福他主編

『中国出土壁画全集』甘粛・寧夏・新疆巻（『出土壁画全集』）などに音楽関連資料を確認することができる。また、「中国石窟」シリーズの敦煌莫高窟、炳霊寺石窟、麦積山石窟巻は言うに及ばず、種々の美術全集等にも断片的にみることができ、音楽資料を確認する手段は少しずつ増加しているといえよう。さらに、甘粛省文物考古研究所編の『酒泉十六国墓壁画』（『酒泉墓壁画』）や『敦煌仏爺廟湾西晋画像磚墓』（『仏爺廟湾墓』）など個別墓の発掘報告書や、『文物』『考古』等の簡報が重要であることは言うまでもない。個人の研究では、牛龍菲『嘉峪関魏晋墓磚壁画楽器考』（『楽器考』）、鄭岩『魏晋南北朝壁画墓研究』、羅世平他『古代壁画墓』（『古代壁画墓』）、陳凌他『胡楽新声 絲綢之路上的音楽』等が磚画・壁画やそこに描かれた楽器等にも言及している。楽器に関しては、林謙三『東アジア楽器考』、岸辺成雄『唐代音楽の歴史的研究』続巻（楽理篇・楽書篇・楽器篇・楽人篇）、劉東升他編『中国楽器図志』、王子初『音楽考古』などの研究成果がみられる。

筆者はこれまで、河西の磚画・壁画等にみられる楽器資料を中心に、まず磚画・壁画に描かれた楽器を特定することに主眼を置いて検討した（荻「嘉峪関・酒泉地域魏晋墓磚画、敦煌莫高窟壁画にみられる音楽資料について」）。また、墓主による筵宴等の奏楽場面からは、生前における筵宴を描写したものとして、当該時期の河西で行なわれていた奏楽・舞踊等の音楽状況を想定し、描かれている楽器編成や舞踊の姿態について、「正史」楽志の記事と比較検討することによって、演奏されていた音楽や舞踊を推察することを試みた（荻「河西地域の磚画・壁画にみられる魏晋南北朝時代の楽器」）。その結果、次のようなことが知られた。

嘉峪関新城墓群、酒泉西溝墓群・丁家閘墓群、高台駱駝城址墓群・許三湾城址墓群・地埂坡墓群や、敦煌仏爺廟墓群に共通してみられる楽器は、琴瑟系楽器・琵琶系楽器・洞簫系楽器・鼓系楽器であり、琴瑟系楽器は臥箜篌であろう。琵琶系楽器は秦琵琶（秦漢子）と称された琵琶だが、三弦・四弦の数種類の同系の楽器の存在が想定され、長項

（頸）琵琶系楽器はペルシア系楽器であろうとした。洞簫系楽器は長い縦笛の古代尺八系で、長笛と称する説もあるが長簫とすべきであろうと考えた。また酒泉丁家閘五号墓にみられる鼓系楽器は腰鼓で、嘉峪関新城三号墓にみられる竪箜篌もしくは鳳首箜篌とともに西域系の楽器であり、長項琵琶系楽器とともに西域楽器の影響が注目される。いっぽう、高台地埂坡四号墓では胡人による太鼓奏楽・舞踊図が描かれており、身近に胡人音楽の存在があったことが知られる。さらにこれらの楽器の特定から、魏晋時代の河西で、これらの楽器によって奏された音楽は清商楽ではないかと推定した。

このように、河西魏晋墓に描かれた磚画・壁画の楽器を中心とした音楽関連資料については、一応、検討済みであるが、磚画・壁画に描かれた楽器を、絵画の劣化や剥落があるなかで特定し、文献に記されているいかなる楽器に相当するかの判断は難しい問題であり、近年では、高橋照彦「唐代の琵琶とその遡源」等の研究が注目される。

本稿では、本論に入る前に、まず魏晋時代の河西における磚画・壁画にあらわれた楽器資料について、諸書の図版資料の解説により、時期や楽器名、楽器の組み合わせ等を整理する。次に本論では、琵琶系楽器、琴瑟系楽器、長簫系楽器の順に、その形態や名称等について具体的に検討する。琵琶系楽器に関しては、高橋、前掲「唐代の琵琶とその遡源」中の漢〜魏晋時代の河西における琵琶系楽器についての議論を中心に紹介しつつ、再度、磚画・壁画資料と、史書や文学文献などによって河西で使用されていた楽器について考察したい。琴瑟系楽器と長簫系楽器に関しては、漢代の事例まで遡るとともに、河西以外の図像資料まで含めて検討し、その時代的変遷を把握したい。以上の考察から、魏晋時代の河西における磚画・壁画にあらわれた楽器の特色を明らかにしたい。

まず、管見により、魏晋時代の河西における古墓の磚画・壁画にみられる楽器関連資料について、古墓名、楽器の種類、推定されている古墓の時期を中心に整理しておこう。

①　敦煌仏爺廟三七号墓（西晋早期）[1]

伯牙撫琴図（95DFM37：5-1）：琴瑟系楽器[2]

②　敦煌仏爺廟三九号墓（西晋早期）[3]

伯牙撫琴図（95DFM39：4-1）：琴瑟系楽器[4]

③　敦煌仏爺廟一三三号墓（西晋早期）[5]

伯牙撫琴図（87DFM133：12-1）：琴瑟系楽器[6]

④　敦煌仏爺廟一六七号墓（西晋早期）[7]

伯牙撫琴図（95DFM167：2）：琴瑟系楽器[8]

⑤　高台許三湾城址墓群（前秦）[9]

墨線撫琴図：琴瑟系楽器[10]

⑥　高台駱駝城苦水口一号墓（魏晋）[11]

復原地下墓[12]「九人の筵宴図」：琵琶系楽器[13]

復原地下墓「五人の筵宴図」：琵琶系楽器

⑦　高台地埂坡四号墓（魏晋）[14]

胡人鼓楽図：鼓系楽器[15]

胡人舞踊図：二人

⑧　嘉峪関新城一号墓（曹魏甘露二年（二五七）[16]）

四人の筵宴図（72JXM1：23）：琴瑟系楽器[17]

六人の筵宴図（72JXM1：26）：洞簫系楽器・琵琶系楽器(18)

⑨　嘉峪関新城三号墓（西晋）(19)

二人の奏楽図（イ）（72JXM3：51）：洞簫系楽器・琵琶系楽器(20)

二人の奏楽図（ロ）（72JXM3：50）：琴瑟系楽器・ハープ系楽器(21)

⑩　嘉峪関新城四号墓（西晋）(22)

歩きながらの奏楽・奏舞図（72JXM4：35）：琵琶系楽器・舞踊(23)

⑪　嘉峪関新城六号墓（西晋）(24)

二人の奏楽図（73JXM6：117）：琵琶系楽器・洞簫系楽器(25)

⑫　嘉峪関新城七号墓（西晋）(26)

三人の奏楽図（73JXM7：79）：洞簫系楽器・琴瑟系楽器・琵琶系楽器(27)

⑬　酒泉西溝五号墓（魏晋）(28)

舞踊図（イ）（93JXM5：90）：二人（手に団扇・巾を持つ）(29)

舞踊図（ロ）（93JXM5：6）：三人（手に団扇・巾を持つ）(30)

⑭　酒泉西溝七号墓（魏晋）(31)

女弾唱図：歌唱・琵琶系楽器(32)

男奏楽図：琴瑟系楽器・琵琶系楽器(33)

騎馬打鼓図：鼓系楽器・鼓系楽器（鼗鼓を左手で持つ）(34)

⑮　酒泉丁家閘五号墓（魏晋）(35)

燕居図：男女の舞踊（男は鼗鼓を持つ）・百戯・奏楽（琴瑟系楽器・琵琶系楽器・洞簫系楽器・鼓系楽器）[36]

なお本来ならば、これらの図版や、以下の論述過程で逐一図版を示す必要があるが、紙幅の都合もあり、必要最小限にとどめた。多くは前稿（荻「嘉峪関・酒泉地域魏晋墓磚画、敦煌莫高窟壁画にみられる音楽資料について」／「河西地域の磚画・壁画にみられる魏晋南北朝時代の楽器」）掲載の図版を参照されたい。

一　磚画・壁画、文献にみられる琵琶系楽器――その形態・名称等――

上記の河西の磚画・壁画音楽関連資料中、もっとも数多く描かれている楽器の一つは琵琶系楽器であり、琴瑟系楽器とともに一〇点確認できる。これらの図像をこまかく観察すると、まったく同一ではない。胴の形態については、円形の胴をもつもの四点（酒泉西溝七号墓「女弾唱図」、同「男奏楽図」、嘉峪関新城一号墓「六人の筵宴図」、同六号墓「二人の奏楽図」）、多少洋梨形の傾向をもつもの四点（高台駱駝城苦水口一号墓「五人の筵宴図」、嘉峪関新城三号墓「二人の奏楽図」（イ）、同四号墓「歩きながらの奏楽・奏舞図」、酒泉丁家閘五号墓「燕居図」）で、未詳二点（嘉峪関新城七号墓「三人の奏楽図」、高台駱駝城苦水口一号墓「九人の筵宴図」）となる。弦数については、糸巻の数もあわせてみると三弦と推測されるものが四点（酒泉西溝七号墓「女弾唱図」、同「男奏楽図」、嘉峪関新城一号墓「六人の筵宴図」、同三号墓「二人の奏楽図」（イ））、四弦と推測されるものが二点（嘉峪関新城六号墓「二人の奏楽図」、酒泉丁家閘五号墓「燕居図」）で、未詳が四点（嘉峪関新城四号墓「歩きながらの奏楽・奏舞図」、同七号墓「三人の奏楽図」、高台駱駝城苦水口一号墓「九人の筵宴図」、同「五人の筵宴図」）となる。また、棹にフレットが明確に描かれているものは三点（酒泉西溝七号墓「男奏楽図」、同丁家閘五号墓「燕居図」、嘉峪関新城六号墓「二人の奏楽図」）で、酒泉西溝七号墓「男奏楽図」と嘉峪関新城六号墓「二人の奏楽図」でおよそ七フレット、酒泉丁家閘五号墓「燕居図」でおよそ九フレットが確認できる。また共通点として、八点中五点（嘉峪関新城三号墓「二人の奏楽図」（イ）、同六号墓「二人の奏楽図」、酒泉西溝七号墓「女弾唱図」、同「男奏楽図」、同丁家閘五号墓「燕居図」）の胴上に三日月形の響鳴孔と思われるものを確認することができる。これらの違いからは、同一楽器を描こうとしたものが、楽器知識上の情報不足、あるいは絵の稚拙さによるものなのか、同種の琵琶系楽器中、三弦と四弦、円形胴と梨形に近い胴等多種の楽器があったことによるものなのかという二つの可能性が残される。

さて、琵琶系楽器に関しては、前稿成稿後、先述したように高橋照彦「唐代の琵琶とその遡源」が発表された。この中から、本稿に関連する魏晋時代の磚画・壁画の琵琶系楽器についての部分を中心に紹介しながら、楽器の形態や名称等について少々検討してみよう。

高橋は琵琶系楽器に関する図像資料や文献史料等を詳細に検討し、河西の磚画・壁画にみられる琵琶系楽器について、以下のように考察している。琵琶系楽器の胴の形態については、上記の酒泉丁家閘五号墓「燕居図」にみられるように胴は丸みのある梨形のもの、嘉峪関新城一号墓「六人の筵宴図」[37]や同四号墓「歩きながらの奏楽・奏舞図」にみられるように胴は円形状だが、項（頸・柄）との取り付きがなだらかに連続している（湾接）もの、同三号墓「二人の奏楽図」（イ）にみられるように円形と梨形の中間のもの、同六号墓「二人の奏楽図」にみられるように胴が明瞭に円形を呈しているもの、という四つほどに分けている。古墓の造営年代については、『発掘報告』[38]等に基づき、曹魏甘露二年（二五七）に比定される嘉峪関新城一号墓→四号墓→三号墓→六号墓の順にみなしている。

また、現在のところ、琵琶系楽器のもっともはやい図像資料である後漢時代の遼寧省遼陽棒台子屯墓壁画と四川省楽山虎頭湾崖墓画像石の二資料をあげ、これらの胴は梨形とも円形ともいえるもので、甘粛出土の魏晋期の例と共通しているとし、後漢の劉熙『釋名』等に琵琶の記述がみられることから、後漢末に琵琶が存在したことは間違いなく、それは棒台子屯壁画や虎頭湾崖墓画像石にみられるような琵琶と想定できる。しかも、遼寧と四川の事例があることから、この種の琵琶が空間的にも広がりを示していたものと推測している。次に、新疆地域の図像資料にみられる例や、ニヤ遺跡住居址から木製琵琶の一部が出土していることから、後漢〜魏晋時代の新疆には、梨形に近い円形槽（胴）の琵琶が存在しており、『釋名』巻七釋樂器第二二の「枇杷本出於胡中馬上所鼓也」の記事に注目するならば、梨形に近い湾接円形槽の琵琶は西域から中国に流入した可能性が高いとしている。

さらに高橋は、琵琶に関する名称についても検討している。『通典』巻一四四樂四琵琶条にみられる秦漢（琵琶）とは、『隋書』巻一四音樂志中で胡琵琶とも記されている曲項琵琶のことで、秦漢伎が成立する際に秦漢とも称されるようになり、それより小型の円形槽の従来の琵琶については「秦漢」に「子」を付して秦漢子と呼び分けたのではないかとし、その秦漢伎の秦とは、秦の始皇帝の秦とは無関係で五胡十六国時代の前秦の秦を指すものと考えるべきであるとしている。

以上の指摘について、いくつか検証してみよう。まず、琵琶系楽器の胴について、筆者は既述のように大まかに円形の胴をもつものと、多少洋梨形の傾向をもつものの二形態に分けたが、高橋は四つの形態に分類している。後漢〜魏晋・五胡十六国代の磚画・壁画に描かれた琵琶系楽器を詳細に観察すると、確かに円形でも微妙な違いがあり、胴の形態のほかにも、高橋も指摘しているように、直項・曲項、弦数（三弦ないし四絃）、糸巻数（三ないし四）、フレット数（七、十二）、共鳴孔（三日月形）等の違いに注目でき、筆者も指摘したように数種類の琵琶系楽器の存在も想定される。しかし、言うまでもなく、歴史的素材としての絵画資料の技術的な問題も常に考慮しておかなければならないであろう。例えば、同じ酒泉西溝七号墓内に描かれている「女弾唱図」〔図一〕と「男奏楽図」〔図二〕の琵琶系楽器は、ともに胴が円形で、三弦、三日月の共鳴孔をもち、同一楽器を描いたものと推察されるが、糸巻の位置が、前者が画面の上側に一個、下側に二個、後者は逆に上側に二個、下側に一個と一致していないこと、あるいは「男奏楽図」の琵琶系楽器のフレットが七個描かれているが、棹の半ばより下の部分のみ描かれ、当然存在するはずの上部のフレットが描かれていないことからも、かなり手を抜いた描き方がなされていたことも推測される。

しかしながら、細部は別として、胴の形態、直項・曲項などの全体的な比較は有効と思われ、後漢～魏晋・五胡十六国代の磚画・壁画にみられる琵琶系楽器については、高橋も述べているように、基本的には、直項の円形槽（胴）の琵琶系楽器であったと考えられるが、(39)また数種類の琵琶系楽器の存在も想定され、いずれも琵琶と称され、広く分布していたと考えることはできるであろう。

図一　酒泉西溝七号墓「女弾唱図」

図二　酒泉西溝七号墓「男奏楽図」

嘉峪関新城墓群の造営年代について、高橋は先述のように『発掘報告』に基づいて、一号墓→四号墓→三号墓→六号墓の順とみなした。『発掘報告』によると、新城一号墓は、出土した鎮墓瓶に「甘露二年」（二五七）と推定される墨書が残っていることから曹魏代とされ、他は西晋墓で、四・五号墓→三号墓→六号墓→七号墓という時代順が示されている。これに対し白石典之は

「甘粛西部編年」で、陶器の編年から、一・二・四・六号墓を曹魏代、七号墓を魏～西晋代、五・八号墓を西晋代に比定している。

また、酒泉西溝墓群の年代については、「西溝発掘報告」が魏晋墓とし、七号墓→五・六号墓→一～四号墓の順ととらえ、「甘粛西部編年」もこの見解を支持し、三・四・七号墓は曹魏代に近い時期としている。両者に従えば、曹魏代であることが明白な墓は新城一号墓だけとなり、そこに描かれた磚画の琵琶系楽器の胴部は、完全な円形ではなく柄（項）とのとりつきがなだらかに連続した（湾接）形態であり、後漢時代の琵琶系楽器と同類とみなされ、西晋時代になって嘉峪関新城六号墓や酒泉西溝七号墓にみられるような円形胴の琵琶系楽器があらわれたとみることもできる。しかし白石のように嘉峪関新城四・六号墓も曹魏代とするならば、すでに曹魏代には円形胴の琵琶系楽器が存在したことになる。

次に、高橋は、『通典』にみられる秦漢（琵琶）の名称について、秦漢伎が成立する際に曲項琵琶が秦漢とも称されるようになり、それより小型の円形槽の従来の琵琶（筆者の言う「基本的に直項で円形槽の琵琶系楽器」）に「子」を付して秦漢子と呼び分け、その秦漢伎の秦とは、秦の始皇帝の秦とは無関係で五胡十六国時代の前秦の秦を指すものと考えるべきであるとしている。吉川良和も、秦漢伎の秦を呂光の出身地「前秦」のことであり、「漢」よりの伝来楽と融合したことを意味していることを、これ以前にすでに指摘している（同『中国音楽と芸能』、一二二頁）。

秦漢伎（楽）の秦を五胡十六国の前秦を指すとする点はどうであろうか。秦漢楽（秦漢伎）については、『隋書』巻一四音樂志中には、北魏の太武帝が河西を平らげて獲得した沮渠蒙遜の伎について、

此聲所興、蓋苻堅之末、呂光出平西域、得胡戎之樂、因又改變、雜以秦聲、所謂秦漢樂也。

と記されている。すなわち、呂光が西域を平定して胡戎の楽を得、それを改変して秦声を雑えたのが、秦漢楽（秦漢

伎）であるとしている。これは同書巻一五音樂志下に、「西涼楽」について、

西涼者、起苻氏之末。呂光・沮渠蒙遜等、據有涼州、變龜茲聲爲之、號爲秦漢伎。魏太武既平河西得之、謂之西涼樂。至魏・周之際、遂謂之國伎。今曲項琵琶・豎頭箜篌之徒、並出自西域、非華夏舊器。

とあるのも同様で、太武帝が河西を平らげてこれを獲得し、秦漢伎を西涼楽と称したという。さらに、北魏末・北周代には国伎と言われ、これには華夏伝来の楽器ではない曲項琵琶や竪箜篌が使われていたという。このことから、秦漢伎（秦漢楽）に曲項琵琶が用いられたこと、『通典』巻一四四樂四琵琶条に、「曲項、形制稍大、本出胡中、……謂之『秦漢』」とあることなどから、曲項琵琶が秦漢とも称されるようになったことは了解されるが、秦漢と称せられる意味合いについては、吉川・高橋のように、秦漢伎の秦が前秦の秦を指すことによるとすることには疑問が残る。

『隋書』では、秦漢伎（秦漢楽）は、胡戎の楽（亀茲楽）を改変し秦声を雑えたものとされている。渡辺信一郎によると、秦声はすでに、『史記』巻八一廉頗藺相如伝の、秦王・趙王の澠地会の逸話中に「秦王善爲秦聲」とみられ、秦声（秦楽）とは遅くとも戦国期には成立していた関中の地方音楽であり、漢代の地方音楽の一つでもあった（同『中国古代の楽制と国家』、一六五、二五四、三五四～三五五頁）。北魏代に西涼楽と称された秦漢伎（秦漢楽）は、鐘・磬の金石楽器を併用して演奏され、雅楽として位置づけられた（同、二五六頁）。その意味で、西涼楽や後に国伎と称せられるようになった音楽は、関中の伝統的音楽を継承するものとして秦漢伎（秦漢楽）とも称せられていたものと察せられる。『舊唐書』巻二九音樂志二には西涼楽について、「後魏平沮渠氏所得也。晉・宋末、中原喪亂、張軌據有河西、苻秦通涼州、旋復隔絕。其樂具有鐘磬、蓋涼人所傳中國舊樂、而雜以羌胡之聲也」とあるように、西涼楽は「中國舊樂」を伝えるものであったのであり、これが秦漢伎（秦漢楽）であったと考えられる。その秦漢伎（秦漢楽）に曲項琵琶が使用されたが故に、秦漢（琵琶）と称せられたものであろう。また、その曲項琵琶について『通典』巻一四四樂

四琵琶条に「曲項、形制稍大。本出胡中、俗傳是漢制、兼似兩制者、謂之『秦漢』。蓋謂通用秦・漢之法」とあり、これについては様々解釈されているが、(40)これを意訳すると「曲項琵琶は形制がやや大きい。琵琶は胡中より伝えられたが、世俗では漢制（すなわち漢魏晋代に使用された基本的に円形胴を持つ直項琵琶。いわゆる漢式琵琶）として伝えられた。両制（胡式琵琶と漢式琵琶）は類似しているので秦漢と称した。これは秦・漢の法（秦漢楽）に通用するものと言える。」と解釈できないであろうか。いずれにしても、亀茲楽を改変して秦声を雑えて作られた秦漢伎（秦漢楽）に使用された曲項琵琶の呼称である秦漢（琵琶）の秦漢は、素直に解釈すれば、秦漢伎（秦漢楽）に基づくものであり、秦とは五胡十六国時代の前秦ではなく、秦声（秦楽）とみるべきではないかと考える。

また、『通典』の同条に、「今清樂奏琵琶、俗謂之『秦漢子』、圓體修頸而小、疑是絃鼗之遺制」とあり、清楽に奏された琵琶が、俗に秦漢子と言われたとある。『隋書』巻一五音樂志下に「清樂其始卽清商三調是也。並漢來舊曲」とあるように、清楽とは、漢代以来の旧曲からなる伝統的な音楽であった。清楽に使用された琵琶が「秦漢子」と称せられたのは、高橋も指摘しているように、曲項琵琶である「秦漢（琵琶）」より小振りであったことによるのであろう。遅くとも唐初には秦漢子とも称せられた琵琶は、『通典』に「俗傳是漢制」とある漢～魏晋代に使われた琵琶を指すものであった。林謙三は、漢～魏晋代に使われた琵琶を「漢式琵琶」と呼んだが（前掲『東アジア楽器考』、三〇八頁）、『通典』巻一四四樂四琵琶条に「曲項、形制稍大。本出胡中」とされた曲項琵琶は、『隋書』巻一四音樂志中で龜茲人蘇祇婆が善くしたとされる「胡琵琶」とも称されたと察せられること、また『釋名』巻第七釋樂器第二二や、後漢の應劭『風俗通義』巻六聲音に「枇杷」とみえ、後漢の趙岐撰、晋の摯虞注の『三輔決錄』游楚条に「琵琶」とみえるように、漢～魏晋・五胡十六国時代の琵琶系楽器は、「琵琶（枇杷）」と称せられたことなどから、当該時代の磚画・壁画資料にみられた直項で基本的に円形胴を持つ「漢制」の琵琶系楽器を「漢式琵琶」と通称することは、妥当であろうと考える。

二　磚画・壁画にみられる琴瑟系楽器——その形態・名称等——

魏晋時代の河西における磚画・壁画に描かれた楽器中、琴瑟系楽器は琵琶系楽器と並んで一〇例確認できる。琴瑟系楽器については、すでに前稿において検討し、臥箜篌と呼称するのが妥当であろうと考えた。以下では、前稿で触れなかった事例にも触れつつ、後漢時代を含めた他地域の事例をあげて、当該期における琴瑟系楽器について比較検討しよう。

琴瑟系楽器は、嘉峪関新城七号墓の「三人の奏楽図」、酒泉西溝七号墓の「男奏楽図」、同丁家閘五号墓の「燕居図」のように、漢式琵琶や洞簫系楽器などとの合奏に使用されたことが想定されるほか、新城一号墓の「四人の筵宴図」にみられるように筵宴等において独奏が行なわれたことも推察される。(41)

琴瑟系楽器の独奏図というと、敦煌仏爺廟墓群の三七・三九・一三三・一六七号墓の墓門の上部に築かれた照墻に、「伯牙撫琴図」が描かれていた。この「伯牙撫琴図」は周知のごとく、『呂氏春秋』第一四巻本味篇・『列子』巻第五湯問篇等に掲載されている伯牙と鍾子期の説話によるものであり、仏爺廟墓群の諸墓では、「伯牙撫琴図」は「子期聴琴図」と対になって描かれている。すでに指摘したように、三七号墓の琴瑟系楽器の図に固定フレットらしき線が複数描かれていることが確認できることから（荻「河西地域の磚画・壁画にみられる魏晋南北朝時代の楽器」）、高台県博物館所蔵の許三湾城址墓群出土の磚画とともに臥箜篌であろうと指摘した。今回あらたに掲げた仏爺廟一三三号墓出土の磚に描かれた琴瑟系楽器［図三］についても固定フレットらしき線が複数確認でき、『文物大系』が臥箜篌として

図三　敦煌仏爺廟一三三号墓「臥箜篌図」(模写)

図五　上海博物館収蔵「聴琴俑」

図四　上海博物館収蔵「撫琴俑」

いる（甘粛巻、解説二四七頁）のは妥当であろう。本来は琴が描かれるべきところを、同じ琴瑟系楽器の臥箜篌が描かれたものと思われる。

伯牙と鍾子期の説話に基づく「伯牙撫琴図」のモチーフはどこからもたらされたのであろうか。これらの仏爺廟墓群の照墻には、「伯牙撫琴図」のほかに李広像、力士像や多数の神獣などが描かれており、北村永によると、ここには漢代の神仙世界等の伝統的モチーフが引き継がれているという（同「敦煌仏爺廟湾西晋画像磚墓および敦煌莫高窟における漢代の伝統的なモチーフについて」）。また殷光明によると、伯牙同様歴史的人物を描いた李広像、すなわち「李広が虎を射る」図（いわゆるパルティアンショット）については、河北省博物館所蔵の前漢の金銀狩猟文銅製車飾や、河南省禹州の漢代画像磚に似た図があるという（同「敦煌西晋墓出土の墨書題記画像磚をめぐる考察」）。「伯牙撫琴図」・「子期聴琴図」については、管見によると、漢代の図像資料中、画像石にはみられないが、上海博物館所蔵の後漢代の陶俑の中に、撫琴俑［図四］と聴琴俑［図五］があり、これについて『文物大系』は「器為撫琴俑、聴琴俑各一件構成的組合楽俑」としており（上海巻・江蘇巻、解説一四一頁）、一対で作製された陶俑であったことが確認できる。

同書では、「伯牙撫琴図」「子期聴琴図」とはされていないが、この説話に基づくものという見方もできよう。また西田守夫によると、元興元年（一〇五）の銘のある環状乳神獣鏡に伯牙像が表わされており、「白牙單琴」の銘文のある確かな資料として建安一〇年（二〇五）の重列式神獣鏡があるという（同「神獣鏡の図像―白牙挙楽の銘文を中心として―」）。この重列式神獣鏡には、明らかに伯牙弾琴とともに鍾子期聴琴の像も窺うことができる（林巳奈夫「漢鏡の図柄二、三について」）。これらのことから、少なくとも後漢後半には、「伯牙撫琴図」「子期聴琴図」は漢鏡や陶俑のモチーフの一つとして使用されていたことが知られる。図像上では、いずれも明白に琴であることは確認できないが、神獣鏡の銘文に「白牙單琴」などと記されているように、文字通り琴を意識していたことだけは確かであろう。

しかし、魏晋時代の河西で磚画・壁画に描かれた「伯牙撫琴図」は、明らかに琴が臥箜篌に置き換わっているのが注目される。臥箜篌については、『漢書』巻二五上郊祀志上に、

其春、既滅南越、嬖臣李延年以好音見。上善之、下公卿議、曰、民間祠有鼓舞樂、今郊祀而無樂、豈稱乎。公卿曰、古者祠天地皆有樂、而神祇可得而禮。或曰、泰帝使素女鼓五十絃瑟、悲、帝禁不止、故破其瑟爲二十五絃。於是塞南越、禱祠泰一・后土、始用樂舞。益召歌兒、作二十五絃及空侯瑟自此起。

とあり、元鼎六年（前一一一）に武帝が南越を滅ぼした時、太一・后土を祭るのにはじめて舞楽を用い、この時に二十五絃瑟と箜篌（臥箜篌）が作られたとしている。これは、李延年の登用を機に行なわれているが、渡辺信一郎は『漢書』巻九三佞幸伝中の本伝に、「延年善歌、爲新變聲。是時上方興天地諸祠、欲造樂、令司馬相如等作詩頌。延年輒承意弦歌所造詩、爲之新聲曲」とあることから、この時、武帝は李延年に命じ、集積されてきた歌謡・詩歌にアレンジを施し、新制の臥箜篌と改良された瑟を用いた新たな曲調のもとに、舞楽・郊祀歌を作らせたとし、郊祀歌は、「趙・代・秦・楚地方の歌謡を基礎に新しく音階を定めて編曲し、司馬相如等数十人が作った十九章の歌辞」であり、「楚辞系詩歌を母体に」したものであったと指摘している（同『中国古代の楽制と国家』、三四・三五、八〇、一一二頁）。『楚辭』九歌の「東皇太一」に、「揚枹兮拊鼓、疏緩節兮安歌、陳竽瑟兮浩倡、靈偃蹇兮姣服、芳菲菲兮滿堂、五音紛兮繁會、君欣欣兮樂康」とあり、楚では東皇太一を祀るのに鼓系楽器・竽のほか、すでに瑟が使われていた。武帝は、これを取り入れ瑟を改良するとともに臥箜篌を作らせ、太一・后土を祭る歌謡の伴奏楽器としたものであろう。『宋書』巻一九樂志一には、箜篌（臥箜篌）の由来について、前漢の武帝が南越を滅した際に、太一・后土を祠るために楽を用い、「令樂人侯暉依琴作坎侯、言其坎坎應節奏也。侯者、因工人姓爾。後言空、音訛也。古施郊廟雅樂、近世來專用於楚聲」とし、楽人侯暉に琴を元に作らせ、郊廟雅楽に用いられ、近世以来、楚声に用いられたとしている。

また、漢代には、楚の地方音楽を基盤とした宗廟楽としての安世楽があった。『漢書』巻二二禮樂志に「高祖樂楚聲、故房中樂楚聲也。孝惠二年、使樂府令夏侯寛備其簫管、更名曰安世樂」とあるように、高祖が好んだ房中楽は楚声であり、恵帝二年（前一九三）には楽府令の夏侯寛に簫管の伴奏を備えさせ安世楽と名づけたという。渡辺は、『儀禮』燕禮の末尾にある「有房中之樂」の鄭玄注に「弦歌周南召南之詩、而不用鍾磬之節也」とあることから、楚声は、簡単な絃楽器の伴奏で歌われた燕楽であったとしている（同『中国古代の楽制と国家』、九九頁）。この場合の絃楽器は何だったであろうか。漢代以前の絃楽器としては、戦国時代前期の曾侯乙墓から二十五絃の瑟が十二張、五絃琴と十絃琴がそれぞれ一張ずつ出土しているように（西岡康宏「曾侯乙墓の漆工芸」）、琴・瑟が主要な楽器であったと思われる。なかでも瑟は、『楚辭』の中でも、九歌では「東皇太一」のほかにも「東君」、九歌以外では遠遊、招魂などの諸篇においても謳われている。そして、曾侯乙墓出土の青銅器の銘文によって、隣国である楚国と曾国は婚姻関係にあるなど相当緊密な関係にあったことが知られている（江村治樹「曾侯乙墓の時代」）。これらのことから、楚の祭祀や燕楽において瑟は盛んに用いられたものであり、高祖が好んで房中楽に取り入れた楚声も瑟を伴奏楽器としていたものと推察される。武帝が太一・后土を祭るのに、改良した瑟を用いたことは、「楚辞系詩歌を母体に」した郊祀歌によって行なわれたことによるのであろう。そして、二十五絃瑟はすでに存在していたのであり、どのような改良が加えられたか明白ではないが、あらたに琴から作られたとされる臥箜篌が新制として加えられた。これによって、楚声と臥箜篌との結びつきが生まれたものであろう。『宋書』に臥箜篌について「古施郊廟雅樂」とあったように、武帝以後は、廟楽としての安世楽にも瑟とともに用いられることになったものと推察される。

さらに、楚声を基盤としていた漢の房中歌の系統に清商楽があった。前稿でみたように隋の九部楽、唐の十部楽中の清商楽には臥箜篌が含まれており、『隋書』巻一五音樂志下に「清樂其始卽清商三調是也。並漢來舊曲。樂器形制、

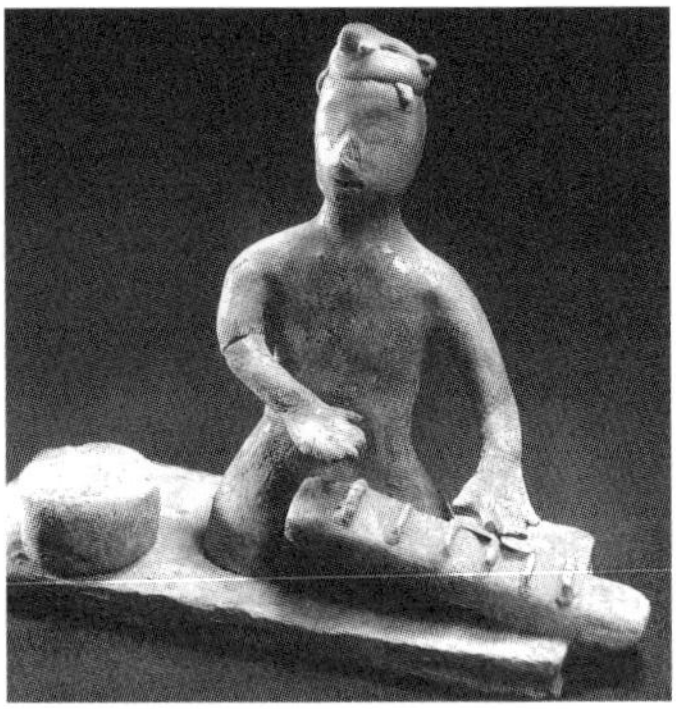

図六　湖北省鄂州七里界四号墓出土「臥箜篌奏楽俑」

図七　湖北省荊州八嶺山連心石料廠一号墓出土「臥箜篌奏楽俑」

并歌章古辭、與魏三祖所作者、皆被於史籍」として楽器の形態が古態であるとしている。『樂府』巻第四一に、清商楽の相和歌辞の楚調曲について「古今樂錄曰、王僧虔技錄、楚調曲有白頭吟行・泰山吟行・梁甫吟行・東武琵琶吟行・怨詩行。其器有笙・笛・弄節・琴・箏・琵琶・瑟七種」とあり、南朝では、楚声に笙・笛・弄節・琴・箏・琵琶・瑟が用いられたようだが、同書巻第四四に、清商楽の呉声歌曲について、「晉書樂志曰、呉歌雜曲竝出江南。東晉已來、稍有增廣。其始皆徒歌。既而被之管絃。蓋自永嘉渡江之後、下及梁・陳、咸都建業、呉聲歌曲起於此也。古今樂錄曰、呉聲歌、舊器有篪・箜篌・琵琶。今有笙・箏。」とあり、呉歌は東晋以来ようやく江南に広まったこと、梁・陳まで建業に都が置かれたため、呉声の歌曲が興起したことなどを述べ、『古今樂錄』を引いて呉声歌の「舊器」は篪・箜篌・琵琶であったが、今（南朝代）に笙・箏が加わったことが記されている。「舊器」すなわち東晋代の楽器中に、臥箜篌が含まれていることが注目される。楚声の晋代の楽器についての記載はないが、『宋書』に楚声に臥箜篌が使用されていたとあることや、呉歌雑曲が楚の故地に近い江南の徒歌から出て、その管絃がつけられた中に臥箜篌が含まれていることから、楚声についても晋代の「舊器」として臥箜篌が含まれていた蓋然性は高いと考えられよう。したがって、

図八　棒台子屯一号墓壁画の「雑技図」

『宋書』のいう「近世來専用於楚聲」の「近世」とは、魏晋代と推察される。

これらの事柄は、臥箜篌の図像資料の分布によっても知ることができる。しかし、漢~魏晋代における図像資料はきわめて少ない。まず、俑では三国後期とされる湖北省鄂州市の七里界四号墓から出土した、鄂州博物館収蔵の臥箜篌を演奏する陶俑がある〔図六〕。これには、四つのフレットが明確に確認できる。また、西晋時代の湖北省荊州市の八嶺山連心石料廠一号墓から出土した青瓷宴楽俑の中に、女性が奏する琴瑟系楽器があり、右手にスティックを持ち、楽器には固定フレットの描写と思われる横線が入れられていることから臥箜篌とみられる〔図七〕[42]。いずれも楚の故地である湖北省の出土であることが興味深い。

そして、磚画・壁画では河西の臥箜篌がある。既述のように、臥箜篌と明確に確認できるものでは、曹魏時代の嘉峪関新城一号墓の「四人の筵宴図」、西晋時代の同三号墓の「二人の奏楽図」(イ)・(ロ)、魏晋時代の酒泉西溝七号墓の「男奏楽図」、西晋早期もしくは前期~中期とされる敦煌仏爺廟三七・一三三号墓の「伯牙撫琴図」にみられる。これらのほかに、後漢末期とされる遼寧省遼陽市の棒台子屯一号墓壁画の琴瑟系楽器もその可能性が考えられる。同墓門内左右両壁には、それぞれ筵宴での奏楽が描かれている。右壁には、男性四人の奏楽者がおり、琴瑟系楽器、長簫、円形梨形中間のいわゆる漢式琵琶が確認でき、もう一つは明白でないが、奏者の左手を挙げている様子から鼓系楽器の可能性もあろう。また左壁には、女性五人の奏楽者がおり、琴瑟系楽器、長簫、漢式琵琶が確認され、他の二人は両手を広げており、手拍子か歌謡を担当しているようにも思えるが明白ではない。(43)「男性四人の奏楽者」の琴瑟系楽器について、李文信は「箏或琴瑟」としているものの（同「遼陽発現的三座壁画古墓」、一七頁）、その挿図五「雑技図」では明らかに固定フレットを示す横線を入れて描かれており〔図八〕、臥箜篌と推測される。

以上のことから、臥箜篌は、前漢武帝の時に琴より考案された楽器で、宮廷での郊祀祭に瑟とともに使用され、同じく楚声等を基盤にしていた房中楽の燕楽から成立した廟楽である安世楽にも使用されたものと察せられる。また清商楽に臥箜篌を使用したとする『隋書』巻一五音樂志下（前出）にもあったように、漢・魏時代の清商三調にも使用されていたことが推察される。臥箜篌の図像資料の分布からみると、漢・魏時代には、中原で郊廟楽や燕楽に使用されるようになった臥箜篌は、少なくとも北は遼陽近辺、西は河西、そして南は江南地域で使用されていたであろう。河西では、前秦時代の高台許三湾城址墓群の「黒線撫琴図」で確認できるように、五胡十六国時代になっても、使用されていたことが窺われる。

三　磚画・壁画にみられる洞簫系楽器——その形態・名称等——

魏晋時代の河西において磚画・壁画に描かれた楽器中、洞簫系楽器は四例確認できる。嘉峪関新城一号墓の「六人の筵宴図」、同三号墓の「二人の奏楽図」、同六号墓「二人の奏楽図」などでは、漢式琵琶との合奏がみられる。うち一号墓では、洞簫系楽器奏者は、右手下左手上にして握り、[44]床に着くほどの長さに描かれている。同七号墓の「三人の奏楽図」では詳細は未詳だが、琴瑟系楽器や漢式琵琶との合奏とされる。[45]また酒泉丁家閘五号墓の「燕居図」では、臥箜篌・漢式琵琶に鼓系楽器が加わった四楽器による合奏が確認できる。『文物大系』甘粛巻では、新城一号墓のものを「竪笛（簫）」、同三号墓と七号墓のものを「長笛」、同六号墓のものを「九節尺八」として（二四四頁「嘉峪関魏晋墓音楽画像磚一覧表」）、少なくとも二種類の洞簫系楽器とみており、[46]林謙三（前掲『東アジア楽器考』、五〇三・五〇四頁）や牛龍菲（『楽器考』、一一頁）はすべて長笛としている。これらでは、長笛を竪笛とみなしているが、岸辺成雄は「長笛および短笛は長短の横笛を意味し、長短の縦笛（すなわち篳篥と尺八）を表わすことにはなるまい」と、長笛竪笛説を否定しており（前掲『唐代音楽の歴史的研究』続巻、四八四頁）、筆者も前稿で考察したように、長笛を横笛とみなし、その上で河西の磚画・壁画にみられる吹奏楽器は、吹口が尺八風の洞簫系楽器で、長い洞簫である長簫とみるべきであろうと考えた。したがって、河西における魏晋墓の磚画・壁画にみられる長簫については、尺八風の洞簫系楽器であること、漢式琵琶との合奏がみられること、臥箜篌・漢式琵琶との合奏がみられること、臥箜篌・漢式琵琶・鼓系楽器との四楽器による合奏がみられることなどが確認できる。

洞簫については『漢書』巻九元帝紀に、

贊曰、臣外祖兄弟爲元帝侍中。語臣曰、元帝多材藝、善史書。鼓琴瑟、吹洞簫、自度曲、被歌聲、分刌節度、窮極幼眇。

として元帝（在位：前四九〜前三三年）は洞簫を吹いたとあるように、前漢代にはその存在が確認され、漢〜魏晋時代

図九　「赴仙」中の長簫と琴瑟系楽器

図一〇　「東王公・祥禽瑞獣（線描図）」

の図像資料においても、多くの事例を確認できる。

まず、管見では最も古い長簫の図像資料として、王莽の新前後の時代とされる陝西省定辺県の郝灘一号墓の墓室西壁に描かれた「赴仙」中の長簫と琴瑟系楽器がある［図九］。これは、画面下に編鐘と編磬がみられ、赴仙の雲舟の右下には、異獣による長簫と琴瑟系楽器の奏楽が描かれている。長簫は地面に着くほどの長さをもち、その左隣で坐して弾いている琴瑟系楽器は柱が各絃ごとに明瞭にみられ、瑟と察せられる。したがって、新代には長簫と瑟の組み合わせによる奏楽が行なわれていたことが想定される。

そして、後漢代の画像石には多くの長簫の事例が知られる。後漢中期～末期頃とされる山東省臨沂市の白荘漢画像石の中に、東王公の両脇で羽人らしき者が長簫と琴瑟系楽器を奏している図がみられ［図一〇］(47)、長簫の長さは跪坐している腰のあたりまである。

また、山東省嘉祥県の隋家庄漢画像石や同県の武梁祠漢画像石では、踏鼓しながらの舞踊（鼓舞）に伴奏が付けられ、前者では琴瑟系楽器、笙、塤(48)などとともに長簫が奏されており、後者でも琴瑟系楽器等とともに、長簫が確認できる(49)。これらの長簫は、ともに跪坐している膝下のところまで達し、地面に着くほどの長さに描かれている。さらに、四川省楽山市の麻浩後漢崖墓の墓門に刻された画像石にも長簫がみられ(50)、これも長さは座している足のあたりまである。前章で触れたように、高橋が琵琶系楽器のもっともはやい図像資料としてあげていた同じ楽山市の虎頭湾後漢崖墓の画像石には、胴が円形とも梨形ともいえる漢式琵琶が存在していたのであり、ここから後漢時代の楽山地域では漢式琵琶と長簫が使用されていたことが想定される。

次いで後漢時代の磚画・壁画では、内蒙古自治区和林格爾県の後漢墓壁画の「楽舞百戯図」と、既述の遼寧省遼陽市の棒台子屯一号墓の壁画に長簫が確認できる。和林格爾後漢墓では、画面ほぼ中央に建鼓とその奏者、その廻りで演じられている百戯、右端に九人の奏者が描かれている。その真ん中ほどが長簫奏者、長簫奏者の上が塤奏者、長簫奏者の二人下が排簫奏者かと思われる。(51) 長簫の長さは跪座した膝下まであり、地面に着くほどの長さである。棒台子屯一号墓では、筵宴における右壁の「男性四人の奏楽者」、左壁の「女性五人の奏楽者」ともに琴瑟系楽器、漢式琵琶等との合奏が確認される。

後漢時代の陶俑にあらわされた長簫資料については、上海博物館所蔵の長簫俑、(52) 四川省重慶市巫山県西坪出土の吹笛俑・巫渓県桂花園出土の吹笛俑等、四川省を中心に多数残存しており、いずれも腰までの長さを有し、吹口は日本の尺八のように斜めに切られているのが注目される。これらの事例から、長簫は少なくとも後漢時代には北は遼寧や内蒙古、南は江蘇・四川まで広く分布し、魏晋期の河西にみられるような漢式琵琶や琴瑟系楽器との合奏が行なわれていたことが知られる。

しかし、魏晋時代になると、残存している図像資料は非常に少ない。三国時代のものとしては、江蘇省金壇市の唐王郷東呉墓で出土した堆塑罐中の楽人中に、(53) 漢式琵琶、鼓系楽器とともに長簫がみられる。『文物大系』は、「打鼓」、「吹箏簗」、「弾琵琶（阮?）」などとし（同上海巻・江蘇巻、二七二頁解説）、長簫系楽器を箏簗とみなしているが、立てて吹いていること、長管であることなどから長簫とみてよいであろう。琵琶は高橋のいう「項（頸・柄）との取り付きがなだらかに連続している（湾接）」形で直項、三弦で六〜七個のフレットの線がみられる。太鼓は鍋形の片面太鼓と思われ、桴で打っている。解説では、頭に峨冠（高い冠）を載せた胡人としている。また、西晋時代の長簫資料としては、臥箜篌のところで掲げた湖北省荊州市の八嶺山連心石料廠一号墓出土の青瓷宴楽俑がある。長簫は、吹口の部分の内側が削られているが、おそらくは先にあげた後漢時代の陶俑である上海博物館蔵の長簫俑等のように、本来は外側を斜めに削るべきものが誤って逆を削ってしまったものと推察される。これも明らかに長簫とみなして良いと思われる。また、長簫には、六〜七本の縞線が描かれており、これは、嘉峪関新城六号墓の磚画にみられる長簫の八本の縞線に類似している。ここからは、長簫と漢式琵琶や臥箜篌等との合奏や、長簫形態の類似という点において、河西の状況との共通点が確認できる。しかし、後漢代に比べてその残存状況が極めて悪いということは、次第に使用されなくなっていったものと察せられる。『宋書』巻一九樂志一に「前世有洞簫、其器今亡」とあるように、魏晋代には次第に衰退し、宋代には使用されなくなっていったのであろう。そのようななか、魏晋時代の河西における磚画・壁画に、長簫と漢式琵琶・臥箜篌との合奏が四例みられるということは、魏晋時代においても盛んに奏されていたことを想定させるものであろう。

おわりに

以上でみてきたように、本稿でとり上げた河西の磚画・壁画に現われている漢式琵琶・臥箜篌・長簫のそれぞれの楽器とこれらの組み合わせによる合奏状況は、いずれも漢代の図像資料や文献史料によって確認でき、この時代にはすでに使用され、奏楽されていたことは明らかである。しかし、臥箜篌・長簫については、残されている図像資料から、晋代以降次第に使用されなくなり、宋代には衰退したものと察せられる。河西の磚画・壁画に描かれていたこれらの楽器や合奏状況は、高台許三湾城址墓群の「黒線撫琴図」が前秦であるのを除いて、曹魏から西晋時代のものであった。すなわち、中原やその近辺で使用されていた漢式琵琶・臥箜篌・長簫は、後漢時代には河西にもたらされ、魏晋時代には筵宴等において奏されていた状況が描写されたものであろう。後漢末には、東北辺の棒台子屯一号墓に、河西の磚画・壁画同様の漢式琵琶・臥箜篌・長簫の合奏が描かれている。これは東晋時代にあたる四世紀半ばには高句麗へと伝来し、[54]この中の臥箜篌は玄琴として以後も朝鮮半島において盛んに使用されるが、河西においても五胡十六国時代まで継受されることになる。中原やその近辺で衰退した文化が辺境の地で残存していたことを示すものであろうが、その背景には、西晋末の永嘉の乱によって中原の楽人が四散し流亡したことに象徴されるように、種々の事情による楽人の移動状況、黄巾の乱以来の中原の戦乱等による壁画墓造営の衰退（三﨑良章「遼陽壁画墓に見られる遼東社会の一面」）などがあるものと考えられるが、河西等の辺境に中原の音楽が伝えられた状況については、女楽・團扇歌の舞踊や百戯等も加えて、稿を改めて検討してみたい。

また、河西の磚画・壁画中の楽器には、「波斯長頸」的琵琶や長簫のように、すでに漢代には西域から伝来していた楽器の影響を受けていたと考えられるものがあるが、魏晋時代の嘉峪関新城一号墓・三号墓・六号墓や、酒泉西溝七号墓の平頂型の帽子をかぶった楽人を「西域人（オアシスの住民）」とする説があり（宋馨「北魏平城期的鮮卑服」[55]）、高台地埂坡四号墓の壁画に「胡人鼓楽図」・「胡人舞踊図」がみられ、同時期の江蘇省金壇市の唐王郷東呉墓で出土した堆塑罐中の楽人も胡人とみなされているように、周辺異民族の音楽・楽器との関わりや、楽人の出自の問題も浮かび上がってくる。これらについても、今後の課題としたい。

註

（1）『仏爺廟湾墓』、一〇三頁。『古代壁画墓』は、西晋前期〜中期とし（七二頁）、白石典之「甘粛西部における魏晋十六国時代墓の編年」（「甘粛西部編年」）は西晋とする（二五頁表一。以下、同じ）。

（2）本稿では、琴・瑟・箏・臥箜篌などコト系の楽器については、まずは「琴瑟系楽器」と称することとする。『仏爺廟湾墓』は琴とする（一七頁）。

（3）『仏爺廟湾墓』、一〇三頁。『古代壁画墓』は、西晋前期～中期とし（七二頁）、「甘粛西部編年」は西晋とする。
（4）『仏爺廟湾墓』は琴とする（二五頁）。
（5）『仏爺廟湾墓』、一〇三頁。『古代壁画墓』は、西晋前期～中期とし（七二頁）、「甘粛西部編年」は西晋とする。
（6）『仏爺廟湾墓』は琴とし（三八頁）、『文物大系』甘粛巻は臥箜篌とする（二四七頁）。
（7）『仏爺廟湾墓』、一〇三頁。『古代壁画墓』は、西晋前期～中期とする（七二頁）。
（8）『仏爺廟湾墓』は琴とする（四〇頁）。
（9）旧高台県博物館のキャプションによる。なお、関尾史郎「高台県古墓群発掘調査簡史」によれば、許三湾城五道梁墓群出土かと思われる。
（10）旧高台県博物館のキャプションでは琴とする。
（11）『出土壁画全集』、五二頁。旧高台県博物館のキャプションも同様。
（12）駱駝城址の南に復原された地下墓。詳細については荻、「河西地域の磚画・壁画にみられる魏晋南北朝時代の楽器」、関尾、「高台県古墓群発掘調査簡史」を参照されたい。
（13）本稿では、阮咸・琵琶・五絃琵琶などリュート系の楽器については、まずは「琵琶系楽器」と称することとする。『出土壁画全集』の解説（五二頁）は、阮咸とする。
（14）『出土壁画全集』、二九～三二頁。旧高台県博物館キャプションも同様。
（15）種々の太鼓系の楽器については、本稿ではまずは「鼓系楽器」と称する。
（16）甘粛省文物隊他編『嘉峪関壁画墓発掘報告』（『発掘報告』）、七四頁。『文物大系』甘粛巻、二四一頁。『出土壁画全集』、一〇頁。「甘粛西部編年」は曹魏とする。
（17）『文物大系』甘粛巻、二四二頁、『出土壁画全集』の解説（一一頁）は、ともに臥箜篌とする。また『発掘報告』、九七頁表は、琴とする。
（18）『文物大系』甘粛巻は、長笛・琵琶とする（二四二頁）。『発掘報告』（九七頁表）では、簫・琵琶とする。なお、竪笛系の楽器については、本稿ではまずは「洞簫系楽器」と称する。
(19)『発掘報告』七四頁。『文物大系』甘粛巻、二四二頁。「甘粛西部編年」は、「三号墓については丁家閘五号墓に類似品があるという指摘に留めたい」(一七頁)と述べる。
(20)『文物大系』甘粛巻、二四二頁、『出土壁画全集』、六一頁は、ともに長笛・阮咸とする。『発掘報告』(一〇〇頁表)では、簫・琵琶とする。
(21)『楽器考』、口絵の図五、『文物大系』甘粛巻、二四二頁は、ともに臥箜篌・鳳首箜篌とする。『発掘報告』(一〇〇頁表)では、琴・竪箜篌とする。ハープ系の箜篌については、このように「鳳首箜篌」説と「竪箜篌」説があるが、画面が不鮮明なため明白ではない。
(22)『発掘報告』七四頁。『文物大系』甘粛巻、二四四頁。「甘粛西部編年」は曹魏とする。
(23)『文物大系』甘粛巻は琵琶とし、舞踊者は手に碰鈴を持つとする(二四四頁)。『発掘報告』(一〇四頁表)では、琵琶・舞蹈とする。『楽器考』は「波斯長頸三弦琵琶」セタールとする(口絵の図三)。
(24)『発掘報告』七四頁。『文物大系』甘粛巻、二四五頁。「甘粛西部編年」は曹魏とする。
(25)『楽器考』は、四絃阮咸・纏飾長笛とし(口絵の図二)、『文物大系』甘粛巻は琵琶・尺八とする(二四五頁)。『発掘報告』(六五頁)では、琵琶・簫とする。
(26)『発掘報告』七四頁。「甘粛西部編年」は魏晋とする。
(27)『文物大系』甘粛巻は、長笛・琴・琵琶とする(二四四頁一覧表)。『発掘報告』(一〇七頁表)では、簫・琴・琵琶とする。
(28)『文物大系』甘粛巻、二四五頁。「甘粛西部編年」は魏晋とする。
(29)甘粛省文物考古研究所「甘粛酒泉西溝村魏晋墓発掘報告」(「西溝発掘報告」)二七頁図六九、酒泉市博物館編『酒泉文物精萃』(『酒泉精萃』)、九四頁、『文物大系』甘粛巻、二四五頁。うち後二者は、一男(伎)・一女(伎)とする。
(30)「西溝発掘報告」、二〇頁図四八、『酒泉精萃』、九五頁。後者は三女伎とする。
(31)『文物大系』甘粛巻、二四六頁。「甘粛西部編年」は魏晋とする。

(32)『文物大系』甘粛巻、二四六頁、「西溝発掘報告」、図版壱の一、三二頁、『酒泉精萃』、七六頁。いずれも阮(咸)とする。

(33)『文物大系』甘粛巻は、秦箏・三弦(二四六頁)、『出土壁画全集』は、臥箜篌・阮咸(一八頁)、『酒泉精萃』は、箏・阮(咸)(八二頁)とそれぞれする。

(34)『酒泉精萃』、八一頁。

(35)韋正「試談酒泉丁家閘五号壁画墓的時代」。同論文は、関尾史郎氏からのご教示による。『文物大系』甘粛巻、二五五頁では後涼~北涼とし、「甘粛西部編年」は後涼以降かとする。

(36)『文物大系』甘粛巻は、箏・直頸琵琶・長笛・細腰鼓とし(二五五頁)、『出土壁画全集』は臥箜篌・阮咸・長笛・細腰鼓(一三〇頁)、『酒泉墓壁画』は箏・琵琶・竪笛・腰鼓(六頁)とそれぞれする。

(37)高橋は、嘉峪関新城一号墓「六人の筵宴図」について、「特徴的なのは、楽人の右手側(向かって左)に項がくるように琵琶を構えている点で、通例の琵琶とは逆になっている」(一四頁)と指摘するが、『出土壁画全集』では通例通りで(一〇頁)、逆の構図となっているように、『文物大系』甘粛巻所載の写真が反転して掲載されているようである。このようなことは、中国の資料ではときどきみられる。次の嘉峪関新城四号墓の「歩きながらの奏楽・奏舞図」に描かれている琵琶系楽器についても同様の可能性が高いであろう。

(38)高橋は、〝甘粛省文物考古研究所『嘉峪関壁画墓発掘報告』文物出版社、一九七二年〟とするが、〝甘粛省文物隊・甘粛省博物館・嘉峪関市文物管理所編『嘉峪関壁画墓発掘報告』文物出版社、一九八五年〟の誤りであろう。

(39)高橋は「唐代の琵琶とその遡源」のまとめの部分で、「後漢~魏晋代には、円形槽の琵琶が琵琶と呼ばれ」たとしているが(一九頁)、「円形槽の琵琶」というと、その本文の「円形状だが、項(頸・柄)との取り付きがなだらかに連続している(湾接)もの」・「円形と梨形の中間のもの」・「明瞭に円形を呈しているもの」という同時期の胴の形態を述べた表現とは多少違和感があるので、「基本的には」という言葉を付け足した。筆者は「基本的に直項で円形槽の琵琶系楽器」とする。

(40)外村中「唐代琵琶雜攷」は、「『曲項(くびが曲がった琵琶)』は、作りが大型で、胡中(すなわち西域)起源の琵琶である。俗に漢の制といわれる。両制すなわち秦と漢の制を兼ねあわせたようなものを『秦漢』という。思うに、秦と漢の奏法が通用するのであろう。」（四、六頁）と解釈している。
(41) 嘉峪関新城三号墓の「二人の奏楽図」ではハープ系楽器との合奏がみられるが、ハープ系楽器については、註（21）にも記したように画面が不鮮明なため、鳳首箜篌説と竪箜篌説があり明白でない。
(42) 荊州博物館所蔵。二〇一五年九月六日の筆者による科研調査写真資料による。全体で六人の人物がおり、男女の楽器奏者が二人、口を開けて手拍子を打つように両手を胸の前で合わせている女性の歌い手が一人、ほかに食物の給仕役の女性二人・男性一人からなっている。筵宴における奏楽と推察され、楽器は臥箜篌と長簫がみられる。長簫については後述する。
(43) 図版は、『音楽史図鑑』、五九頁図版Ⅱの八三。
(44) この握りかたは、同系管楽器の日本の尺八の一般的な持ちかたと同じであるが、逆手で持つ場合もあり得るので、本稿では、この点は注目しない。
(45) 『文物大系』甘粛巻、二四四頁の一覧表による。『文物大系』は長笛・琴・琵琶とする。
(46) 『文物大系』は、上海巻・江蘇巻所載の上海博物館所蔵の陶俑にみられる洞簫系楽器について、「長簫」としており（一四三頁の解説）、『文物大系』各巻で一貫性がなく、担当者の判断に任せられているように思われる。
(47) 画像石の年代については、臨沂市博物館編『臨沂漢画像石』、一二頁を参照。図は線描図。図ならびに解説については一七頁図二一。この解説には「画面中間刻東王公肩生翼、端坐在T形虎首高座上、左右各有一羽人吹蕭、撫琴」とあるが、「蕭」は「簫」の誤字であろう。
(48) 『音楽史図鑑』、三六頁。なお図によると、塤は少し筒状に描かれているが、持ちかたが両手で底部分を支えているので塤とみなした。
(49) 『音楽史図鑑』、三六・三七頁。孫青松・賀福順主編『嘉祥漢画像石選』、九頁。
(50) 『文物大系』四川巻、一八二頁。同解説では長笛とする。
(51) 『音楽史図鑑』、四三頁の解説では、簫、排簫、塤、打撃楽器等九人の伴奏者とするが、四二頁に掲載されている画面では右側の一部がカットされているため、長簫の先端がかろうじてみられる。

(52)『文物大系』上海巻・江蘇巻、一四三頁の解説では長簫とする。

(53)鎮江博物館蔵、一九七二年金壇市唐王郷東呉墓出土。『文物大系』上海巻・江蘇巻、二七二頁。

(54)四世紀半ばの高句麗安岳三号墳壁画には舞踊の伴奏をしている玄琴(臥箜篌)・漢式琵琶・長簫の奏楽図がみられる。전주농(田疇農)〝고구려 고분 벽화에 나타난 악기에 대한 연구(高句麗古墳壁画に現れた楽器に関する研究)(一)〟は、玄琴・阮咸・長笛とする(四四頁)。

(55)宋馨論文については、小林聡「河西地区出土文物における朝服着用事例に関する一考察」により知りえた。

図版出典

図一　酒泉市博物館編著『酒泉文物精萃』、七六頁「弾唱彩絵磚画」。

図二　酒泉市博物館編著『酒泉文物精萃』、八二頁「和弦彩絵磚画」。

図三　甘粛省文物考古研究所編『仏爺廟湾墓』、図版五三「伯牙撫琴」(模写)。

図四　中国音楽文物大系総編輯部編『中国音楽文物大系』上海巻・江蘇巻、一四一頁図版。

図五　中国音楽文物大系総編輯部編『中国音楽文物大系』上海巻・江蘇巻、一四二頁図版。

図六　中国音楽文物大系総編輯部編『中国音楽文物大系』湖北巻、一七三頁図版。

図七　荊州博物館において、筆者撮影。

図八　李文信「遼陽発現的三座壁画古墓」、一七頁、挿図五「雑技図」より複写転載。

図九　賀西林他主編『中国墓室壁画全集』第一巻(漢魏晋南北朝)、四六頁図版五四「赴仙(局部)」。

図一〇　臨沂市博物館編『臨沂漢画像石』、一七頁図二一「東王公・祥禽瑞獣(線描図)」より複写転載。

画像資料に見る魏晋時代の武器――河西地域を中心として――

内田宏美

はじめに

東アジアにおける武器の発達は、中国を起点に展開されてきた（宇野隆夫「東アジアにおける武器の画期」）。春秋戦国時代に鉄製の武器が登場し、秦漢時代以降広く普及することによって中国の武器は新たな画期を迎える。武器に関してはこれまで様々な角度から研究がなされてきたが、魏晋時代の武器については遺跡から出土する資料が少なく、明らかになっていないことも多い。

限られた資料のなかで魏晋時代の武器を復原する際に重要な手がかりとなるのが、墓室に描かれた「画像磚」や「壁画」[1]といった図像資料である。本稿では、近年調査事例が増加している甘粛省河西地域で出土した図像資料を集成・分析し、魏晋時代の武器の実態やその特徴について考察する。また、当該期の武器の様相をより明確にするため、河西地域の磚室墓や土洞墓に副葬された武器と漢代の図像資料についても取り上げ、比較検討を試みる。

一　武器の種類と特徴

画像磚や壁画などに描かれた武器について紹介する前に、中国国内で過去に発掘された漢～魏晋時代の武器の種類について整理しておく。武器の名称、形態や用途による武器の分類、各武器の持つ特徴については、楊泓『古代兵器通論』、飯島武次『中国考古学概論』、曾憲波「漢画中的兵器発探」、篠田耕一『武器と防具 中国編』、成東・鐘少異『中国古代兵器図集』などを参照した。図一は武器の形状を図化したものである。併せて参照されたい。

漢～魏晋時代の武器は、柄（持ち手）の長さや用途によって短兵器、長兵器、遠射兵器、防御兵器の四種類に大きく分類することができる。(2)一部を除き、この時期に属する武器の刃部は青銅製あるいは鉄製である。柄は木製・竹製であることが多く、柄部分が残存して出土するケースは非常に少ない。

（一）短兵器

短い柄の先端に、青銅製や鉄製の刃が取り付けられたものが「短兵器」に分類される。通常、短兵器は柄よりも刃の部分が長くなるのが特徴で、剣や刀などがある。

剣（けん）：切っ先の尖った両刃の武器で、剣柄と剣身によって構成される。全長が一〇〇センチを超えるものも多い。

刀（とう）：庖丁あるいは鉈形を呈す片刃の武器で、刀柄と刀身から構成される。漢代には「環首刀」と呼ばれる、持ち手側（柄）の先が環状になった刀が主流となる。全長は六〇センチ程度のものから一〇〇センチを超えるものまであり、一定ではない。

（二）長兵器

（一）の短兵器に対し、柄部分が長い武器を「長兵器」と呼び、矛、戟、鈹などがこれに分類される。

矛(ほこ)：柄の先端に尖った幅の広い両刃の穂先を取り付けた武器。刺突して攻撃する。矛の穂先はソケット式（袋状）になっており、柄にはめ込んで装着する。騎兵用の矛は、「矟(さく)」と称する。刃部の長さは一〇～二〇センチ程度のものが多く、柄を取り付けるとその全長は二一〇～二四〇センチになる。

戟(げき)：一般に、「戈(か)」と「矛」の両方を組み合わせた形状の刃先を持つ長柄の武器を戟と呼ぶ。戈は、刃と柄をほぼ垂直に取り付け、引っかけることによって相手に打撃を加える武器を指す。戟は「卜」字状を呈すものが多い。刃部の全長は五〇～七〇センチと一定ではないが、柄をつけるとその長さは二〇〇～三〇〇センチに達する。

鈹(ひ)：剣と同様に両刃で茎を持ち、これを使って柄の先端に装着する。刃部の長さは五〇センチを超えることが多いが、三〇センチ程度の鈹も確認されている。柄を含めると長さは二五〇～二九〇センチに達する。鈹の根本に返しのような刃を取り付けた武器は「鎩(さつ)」と呼ばれる。

（三）遠射兵器

矢などを遠くに飛ばすことができる武器で、弓や弩、矢がこれに分類される。

弓：弓と弦の復元力を利用して矢を発射する飛び道具。当該期の弓は「複合弓」と呼ばれる、竹や木、動物筋、動物角など複数の素材を組み合わせて製作されたものが主流で、弦をかけると〝弓〟字形を呈す。全長は一三〇～一四〇センチ程度のものが多い。

図一　漢から魏晋時代の主な武器

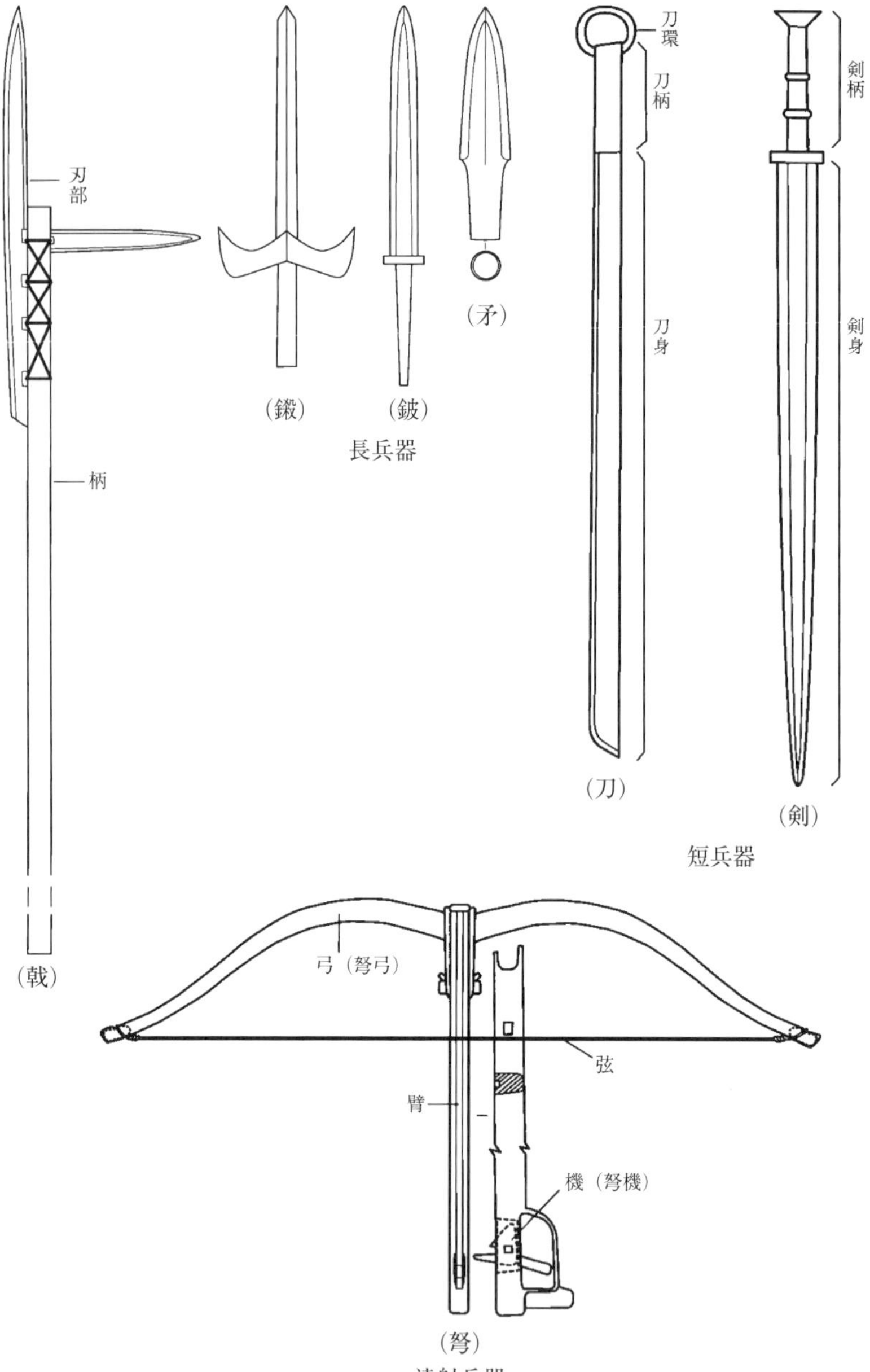

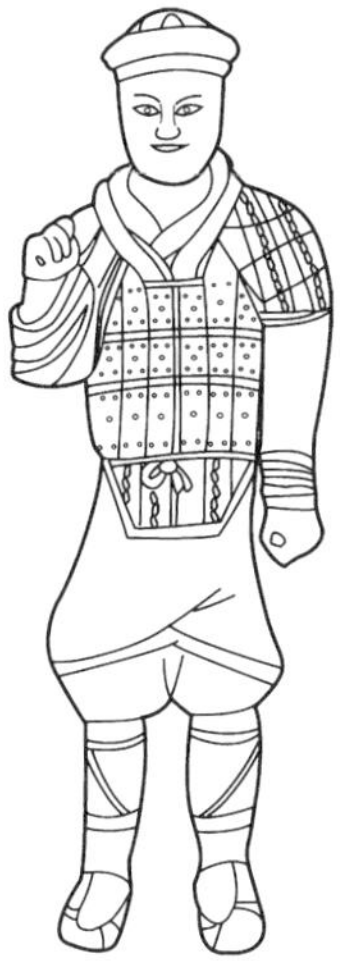

(鎧を着用した兵士の俑)

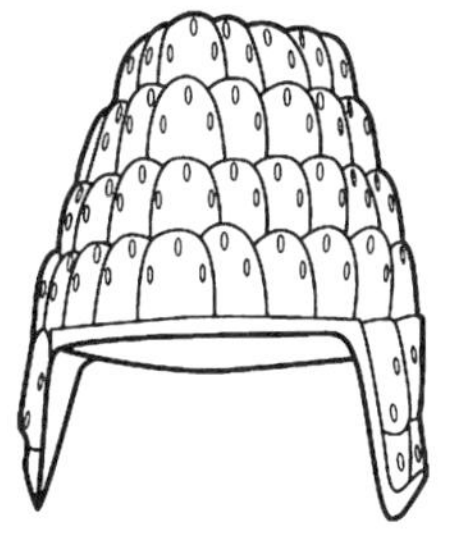

(兜)

防御兵器

弩：矢を自動的に発射する仕掛けを持った弓の一種。中国では戦国時代以降、広く普及していく。弩は主に「臂」、「機」、「弓」によって構成される。臂は矢を装着する木製の台で、前方の弓を水平に据える。臂の後方には青銅や鉄で製作された機がはめ込まれている。臂の上部に刻まれた溝に矢を置き、引き金（機）を引くことで弦がはじかれ、その反発力で矢が前方に発射される。

矢：弓や弩とセットで用い、羽根、矢柄、鏃で構成される。矢柄の先端に取り付けられる鏃は、骨・青銅・鉄などで製作される。鏃の大きさや形状は、弓の種類や目標とする飛距離などによって異なるため一定ではないが、先端は細く尖ったものが多い。矢を納める筒あるいは袋状の入れ物は「箭箙」と呼ばれ、動物の皮やシラカバの樹皮を用いて製作される。矢とともに出土する例も多い。

（四）防御兵器

（一）から（三）が敵を攻撃するための武器であるのに対し、防御兵器は攻撃を防ぐために用いられる武器で、防具とも呼ばれる。盾や兜、鎧などが含まれる。防御兵器の素材には、青銅や鉄などの金属のほか、皮革、木、布などが用いられている。

盾：身体を守る役割を持ち、攻撃用の刀や剣、矛、戟などと組み合わせて用いられることが多い。多くが長方形もしくはそれに近い形状を呈する。これまでに発掘された盾には、木製、皮革製、鉄製がある。

鎧・甲：攻撃から身を守るために着用する防具。鎧は金属製、甲は皮革製と素材によって名称が異なる。漢代以降は、鉄など金属製のものが多くなる。この時期の鎧と甲は通常細長い板状の甲片、いわゆる「札（さね）」を数百から数千枚単位で連結して製作されたものである。

兜：頭部を防護するためにかぶる防具。漢代以降は金属で作られることが多い。鎧・甲と同様、甲片を連結して製作される。

二　河西地域の画像磚墓・壁画墓に描かれた武器

武器が描かれた画像磚や壁画は、甘粛省の嘉峪関市・酒泉市・張掖市（高台県）に分布する魏晋墓で出土している。第二節では、武器を描写した画像磚・壁画の内容を遺跡（墓）の概要とともに記す。各遺跡の位置については図二に示した。なお、遺跡名や年代、画像磚・壁画の画題については、これまでに刊行された発掘報告書や概報の記述に従った。

（一）嘉峪関市新城墓群

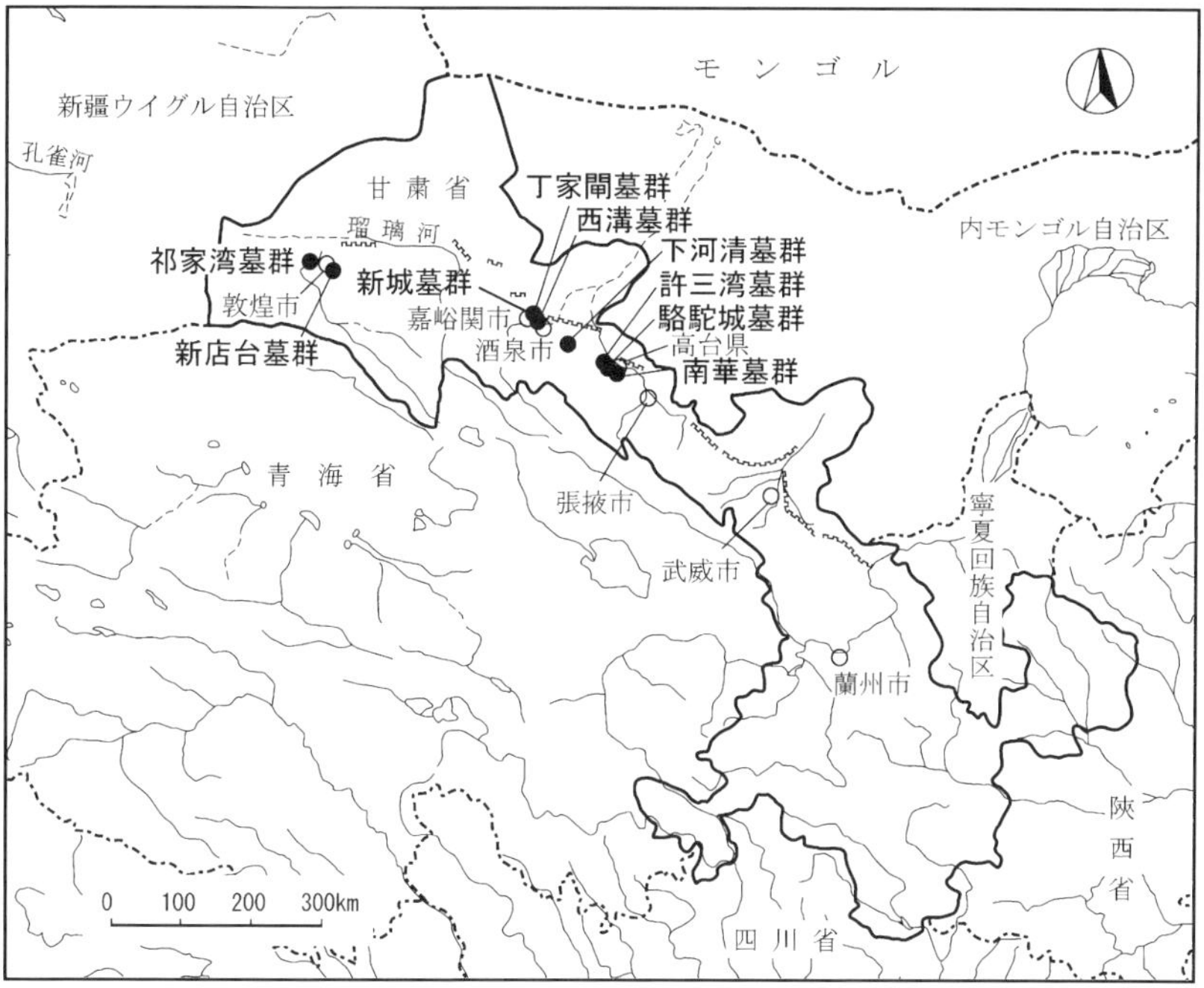

図二　甘粛河西地域の魏晋墓の分布

遺跡は嘉峪関市新城鎮に位置する。嘉峪関市・酒泉市周辺に広がるゴビ灘に分布する墓群の一つで、これまでに千基以上の墓が確認されている。一九七二～一九七九年に一八基の墓の調査が行なわれた。築造年代は墓の構造や副葬品の様相から魏～西晋時代とされる。発掘報告によるといずれも磚室墓で、墓室は双室または三室で構成されており、うち画像磚墓は一、三～七、一二、一三号墓である。墓室の壁の一部を構成する画像磚は、墓主（被葬者）を取り巻く日常生活を描写したものが多い。新城墓群の画像磚は、一つの磚に一幅の絵（場面）を描いているものが大半を占めるが、多数の人物や馬を描く必要のある「出行図」などでは複数の磚を使用して一つの場面を描いている。武器の描かれた画像磚は三、五～七号墓で出土している（甘粛省文物隊他編『嘉峪関壁画墓発掘報告』／張宝璽編『嘉峪関酒泉魏晋十六国墓壁画』）。各画像磚の詳細

図三　新城三号墓「出行図」

は左の通りである。

三号墓前室北壁—東壁「出行図」（M3：01,02,04,06）[3]：三号墓は前・中・後室の三室で構成される。「出行図」は、前室の北壁から東壁の上層に三箇所に分けて描かれている。それぞれ複数の磚を使用している。尖頂帽と呼ばれる三角形の兜をかぶり馬に乗った人物が先頭に描かれ（M3：01）、その後ろに五十騎余りの騎馬が続く（M3：02,04,06）。図三は東壁に描かれた「出行図」のうちの一つ（M3：06）で、十五騎が確認できる。兵士（騎兵）は矟を手にしている。また、墓主（被葬者）と思われる人物はM3：04の出行図の先頭に描かれている。

三号墓前室南壁「営塁図」（M3：08）：「屯営図」とも呼ばれる。前室南壁の上層に複数の磚を使用して、駐屯地の様子を描く。画面中央に描かれた将軍（墓主か）の大帳を、小帳が三重に取り囲んでいる。小帳の外には盾と戟が立て掛けられている［図四］。

三号墓前室南壁「兵屯図」（M3：036）：M3：08の「営塁

図四　新城三号墓「営塁図」

図五　新城三号墓「兵屯図」

図六　新城五号墓「出行図」

図七　新城五号墓「刀鞘図」

図」と同じく、前室南壁の上層に複数の磚を使用して、軍事訓練の様子を描いている。馬に乗った司令官と思われる人物が中央に、その人物の左右（上下）には二列に隊列を組んだ歩兵が描写されている。歩兵は兜をかぶり左手に盾、右手に戟を携えている。騎馬の前を行く人物は剣のようなものを手にしている［図五］。なお、これらの兵士達の下には耕作中の人物二名と牛二頭も描かれている。

五号墓前室東壁「出行図」（M5：026）：五号墓は双室構造の墓である。前室東壁の下層に複数の磚を使用し、出行の場面を描写している。馬に乗った墓主の前後に、騎兵が描かれている。墓主の前二騎と後ろの十二騎の兵士は、三号墓の「出行図」と同様に三角形の兜をかぶり、矟などを手にしている［図六］。

五号墓後室南壁「刀鞘図」（M5：068）：後室奥壁に描かれた九枚の画像磚のうちの一枚で、鞘に収められた環頭の刀（環首刀）が単独で描かれている［図七］。なお、後室に嵌め込まれた画像磚はいずれも器物のみを描いたもので、人物や動物などを描いた前室の磚とは異なる様相を呈す。

六号墓中室西壁「出行図」（M6：097）：六号墓は三号墓同様、三室から成る。「出行図」は、中室の北壁西側から西壁、南壁西側の上段に磚を七枚使用して描かれている。三号墓や五号墓の「出行図」と異なり、武器を手にした騎兵は描かれていないが、連続する七枚の画像磚のうちの一枚に武器が確認できる。この画像は墓主が乗車していたと思われる牛車を描いた画像磚（M6：096）に続くもので、三人の人物が描かれているが、うち中央の一人が環首刀を手にしている［図八］(4)。

図八　新城六号墓「出行図」

七号墓前室北壁—西壁「出行図」（M7：035,037-042）：七号墓の墓室も三室から構成される。前室の北壁から西壁中層に、八枚の磚を使用して出行図が描かれている。うち一枚には墓主と思われる人物が単独で描かれ、その他の七枚に、兜をかぶり矟を手に持った騎兵が二十名ほど確認できる［図九］。

図九　新城七号墓「出行図」

（二）酒泉市丁家閘墓群

丁家閘墓群は酒泉市果園郷丁家閘村のゴビ灘上に位置し、一一〇基以上の墓が分布している。新城墓群とは距離が近く、同一の墓群

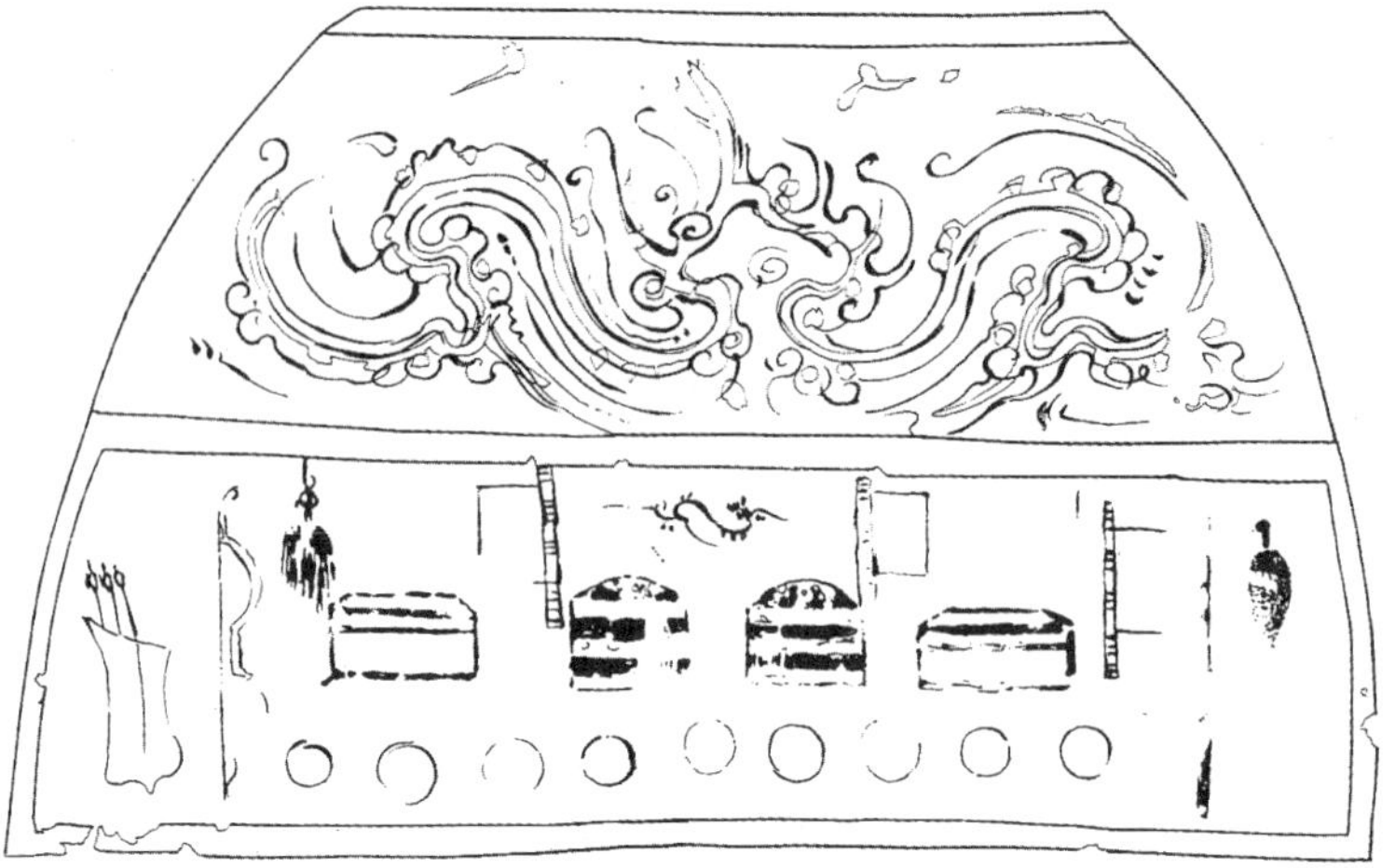

図一〇　丁家閘五号墓「弓矢図」（描き起こし図）

であった可能性も指摘されている。壁画墓である五号墓は一九七七年に発掘調査が行なわれている。報告書（甘粛省文物考古研究所編『酒泉十六国墓壁画』）では、墓の年代を五胡十六国時代（四世紀末～五世紀中葉）と推測しているが、近年の研究では魏晋時代まで早める見方もある。(5) 墓室は双室で、壁画は前室の全壁面と後室の奥壁に描かれている。前室の壁画では神仙界や人間世界の様子を描いているのに対し、後室には器物のみが描かれている（甘粛省文物考古研究所編『酒泉十六国墓壁画』／張編『嘉峪関酒泉魏晋十六国墓壁画』）。

五号墓後室西壁「弓矢図」：奥壁第二層に、箱などの器物とともに弓矢が描かれている。弓は弯弓で弦が掛けられており、三本の矢は矢羽側を上にして箭箙に収納されている［図一〇］。

（三）高台県駱駝城墓群　苦水口一号墓

この遺跡は、高台県の駱駝城郷に位置する。苦水口一号墓（2001GLM1）は駱駝城西南墓群の一つで、二〇〇一年に発掘調査が行なわれた。(6) 墓室は磚で築かれており、前室・中室・後室の三室構造である。苦水口一号墓の画像磚は計七一点確認されており、

図一一　苦水口一号墓後室奥壁の画像磚（移築墓内の模写）

図一二の一　苦水口一号墓「武器図」1

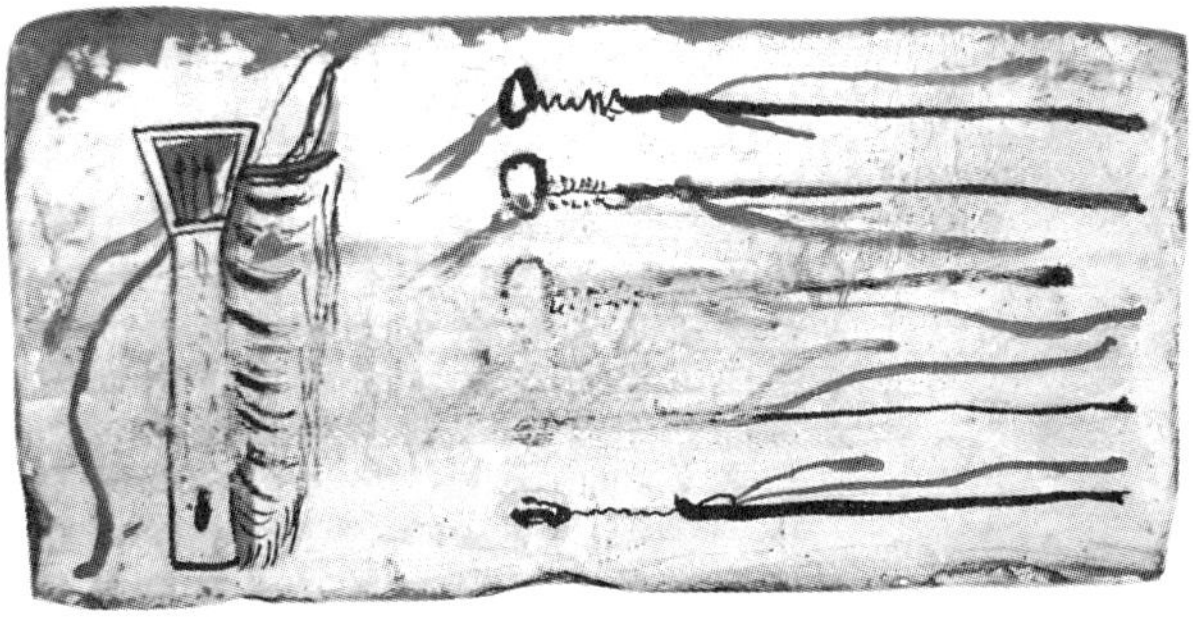

図一二の二　苦水口一号墓「武器図」2

表一　河西地域出土武器画像磚・壁画一覧

	所在地	遺跡名	(遺跡番号)	主軸方向	墓室構造	画像磚サイズ（丁家閘5号墓を除く）	武器画像磚の出土位置	画像磚の内容（タイトル）	武器の種類	武器以外の画像	備考	参考文献
1	嘉峪関市	新城3号墓	72JXM3	SSE-NNW	三室磚室墓	–	前室北壁－東壁	出行図	稍、兜、鎧？	有（騎兵）		甘粛省文物隊ほか1985、張朋川ほか1985
2						（画像範囲：縦60cm×横90cm）	前室南壁	営塁図	盾、戟	有（大帳、小帳）		
3						（画像範囲：縦54cm×横88cm）	前室南壁	兵屯図	盾、戟、兜、鎧？	有（歩兵、騎兵、耕作者、牛）	戟・盾を手にしているのは歩兵のみ	
4	嘉峪関市	新城5号墓	72JXM5	SSE-NNW	二室磚室墓	縦17cm×横34.5cm（画像範囲：縦36cm×横120cm）	前室東壁	出行図	稍、兜、鎧？	有（騎兵）		甘粛省文物隊ほか1985、張朋川ほか1985
5						縦17cm×横34.5cm	後室南壁	刀鞘図	刀（環首刀）	無		
6	嘉峪関市	新城6号墓	72JXM6	SSE-NNW	三室磚室墓	縦17cm×横34.5cm	中室西壁	出行図	刀（環首刀）	有（官吏か）		甘粛省文物隊ほか1985
7	嘉峪関市	新城7号墓	72JXM7	SSE-NNW	三室磚室墓	縦17cm×横34.5cm	前室北壁－西壁	出行図	稍、兜、鎧	有（騎兵）		甘粛省文物隊ほか1985
8	酒泉市	丁家閘5号墓	–	W-E	二室磚室墓	–	後室西壁	弓矢図	弓、矢	有（同じ壁面に箱などの器物）		甘粛省博物館1979、甘粛省文物考古研究所1989
9	張掖市高台県	苦水口1号墓	2001GLM1	NE-SW?	三室磚室墓	縦20.5cm×横43cm×厚6cm	後室	武器図1	戟、鎩、鈹、矛	無		俄軍ほか2009
10							後室	武器図2	弓、矢、刀（あるいは剣）	無		

新城墓群と同様に一つの磚に一幅の絵を描いたものである。後室の奥壁には器物を描いた九枚の画像磚が配置されているが［図一一］、うち二枚に武器が描かれていた（俄軍他主編『甘粛出土魏晋唐墓壁画』中冊、四六四・四六六頁）。河西地域の画像磚・壁画における武器画像のなかでは、描かれた武器の種類が最も多い。

一号墓後室「武器図」1：戟、鎩、鈹、矛と推測される長兵器が六点、刃先を右にして描かれている［図一二の一］。

一号墓後室「武器図」2：弓矢と刀（環首刀）・剣が描かれている。弓と三本の矢は弓袋、箭箙にそれぞれ収納されている。五本の刀剣は鞘に収められた状態で、横向きに描かれている［図一二の二］。

以上、河西地域の魏晋墓で出土した画像磚・壁画の武器画像を概観してきた。表一は、武器の描かれた画像磚および壁画を遺跡毎にまとめたものである。図像資料の内容からは当時、短兵器の刀・剣、長兵器の矛・鞘・戟・鈹、遠射兵器の弓・矢、防御兵器の盾・鎧（甲）・兜といった数種類の武器が使用されていたことがわかった。新城墓群の画像磚では、兵士と彼らが携えていた武器が描かれているが、三号墓の「兵屯図」の歩兵が盾と戟を持っているのに対し、三号墓、五号墓、七号墓の「出行図」の騎兵は矟を持っている。ここからは、歩兵と騎兵の間で使用する武器が異なっていたことが読み取れる。

また、墓室の入り口に近い前室や中室で描かれた武器は兵士や武官らが手にしたものであるが、新城五号墓、丁家閘五号墓、苦水口一号墓の後室では、武器を「器物」として単独で描いている。後室に器物のみを描く傾向は他の画像磚墓でも認められることから、墓主を埋葬する空間（後室）とそれ以外の墓室を、画像磚や壁画の題材によって区別していた可能性が指摘できよう。

三　その他の画像資料に描かれた武器

河西地域では、墓室の画像磚や壁画以外にも武器が描かれた画像資料が見つかっている。ここでは高台県の魏晋墓で出土した木製品（明器）と木版画を取り上げ、描かれた武器について概観する。

（一）高台県許三湾墓群出土　木製塢堡

許三湾墓群は高台県城から西に三〇キロの新壩郷許三湾村に位置し、漢代～唐代の墓が一〇〇〇基あまり分布している〔図二〕。この木製品は、一九八八年に魏晋墓の一つから出土した（王愛民「高台県文物分布状況」／趙万鈞「文物介紹一一件（魏晋彩絵木塢堡）」／張掖市文物管理局編『張掖文物』、一〇〇～一〇一頁）。許三湾墓群内の磚室墓の多くが盗掘の被害に遭っているため、墓の構造や被葬者、副葬品の出土状況についての詳細な報告はない。「木製塢堡」という名称は、現在この木製品を展示する高台県博物館のキャプションに従った。塢堡は、「塢」や「塢壁」とも呼ばれており、軍事施設（要塞）や豪族などの有力者が築いた防御的機能を持つ集落や荘園といった施設（建築物）を指す。その規模は一定ではないが、周囲を高い壁で囲むことが共通する特徴で、前漢時代後半から魏晋南北朝時代にかけて中国各地で建設されている（堀敏一「魏晋南北朝時代の「村」をめぐって」）[7]。

この許三湾墓群出土の木製品は、四隅に角楼、中央に望楼（物見櫓）と呼ばれる楼閣が配置され、角楼と角楼の間には壁が取り付けられている。この形状に類似した資料は、甘粛省武威市の雷台漢墓など漢代の墓から副葬品（明器）として出土している。なお、これらはいずれも陶製で、楼閣を有することから「楼院」形、「院落」形と呼ばれている（甘粛省博物館「武威雷台漢墓」／具聖姫『両漢魏晋南北朝的塢壁』、第二章第三節「塢壁的形式」）。木製塢堡もこれに分類されるもので、要塞や集落というよりはむしろ有力者の住居を模した明器と推測される。

報告によると、木製塢堡の大きさは長さ八六センチ、幅七八センチ、高さ七四センチで、底部は長方形を呈す〔図一三〕。中央の望楼は四隅の角楼よりもやや高く、屋根も二層になっている。望楼と角楼の屋根は黒く塗られ、赤色で縁取られている。角楼の外側二面には「田」字状の窓が描かれ、内側二面には入り口として長方形の穴が空けられており、屋根と同じく赤で縁取りされている。手前の二つの角楼の間には木板を嵌め込んで壁を作っているが、これが建物の正面になると推定される[8]。また、手前二基の角楼を支える柱にはそれぞれ、樹木とその木に留まる鳥が描か

図一三　許三湾墓群出土　木製塢堡

図一四　木製塢堡　武器画像

れている。

手前の壁には長方形に切り取られた穴が二箇所あり、建物の入り口となる正門、側門二つの門を表現している。その壁面全体に、黒色で武器が八点描かれている〔図一四〕。向かって左の武器三点はいずれも長兵器で、長い柄の先端に刃先がついている。三点のうち左が「卜」字状を呈す戟で、中央と右の武器は矛と推測される。いずれも先端（刃先）を上にして、斜めに立て掛けているように見える。正門と側門の間には、環頭の刀と思われるものが二点、柄（環頭）の部分を上にした状態で描かれている。さらに、木壁の上部中央から右にかけては、弦の取り付けられた弩が三点確認できる。弩はいずれも、壁面最上部に描かれた輪と紐によって吊り下げられている（内田「甘粛高台県許三湾墓葬群出土〝塢堡〟形木製品について」）。

この木製品には、第一節で紹介した防御兵器以外の武器が全て描かれており、魏晋時代に河西地域で使用されていた武器の全体像を捉えるのに有効な資料である。また、描かれた武器はいずれも同じ方向に立て掛けられたり、紐で吊り下げられたりしていることから、建物の入り口に設けられた武器庫や倉庫のような空間に保管した状況を描写したものと考えられる。複数の武器を種類毎にまとめて描写するモチーフは、漢代の画像石「武庫図」中に見ることができる。漢代の画像資料に描かれた武器については、次の第四節で取り上げることとする。

（二）高台県許三湾墓群出土　垂帷兵器図木版画

許三湾墓群の概要については、（一）の木製塢堡のところで述べたように、出土地点や出土状況などの詳細は不明である。武器と武器架を描いた木版画は、二〇一七年現在高台県博物館で展示されている〔図一五〕。展示室のキャプションによれば、この木版画は許三湾西南墓群出土、年代は前秦とある。甘粛省文物局編『高台県博物館』には、木

図一五　許三湾墓群出土「垂帷兵器図」木版画

版画の大きさは長さ五二センチ、幅三二センチ、厚さ二センチと報告されている（一四頁）。長方形の薄い板状に成形した木材の表面を白色で塗った後、墨（黒色）で帷や武器、武器架などの輪郭を描き、青・赤色で彩色を施している。武器は刀（環首刀）のほか、弓・矢、矛が確認できる。三本の矢は全て箭箙に納められており、弓も袋に収納されている。また、環首刀は環の部分に紐が通され、武器架に結ばれている。

高台県博物館にはこの木版画とほぼ同じ構図、サイズの「兵器図木版画」がもう一点、そして帷の下に被葬者（墓主）と思われる人物（男性と女性）と馬車を描いた「垂帷人物図木版画」が二点展示されている。これらの木版画は、帷の描き方や使用されている色、長さなどに共通点が認められることから、人物図と兵器図は当初それぞれ一対になっていたと考えられる。[9] 人物と武器を描いた木版画が対を成していたとすると、墓主の身近に武器架と武器が置かれていたことになり、(一)の木製塢堡とは異なる武器の収蔵・保管方法が示されたこととなる。ただし、描かれた武器の種類に関しては、河西地域の画像磚・壁画や木製塢堡と異なる点は認められない。

四　漢代の画像石、壁画墓に描かれた武器

ここでは、河南省、山東省、四川省で出土あるいは採集された漢代の画像石と、内モンゴル自治区和林格爾(ホリンゴール)の壁画墓を取り上げる。武器が登場する場面やその種類を整理し、魏晋時代の画像資料と比較するための材料としたい。なお、武器を描いた画像石は本稿で取り上げた資料以外にも多数確認できるが、今回は魏晋時代の資料を中心に分析するため代表的なものを紹介するにとどめる。漢代の武器画像の収集にあたっては、曾憲波「漢画中的兵器発探」や山口典子「漢画像中に見る〝蘭錡〟図について」などを参照した。

(一)河南省

南陽市英庄漢画像石墓出土「武庫図」(後漢):武器庫に保管された武器を描写したものとされ、盾と戟がそれぞれ三点ずつ描かれている。別の一枚には台座に弩と斧がそれぞれ立てられており、その横には武器・武具を収めたと思われる箱が描かれている[図一六の一、二](南陽地区文物工作隊他「河南南陽県英庄漢画像石墓」/王建中他『南陽両漢画像石』、図一一)。

南陽市唐河県針織廠漢画像石墓出土「武庫図」(前漢):二枚の画像石には、先に紹介した英庄出土画像石同様、武庫内の様子が描かれており、画面の下には武庫の守衛とされる人物が二名ずつ描かれる。矛、戟、鎩、鎧(甲)は

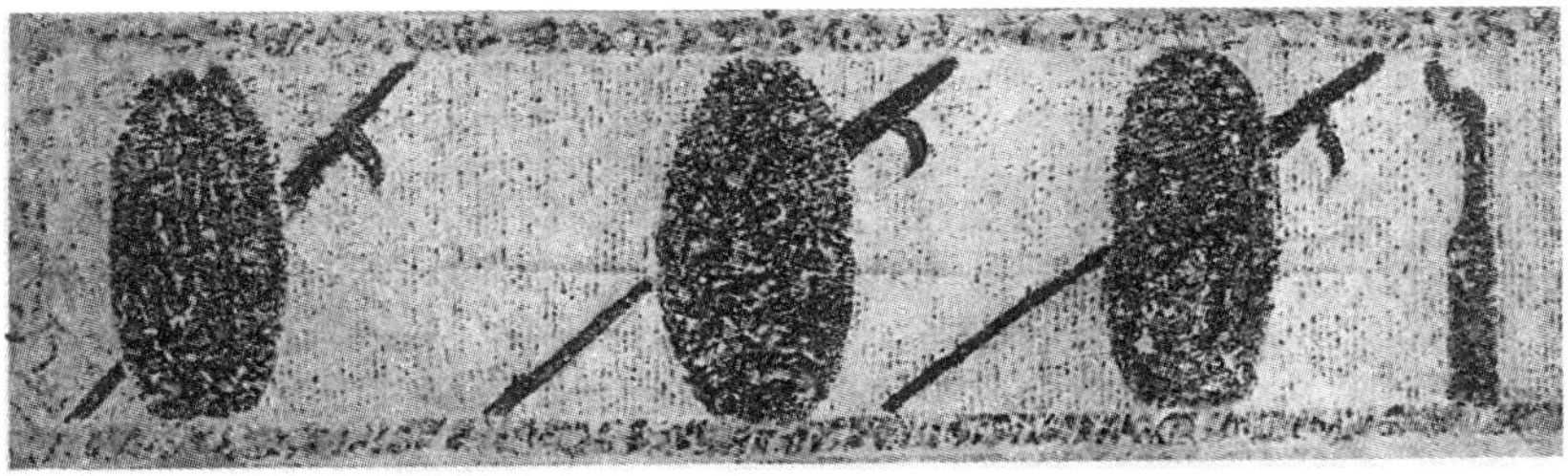

図一六の一　河南省英庄県画像石墓出土「武庫図」1（拓本）

図一六の二　河南省英庄県画像石墓出土「武庫図」2（拓本）

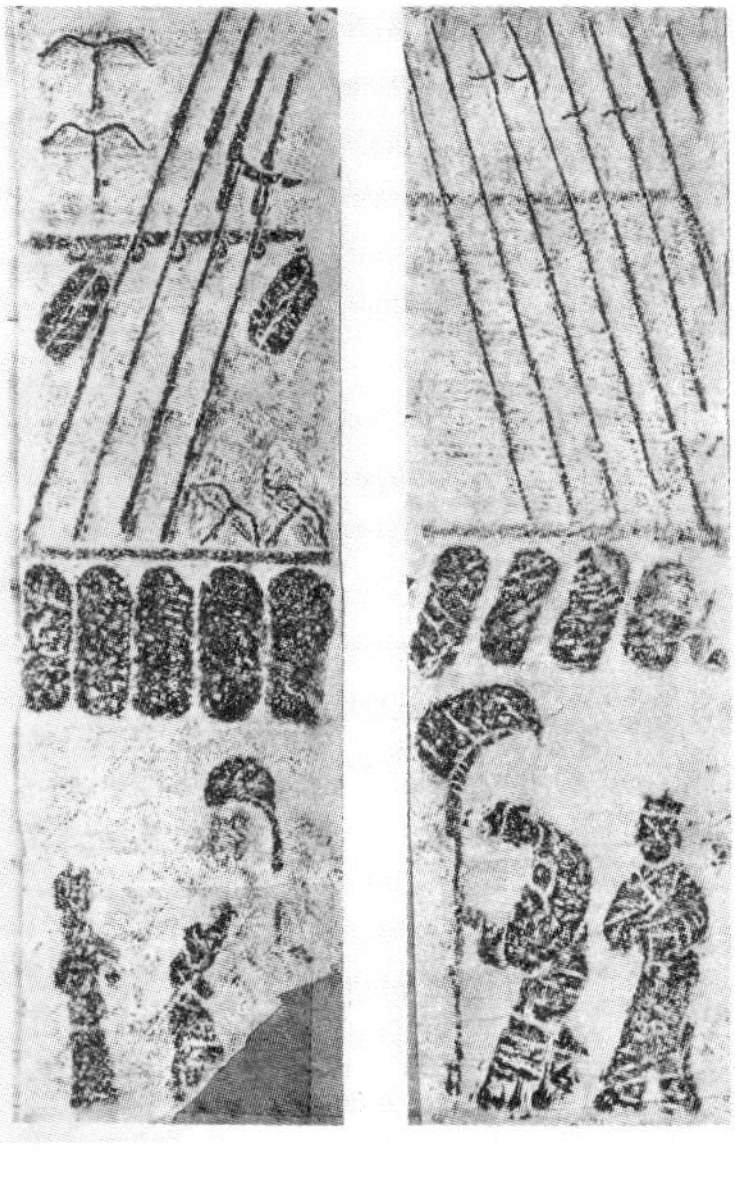

図一七　河南省唐河県画像石墓出土「武庫図」（拓本）

図一八　山東省鄒城市採集「武庫・人物・騎象図」（拓本）

図一九　四川省成都市画像石墓出土「武庫図」

「蘭錡」と呼ばれる武器架に斜めに立て掛けられている。図中の小判形の図像は盾と思われる。その他左の画像石の上部と中央に弩四点が確認できる［図一七］（周到他「唐河針織廠漢画像石墓的発掘」／王他『南陽両漢画像石』、図一四・一五）。

（二）山東省

鄒城市郭里鎮黄路屯採集「武庫・人物・騎象図」（後漢晩期）：画面下段の左側は「拝謁図」になっている。下段中央に、戟、弓、矢、弩、刀（環首刀）が描かれている。戟と弓の間の武器は盾と推測される。弩と弓には弦が掛けられ、矢は箙に収納されている［図一八］（胡新立『鄒城漢画像石』、七〇頁図七五）。

（三）四川省

成都市曾家包東漢画像石墓二号墓出土「武庫図」（後漢）：醸酢図や織錦図などとともに磚室墓（壁面）に描かれた画像で、蘭錡に複数の武器が横向きに掛けられている。武器は上から鎩（あるいは叉と呼ばれる先端が複数に分かれた刺突武器を描写した可能性もある）、戟、矛、刀の順に並んでおり、その下には弩と袋に収納された弓、盾が描かれている［図一九］（成都市文物管理処「四川成都曾家包東漢画像磚石墓」／劉朴『漢画像石中的体育活動研究』、五九頁図一の三六）。

（四）内モンゴル自治区和林格爾漢墓

和林格爾（ホリンゴール）漢墓は和林格爾県新店子郷に位置する。前・中・後室から構成される磚室墓で、後漢に築造されたものと推測されている。墓室の壁全面に彩色壁画と墨書の傍題が描かれており、題材は墓主が役人として赴任する際の「出行」や赴任先の土地の様子を主とする。武器は前室の「出行図」や前室〜中室の「寧城図」の中で見ることができる（内蒙古自治区博物館文物工作隊編『和林格爾漢墓壁画』、一二〜一三頁図二七〜三〇・一七頁図三五）。

前室「出行図」：図二〇は前室南壁の出行図で、馬車と騎馬隊が描かれている。騎兵は弓矢や矛、戟などの武器を手にしている。

前室─中室甬道北壁「寧城図」：墓主が赴任した寧城（現在の山西省北部）の南門外の様子を描写したものである。画面の右手上下には蘭錡に掛けられた弩、中央上部には矛或いは矟、中央下部には戟といった複数の武器が確認でき

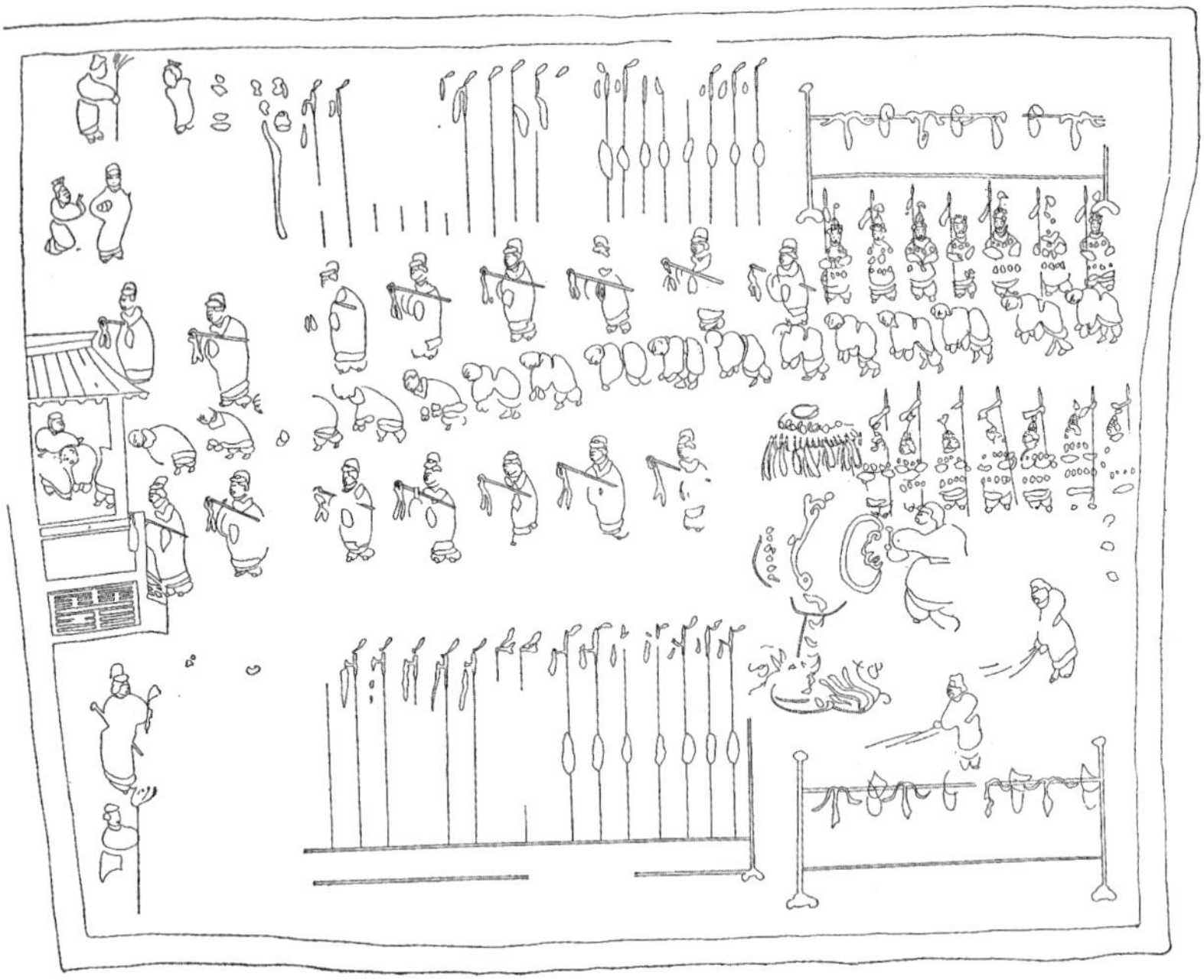

図二〇　内モンゴル自治区和林格爾漢墓「出行図」(描き起こし図)

図二一　内モンゴル自治区和林格爾漢墓「寧城図」(描き起こし図)

る。また、中央には環首刀を手にした武官や、鎧を身につけ矛を手に持った兵士の隊列が描かれている〔図二一〕。

このように、漢代の画像では各種の武器を武器架（蘭錡）に掛けた図が多く見られる。武器は種類毎にまとめて置かれていることから、武器庫など特定の場所に保管した状況を描写したものであろう。先の第三節で取り上げた高台県許三湾墓群出土の木製塢堡と垂帷兵器図木版画における武器の描き方は、漢代の画像石中の「武庫図」と共通する点が多い。一方、河西地域魏晋墓中の画像磚や壁画にはこのような画像が見つかっていないことから、墓室に描く武器の描写方法あるいは武器の役割そのものに変化が生じていた可能性がある。

五　副葬品から見た魏晋時代の武器の様相

点数は多くないものの、河西地域の魏晋墓では副葬品として武器が出土している。ここでは、嘉峪関市、酒泉市、張掖市（高台県）、敦煌市で出土した武器を概観しその特徴を明らかにするとともに、画像磚・壁画に描かれた武器と比較を試みる。

まず、武器が出土した遺跡の概要と武器の出土点数、特徴を以下に記す。

（一）嘉峪関市新城墓群

新城墓群の概要については、第二節の記述を参照されたい。武器が出土したのは画像磚墓である一、四、五、七、一二、一三号墓である（甘粛省文物隊他編『嘉峪関壁画墓発掘報告』／嘉峪関市文物管理所「嘉峪関新城一二・一三号画像磚墓発掘簡報」)。

銅製弩機郭　七点

内訳は一号墓二点、四号墓・五号墓・七号墓各一点、一三号墓二点である。機（弩機）は矢を発射する装置で（図一の弩参照）、いわゆる引き金にあたる箇所である。「郭」・「牙（望山）」・「牛」・「懸刀」・「栓塞」といった複数の部品で構成されている〔図二二〕。郭は栓塞以外の部品を中に納められるよう箱形を呈している。牙・牛・懸刀はボルト状の二本の栓塞によって郭の中で固定される（内田「漢長安城未央宮出土骨簽および弩機の銘文について」）。新城墓群では凸字形或いは長方形を呈す郭の部分のみが発掘されている。出土した弩機郭の大きさは長さ四・六～七・七センチ、高さ〇・五～一・六センチ、幅二・五～四・四センチであった。図二三の左が一号墓で出土した郭、右は四号墓出土のものである。

銅刀　一点

銅製の環首刀が一号墓で出土している。残存長五六・五センチ、柄幅四・六センチ、刀身幅二・四センチと報告されているが、保存状態が悪く写真や図が掲載されていないため、詳細は不明である。この他一三号墓でも銅刀の破片と思われるものが出土しているが、こちらも詳細は報告されていない。

鉄刀　二点

鉄製の刀は三号墓と一二号墓で各一点出土した。三号墓の刀は環頭で、残存長二〇センチ、柄幅二・九センチ、刀身幅は二・三センチと報告されているが、写真や図は掲載されていない。一二号墓の刀も残存長一一・八センチ、残存幅一・五センチとあるが、こちらも残存状態が悪く図化されていない。

図二三　新城一号墓・四号墓出土　弩機郭

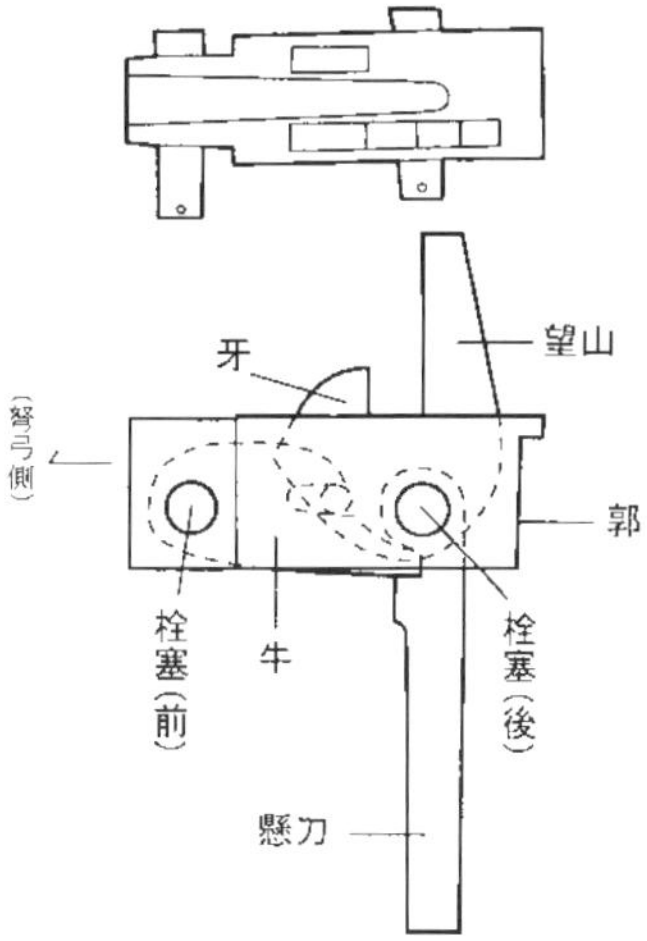

図二二　弩機の各部名称

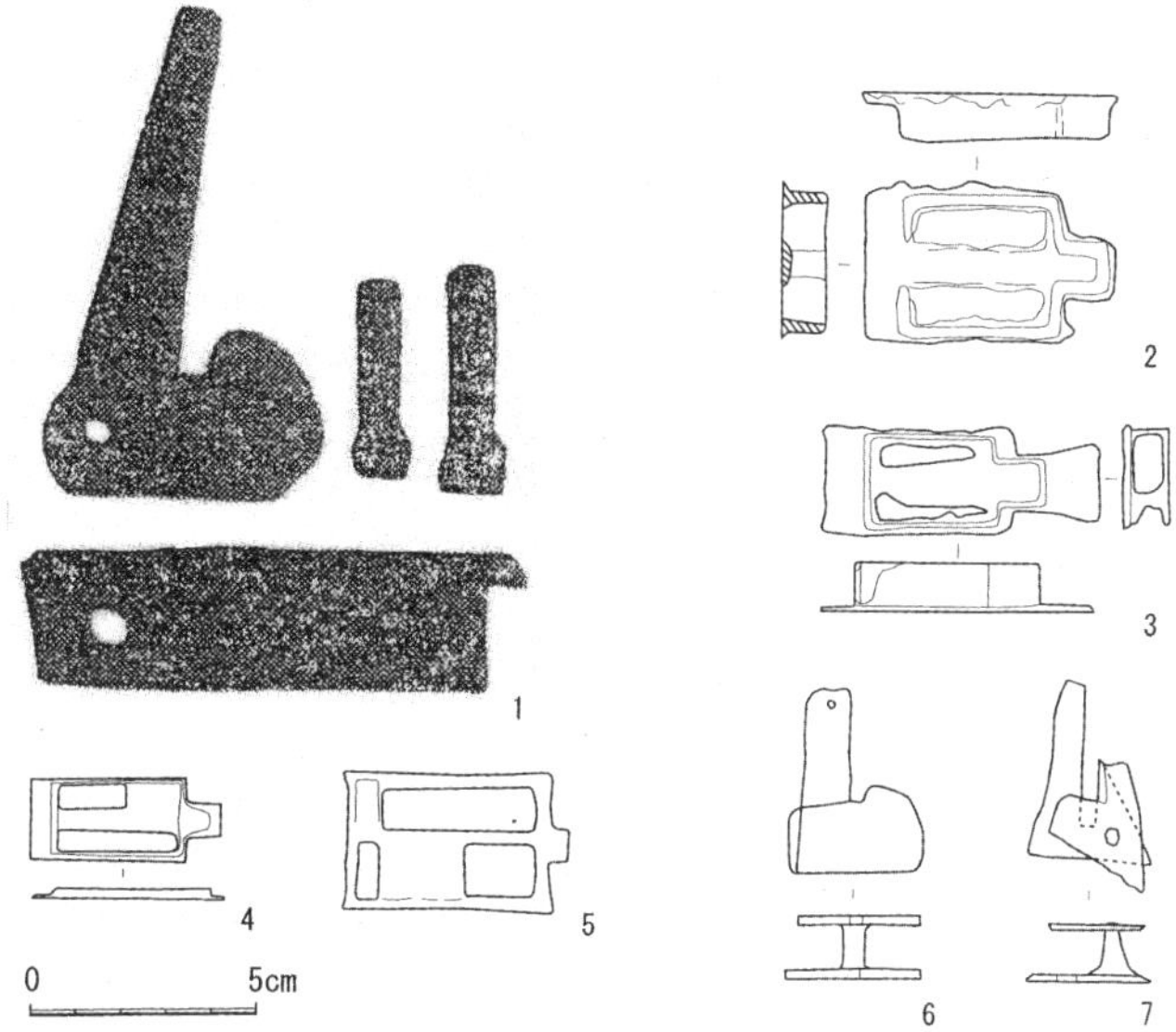

図二四　河南地域魏晋墓出土　弩機

（二）酒泉市下河清墓群

遺跡は酒泉市の中心から東へ約四〇キロ離れた下河清郷に位置する。一九五六年に調査が行なわれ、二四基の墓が発掘された。発掘簡報には磚室墓である一号墓と一八号墓のみが報告されている。[10] 一号墓は墓室が三室、一八号墓は二室に分かれており、一号墓からは画像磚も出土した（甘粛省文物管理委員会「酒泉下河清第一号墓和第十八号墓発掘簡報」）。

銅製弩機　二点

二点とも一号墓より出土しており、いずれも紅銅製と報告されている。うち一点は郭と牙（望山）のみ残存している。もう一点は郭に牙と栓塞が伴っており、郭の長さは一一・八センチ、高さ二・九センチ、幅三・五センチである［図二四の1］。

銅刀　一点

一八号墓で出土した。ほぼ完形の環首刀で、長さは六七・五センチ、幅一・六センチである。

（三）酒泉市西溝墓群

酒泉市中心から北西に七・五キロ離れた果園郷西溝村に位置する。遺跡の北西には新城墓群、南西には丁家閘墓群が分布していることから、西溝墓群も大型墓群の一支群であったと推測されている。一九九三年に魏晋時代の墓七基の調査が行われた。小型の一号墓（93JXM1）以外はいずれも磚室墓で、大型の五号墓（93JXM5）と七号墓（93JXM7）では墓室内から画像磚が見つかっている。武器が出土したのは五・六・七号墓である（甘粛省文物考古研究所「甘粛酒泉西溝村魏晋墓発掘報告」）。

銅製弩機郭　三点

いずれも凸字形を呈する。発掘報告に出土場所や大きさが報告されているのは六号墓の郭だけで、その長さは五・五センチ、幅三・四センチ、高さ一センチとある［図二四の二］。

銅刀　一点

五号墓より出土した。柄の部分は欠損しており、残存長は四二・八センチ、幅一・八センチ、厚さ〇・三センチである。

鉄刀　一点

銅刀と同じで五号墓から出土した。錆の付着により保存状態は良くないが、残存長は一一八センチ、幅四センチと報告されている。

（四）高台県南華墓群

遺跡は高台県南華鎮の南二キロに位置する。二〇〇三年に墓一三基の発掘が行われた。墓の年代は、副葬品などの様相から後漢晩期～西晋早期とされる。武器が出土したのは、磚室墓の七号墓（2003GNM7、二室）と一〇号墓（2003GNM10、三室）である（甘粛省文物考古研究所「甘粛省高台県漢晋墓葬発掘簡報」）。

銅製弩牙　一点

一〇号墓で弩牙が一点出土した。大きさは、長さ一一・九センチ、幅二・七センチで、下河清一号墓出土の弩牙［図二四の1］と大きさ、形状ともに類似する。

銅刀　一点

七号墓で出土したが、残存状況が悪いことから詳細は報告されていない。

（五）敦煌市祁家湾墓群

祁家湾墓群は、敦煌市街の西方五キロのゴビ灘上に位置している。一九八五年に一一七基の墓の調査が行われた。いずれも墓室に磚を使用しない土洞墓である。墓群の年代は、被葬者の姓名や亡くなった年号を記した「鎮墓瓶」と呼ばれる小型容器の出土により、西晋～十六国時代と考えられている（甘粛省文物考古研究所編『敦煌祁家湾』、第五章「墓葬年代・分期及有関問題」）。出土した武器は弩機十八点で銅製と銀製に分かれるが、いずれも粗雑な造りで大小差もある。

銅製弩機郭　八点

二〇九号墓、二一〇号墓、三一九号墓、三二〇号墓、三二一号墓、三四〇号墓、三六二号墓、三七〇号墓で各一点ずつ出土した。図二四の3の郭は二一〇号墓から出土したもので、凸字形を呈し長さは六センチ、幅二・二センチ、高さ一センチである。

銅製弩牙八点

二〇八号墓、二一〇号墓、三一八号墓、三二一号墓、三四〇号墓、三四二号墓、三六三号墓で各一点ずつ出土した。牙（望山）の高さは二・六～四・〇センチで、形状も一定でない。図二四の6は二一〇号墓、図二四の7は三六三号墓で出土した牙である。二一〇号墓と三二一号墓では郭も出土しており同じ弩機の一部だった可能性もあるが、弩機を構成する他の部品は見つかっておらず、完形の状態で副葬されていた可能性は低いと言える。

銀製弩機郭二点

二一二号墓、三〇八号墓で各一点ずつ出土している。二一二号墓出土の郭は長さ四・二センチ、幅一・七五センチ、厚さ〇・〇七～〇・二センチ、三〇八号墓の郭は長さ四・八センチ、幅二・九五センチ、厚さ〇・〇五～〇・一センチと銅製の郭に比べてやや小型である［図二四の4・5］。

（六）敦煌市新店台墓群

新店台墓群は機場墓群とも呼ばれており、敦煌市街の東二〇キロに位置している。一九八二年に四六基の墓の調査が行なわれ、5の祁家湾墓群と同様、被葬者とともに副葬された鎮墓瓶が複数発掘されている（敦煌県博物館考古組他「記敦煌発現的西晋・十六国墓葬」）。鎮墓瓶に記された年号などから墓の年代は西晋～十六国時代と考えられている。出土した武器は銅製の弩機が二点である。

銅製弩機郭　二点

一一号墓と五〇号墓で各一点ずつ出土している。発掘報告によると、これらの郭にはいずれも弩牙が付属していたとある。うち一点の郭については、敦煌市博物館編『敦煌文物』などに大きさが報告されており、郭の長さは一一センチ、幅三・五センチである（七七頁）。この郭の上部には「敦煌庫□五屯（□は解読できない文字）」、側面後方には「河内工官第五百廿六甲」という文字が刻まれている。[11] なお、この郭が一一号墓と五〇号墓どちらの墓から出土したのかは発掘報告に記載がないため、特定することができなかった。

各墓から出土した武器を概観すると、河西地域の魏晋墓に副葬された武器は、刀と弩機の二種類に限定されることがわかる。副葬された刀は、新城五号墓や苦水口一号墓の画像磚や、許三湾墓群で出土した木版画、同墓群出土の塢堡形木製品などに描かれた環首刀であった。完形で出土したものは少ないが、長さは六〇センチを超えており、実用品として充分使用できる大きさである。墓主が生前身につけていた刀を副葬した可能性も考えられよう。

弩機は刀よりも副葬される割合が高いが、郭や牙といった弩機を構成する部品のみが出土し、完形のものはなかった。弩は、秦代以降主要な武器として広く普及し、漢代には政府の管理下で大量に生産されていたことが明らかになっている。魏晋時代にも引き続き製作、使用されていた（内田「漢長安城未央宮出土骨簽および弩機の銘文について」）。実戦に用いられたと思われる弩機[12]と比べると、河西の魏晋墓に副葬された弩機の多くは、二分の一以下の大きさで、造りも粗雑である。副葬品として弩が重視されていたことが窺えるものの、出土した弩機が刀と違い実用品であった可能性は低く、さらに完形品が含まれないことも考慮すると、「明器（非実用品）」として墓に副葬されたことが推測される。

まとめ

以上、河西地域の画像資料を中心に魏晋時代の武器の実態を明らかにすべく、検討を行なってきた。嘉峪関市、酒泉市、張掖市（高台県）で出土した画像塼や壁画、木製品に描かれた「出行図」や「武器図」などにおいて、柄の付いた手持ち兵器の「剣」、「刀」、「戟」、「矛（矟）」、「鈹」や、遠射兵器の「弓」、「弩」、「矢」、そして防御兵器の「盾」、「鎧」、「兜」といった数種類の武器を確認した。同時に、当時の歩兵と騎兵とでは装備する武器が異なることや、武器を一定の場所で保管していた状況についても明らかにすることができた。

河南省や山東省、四川省、内モンゴル自治区などの漢代画像資料と比較すると、描かれた武器の種類や保管方法に大きな違いは認められず、魏晋時代の武器は漢代の伝統的要素を引き継いでいる可能性が高いと言えよう。

河西地域における魏晋墓に副葬された武器は出土数が少なく、また弩機と刀に限定されており、画像資料の内容とは異なっていること、そして弩については副葬された弩機が実用に適さないものであったことがわかった。漢代以降、副葬品における武器の比率が低下することはこれまでにも指摘されてきた（宇野「東アジアにおける武器の画期」／楊『古代兵器通論』、第六章「魏晋南北朝兵器」）が、今回の分析結果は河西地域の武器も同じ傾向にあったことを示唆している。

漢代〜魏晋時代における武器の鉄器化は、武器の進化・発展の一つとして捉えることができる。しかし、その一方で明らかになった副葬する武器の減少や非実用化（明器化）、壁画や磚画への武器の描写は、墓における武器（の役割）が形式化、形骸化していくことを象徴しているようにも見える。以降、中国では武器を副葬した事例が少なくなっていくことからも、河西地域における魏晋墓の武器に見られた特徴は、漢代から南北朝・隋唐代への過程のなかに位置付けられるのではないだろうか。

なお、副葬する遺物の変容や磚室墓に武器を描いた背景には、当時の政治的影響や死生観・宗教観などが深く関わっていることが想定される。これらの問題については、他の副葬品や墓葬の形態、墓域（墓群）、そして当該期の文字資料なども含め総合的な検討を行なう必要がある。筆者の今後の課題としたい。

註

（1）関尾史郎が『もうひとつの敦煌』において、画像磚は墓室の壁面などにはめ込まれた磚（レンガ）のうち絵が描かれたもの、壁画は墓室の壁面全体を利用して絵が描かれたものと述べており、本稿でもこの定義に基づいて用語を使用する。

（2）日本では戦いに用いる道具や器具を「武器」と呼ぶことが多く、本稿でもタイトルや本文でこの呼称を使用している。ただし、中国ではそれに対応する用語として「兵器」が用いられているため、武器の分類時には「兵器」の名称を使うこととした。

（3）（　）内の英数字は甘粛省文物隊他編『嘉峪関壁画墓発掘報告』に記載された画像磚の整理番号を示す。

（4）甘粛省文物隊他編『嘉峪関壁画墓発掘報告』では、『晋書』などの記述から中央の人物が持つ武器は木製の剣であると説明している（六三頁）。しかし、画像中の武器は比較的幅が広く鉈のような形状をしていること、さらに漢～魏晋時代において柄の先端が環状を呈すのは刀が主流であることを踏まえた結果、筆者はこの図像に描かれた武器を刀と解釈した。

（5）近年、韋正は丁家閘五号墓の年代について報告書の記述とは異なる見解を示している（韋正「試談酒泉丁家閘五号壁画墓的時代」）。韋は河西地域で発掘された魏晋～十六国時代の各墓の墓室構造や副葬陶器の型式について分析を行なった。その結果から丁家閘五号墓の年代の上限を魏晋時代、下限を十六国時代前期と推測しており、報告書の年代よりも早めている。

（6）苦水口一号墓の墓室は発掘調査後、高台県駱駝城址の西南に移築・保存されている。発掘報告書は刊行されていないが、移築墓から画像磚の正確な配置や枚数を把握することができる。

（7）三﨑良章は近年、「三～五世紀の河西墳墓画像に見られる「塢」について」において河西地域で見つかった三～五世紀の画像磚墓や壁画墓に描かれた塢の整理・分析を行なっており、河西地域の塢が防御機能を持つことは他の時代・地域と同じであるが、これらが軍事施設や集落、荘園といった大規模なものではなく、（豪族らの）「住居」として機能していたと指摘している。

（8）木製塢堡は、二〇一七年現在高台県博物館に展示されている。図一三は筆者が二〇一〇年に旧高台県博物館での資料見学時に撮影したものである。二〇一〇年当時は角楼と角楼の間に設けられていた壁は正面だけであった。しかし、二〇一七年の見学時には、他の三辺にも壁が復元されていた。博物館が新設・展示される際に新しく復元されたものと推測されるが、本稿では出土時に近いほうを優先することとし、二〇一〇年撮影時の資料を掲載した。

（9）関尾史郎は「高台県古墓群発掘調査簡史」において、許三湾墓群の調査状況や出土資料から、これら四点の木版画が同じ画工によって描かれたという見解を示している。また、筆者らが二〇一六年に高台県博物館で資料見学を実施した際に、当時高台県内の遺跡の発掘調査に携わっていた趙万鈞氏も、これらの木版画が一対であった可能性を指摘されていた。

（10）下河清一号墓および一八号墓は、概報では後漢晩期の墓葬と報告されている（甘粛省文物管理委員会「酒泉下河清第一号墓和第十八号墓発掘簡報」)。しかし、本稿では画像磚の特徴から新城古墓群などと同時期の墓葬とした張朋川の論考（同「河西出土的漢晋絵画簡述」）を支持し、魏晋墓として扱うこととした。

(11)「河内工官」という文字が刻まれた弩機郭については、筆者が過去に「漢長安城未央宮出土骨籤および弩機の銘文について」のなかで論じたことがある。この弩機は前漢時代に河内郡（現在の河南省）に設置された「工官」と呼ばれる官営工房で生産されていたもので、工官名の後ろにはさらに製品番号が続く。本稿で取り上げている新店台墓群一一号墓あるいは五〇号墓出土の弩機郭には、この工官名や番号以外に「敦煌庫」の刻字がある。これまでに確認された前漢時代の弩機に「敦煌」という地名を刻んだ事例はなく、当時の弩機の生産や流通を考えるうえで極めて興味深い資料である。漢時代と魏晋十六国時代の弩の形状にとくに大きな構造的変化は認められないことから、前漢時代の官営武器工房で製作され、敦煌に運ばれた弩機が伝世品として後代の墓（新店台墓群）に副葬された可能性が考えられるが、その経緯については改めて検討すべき問題である。

(12) 実用品と推測される魏晋時代の銅製弩機が、河南省や湖北省などで数点出土している（河南省文物管理局南水北調文物保護弁公室他「河南衛輝市大司馬村晋墓発掘簡報」／襄樊市文物考古研究所「湖北襄樊樊城菜越三国墓発掘簡報」）が、発掘報告によると郭の長さは一六～一七センチ程度である。

出典一覧

図一　成東他『中国古代兵器図集』内の図や写真をもとに筆者作成。
図二　筆者作成。
図三　胡之主編『甘粛嘉峪関魏晋三号墓彩絵磚』、五頁「出行図之三」。
図四　同右、八頁「屯営」。
図五　同右、一六頁「屯墾」。
図六　胡之主編『甘粛嘉峪関魏晋五号墓彩絵磚』、一頁「墓主出行図」。

図七　張宝璽編『嘉峪関酒泉魏晋十六国墓壁画』、一四九頁「刀鞘」（M5：68）。
図八　甘粛省文物隊他編『嘉峪関壁画墓発掘報告』、図版八二―1「出行図」（M6：097）。
図九　同右、図版八三―1「出行図」（M7：035）。
図一〇　甘粛省文物考古研究所編『酒泉十六国墓壁画』、一六頁図二一。
図一一　筆者撮影。
図一二　俄軍他主編『甘粛出土魏晋唐墓壁画』中冊、四六四頁「兵器図」（ZG3･060［0010］）。
図一三・一四　筆者撮影。
図一五　筆者撮影。
図一六　王建中他『南陽両漢画像石』、図一一「武庫」。※ページ記載無し（図一七も同じ）
図一七　同右、図一四・一五「武庫」。
図一八　胡新立『鄒城漢画像石』、七〇頁図七五「武庫、人物、騎象画像」。
図一九　筆者撮影。
図二〇　内蒙古自治区博物館文物工作隊編『和林格爾漢墓壁画』、一七頁図三五「前室至中室甬道北壁寧城図」。
図二一　同右、一二頁図二八「前室南壁出行図」。
図二二　筆者作成。
図二三　甘粛省文物隊他編『嘉峪関壁画墓発掘報告』、図版七（弩機郭、左M1：40、右M4：3）。
図二四の1　甘粛省文物管理委員会「酒泉下河清第一号墓和第一八号墓発掘簡報」、七七頁図6（銅弩機）。
図二四の2　甘粛省文物考古研究所「甘粛酒泉西溝村魏晋墓発掘報告」、一九頁図四四―3（銅扣絆、M6：8）を筆者一部改編。
図二四の3　甘粛省文物考古研究所編『敦煌祁家湾』、一二八頁図八五―9（弩機廓、M210：36）を筆者一部改編。
図二四の4　同右、一三八頁図九〇―3（銀弩機廓Ⅰ式、M212：14）を筆者一部改編。
図二四の5　同右、一三八頁図九〇―4（銀弩機廓Ⅱ式、M308：10）を筆者一部改編。

図二四の6　同右、一二八頁図八五―3（弩機A型、M363：16）を筆者一部改編。
図二四の7　同右、一二八頁図八五―2（弩機B型、M210：29）を筆者一部改編。
表一　表中の参考文献をもとに筆者作成。

付記　本稿は、二〇一一年三月に新潟大学で開催された国際ワークショップ「磚画・壁画の環東アジア」において口頭発表した「画像資料に見る魏晋時代の武器――河西地域を中心にして――」をもとに、その後の研究成果を加え著したものである。ワークショップの会場では諸先生・先輩方から貴重なご意見を賜わりました。また、資料収集に際しては高台県博物館にご協力をいただきました。感謝申し上げます。なお本稿は、日本学術振興会科学研究補助金・基盤研究B「域圏論の視点による中国古代地域社会像の構築」の研究助成による成果の一部でもある。

甘粛省河西地方出土の犂耕関係画像資料一覧（稿）

渡部　武

近年、甘粛省の敦煌、嘉峪関、酒泉、高台県などから相継いで多くの壁画墓が発見されている。これらの壁画墓は主として魏晋時代から五胡十六国時代に築造されたもので、地下にレンガの一種である磚で墓室や耳室を構築し、その磚の表面に神話伝説、官吏生活、畜牧・狩猟・農耕・採桑・庖厨などの日常生活、および雑技・奏楽・宴席などの娯楽の様子が実に細やかに描写されている。壁画は磚壁面を化粧塗りした上に大画面で描かれる場合もあるが、多くは個々の磚を単色で縁取りし、そこに様ざまな生活風俗の一場面が着彩表現されている。後者のような磚画を「彩絵磚」と称しており、そこに描かれた風俗画は社会史資料としてもきわめて貴重である。

彩絵磚墓が発見される上記の地方は、前漢の武帝以後に河西四郡（武威、酒泉、張掖、敦煌）が設置され、いわゆる「河西通廊」は東西貿易史上きわめて重要性を増していった。漢王朝はこれらの地方に対して積極的に開拓の手を伸ばし、大規模な徙民政策を展開し、やがて多くの土着民族の中に漢人が錯居する特異な社会を現出するに至った。その伝統は魏晋時代以降にも引き継がれ、この河西通廊地帯には独特の国際文化が栄えた。ことに壁画墓の流行は、中原地方では漢代にピークを迎えるのであるが、それに対してこの河西地方ではタイムラグがあり、それより後の魏晋時代から五胡十六国時代にかけて一大隆盛を迎える。しかもそれらの壁画には仏教の影響がほとんど見られず、ことに農耕関係の画像資料は、中国農業技術史の空白部分を解明するうえで、計り知れない価値を有している。かつて私は、漢代の画像資料や明器の陂塘稲田模型などのデータを収集して分析したことがあり、その関係資料はきわめて微々たるものであった。しかし、河西地方から発見される農耕図資料はそれよりはるかに多く、これらのデータを収集、分析して、中国の犂の歴史のミッシング・リンクを補訂してみる必要がある。幸いなことに、最近、蘭州大学出版社より俄軍他主編『甘粛出土魏晋唐墓壁画』という大冊図録が刊行されたので、彩絵磚などの画像資料が検索しやすくなった。ここに、二〇〇八、二〇〇九年の河西地方の現地調査を踏まえて、試みに犂耕関係の画像資料リストを作成してみた。倉卒の間にまとめたので多くの遺漏があると思われるが、今後折を見て改訂を加えていきたい。

犂耕関係画像資料一覧

《凡　例》

（1）犂・耙・耱の農具を用いて農地を耕し土壌処理をする語彙はいくつかあるが、ここでは「犂田」「耙田」「耱田」で統一した。

（2）彩絵磚などの整理ナンバー設定については、今後の資料の増加を考慮して、出土地方の行政区ごとに地名の一文字を冠して【嘉〇〇一】（嘉峪関市の一番の意）というように整理した。

（3）記載事項は以下のとおり。①出土した土地名・墓葬名および墓室内の彩絵磚などの位置関係（嘉峪関市新城墓群の出土磚については、『嘉峪関酒泉魏晋十六国墓壁画』にある磚の整理番号を、酒泉市西溝四・五号墓の出土磚については、『甘粛出土魏晋唐墓壁画』にある磚の番号をカッコ内にそれぞれ併記した）。②寸法、③時代、④保存管理機関、⑤画像内容の簡単な解説、⑥図版・解説の典拠とした文献など。

【嘉〇〇一】耕種図（犂田、播種、耱田）

① 嘉峪関市新城一号墓前室西壁北側第四層彩絵磚（M1：37）

② 横三六×縦一七センチ　③ 魏晋時代　④ 一九七二年に発掘・整理、甘粛省博物館内保存展示

⑤ 上段と下段とにそれぞれ同様の農作業が描かれている。すなわち、左先頭に一人の農夫が操作する二牛擡槓式方形枠型犂で播き溝をこしらえ、そこに背後の人物が播種し、その後に二牛擡槓式で牽引する耱で伏土鎮圧する。画面の右上に「耕種」（＝耕種）の傍題が記されてある。この彩絵磚は一九七五年にわが国でその模写が展示されたことがある。

⑥『嘉峪関酒泉魏晋十六国墓壁画』、三〇頁／『中華人民共和国漢唐壁画展』（図録）、図版三四（模写）

【嘉〇〇二】耕種図（犂田と播種）［図一］

① 嘉峪関市新城三号墓前室東壁南側第三層彩絵磚（M3：20）

② 横三六・五×縦一七・五センチ　③ 魏晋時代　④ 一九七二年に発掘・整理

⑤ 左側に一農夫が一頭の黄牛に犂を曳かせ播き溝をこしらえ、その背後の一農婦が播種作業を行なっている。犂のタイプは画面に剝落があって明瞭ではない。

⑥『甘粛嘉峪関魏晋三号墓彩絵磚』、一一頁／『中華人民共和国漢唐壁画展』（図録）、図版四〇（模写）

【嘉〇〇三】屯田開墾図中の犂田図

① 嘉峪関市新城三号墓前室南壁西側第一層壁画（M3：36）

② 横一〇一×縦六六センチ　③　魏晋時代　④　一九七二年に発掘・整理
⑤ 魏晋時代の屯田制を描写した図像中に、黄牛一頭に双轅方形枠型犂を曳かせて耕作する様子が二組描かれている。犂には分土板状の器具が装着されている。
⑥『甘粛嘉峪関魏晋三号墓彩絵磚』、一六頁／『嘉峪関酒泉魏晋十六国墓壁画』、六〇頁／『中華人民共和国漢唐壁画展』（図録）、図版九五（模写）

【嘉〇〇四】耙田図
① 嘉峪関市新城三号墓前室南壁東側第四層彩絵磚（M3：24）
② 横三六×縦一七センチ　③　魏晋時代　④　一九七二年に発掘・整理
⑤ 一頭の黄牛に耙を曳かせている。耙の上に一農夫が中腰になって乗り、右手に手綱を握り、左手に鞭を持って作業を行なっている。
⑥『嘉峪関酒泉魏晋十六国墓壁画』、五五頁／『中華人民共和国漢唐壁画展』（図録）、図版四七（模写）

【嘉〇〇五】耱田図
① 嘉峪関市新城三号墓前室南壁東側第三層彩絵磚（M3：21）
② 横三六×縦一七センチ　③　魏晋時代　④　一九七二年に発掘・整理
⑤ 一頭の黄牛に耱を曳かせている。耱の上には一農夫が立って、右手に手綱を握り、左手に鞭を持って作業を行なっている。犂で耕し、耙で土塊を砕き、そしてこの耱で鎮圧をする。いわゆる乾地農法の重要土壌処理作業で

もある。

⑥『嘉峪関酒泉魏晋十六国墓壁画』、五三頁／『中華人民共和国漢唐壁画展』（図録）、図版四一（模写）

【嘉〇〇六】犂田図

① 嘉峪関市新城四号墓前室東壁第三層彩絵磚（M4：12）

② 磚の寸法は不詳　③ 魏晋時代　④ 一九七二年に発掘・整理

⑤ 二牛擡槓式の犂耕作業と思われるが、犂とそれを操作する人物像が磨損している。挽畜は黄牛。

⑥『嘉峪関酒泉魏晋十六国墓壁画』、九二頁

【嘉〇〇七】耱田図

① 嘉峪関市新城四号墓前室東壁第三層彩絵磚（M4：17）

② 横三四・五×縦一六・五×厚さ四・五センチ　③ 魏晋時代　④ 一九七二年に発掘・整理

⑤ 二牛擡槓式と思われる挽引方式の耱作業を表している。操作する人は耱の上に乗り、手綱をさばいている。挽畜は黄牛。

⑥『嘉峪関文物図録』可移動文物巻、一〇九頁／『嘉峪関酒泉魏晋十六国墓壁画』、九四頁

【嘉〇〇八】犂田図

① 嘉峪関市新城四号墓前室東壁第三層彩絵磚（M4：18）

図一　耕種図（嘉峪関市新城三号墓前室東壁南側第三層彩絵磚 M3：20）

図二　耙田図（嘉峪関市新城五号墓前室東壁第三層第六塊磚 M5：22）

図三　耱田図（嘉峪関市新城五号墓前室東壁第四層第二塊磚 M5：27）

② 磚の寸法は不詳　③ 魏晋時代　④ 一九七二年に発掘・整理

⑤ 磨損と劣化が激しく、かすかに挽畜の図像をとどめ、犂を操作する一農夫の図像のみが明瞭に残っている。

⑥ 『嘉峪関酒泉魏晋十六国墓壁画』、九五頁

【嘉〇〇九】犂田図

① 嘉峪関市新城五号墓前室東壁第三層第四塊磚（M5：20）

② 横三四・五×縦一七センチ　③ 魏晋時代　④ 一九七二～七三年の間に発掘・整理、甘粛省博物館内保存陳列

⑤ 二牛擡槓式方形枠型犂、犂床には犂鏵が装着されている。挽畜は黄牛。一農夫が右手に手綱と犂梢（犂把とも称す）の先端を握り、左手に鞭を持つ。

⑥ 『甘粛出土魏晋唐墓壁画』上冊、七八頁／『甘粛嘉峪関魏晋五号墓彩絵磚』、八頁／『嘉峪関壁画墓発掘報告』彩版一、五〇頁／『嘉峪関酒泉魏晋十六国墓壁画』、一二六頁／『中華人民共和国漢唐壁画展』（図録）、図版六〇（模写）

【嘉〇一〇】耙田図［図二］

① 嘉峪関市新城五号墓前室東壁第三層第六塊磚（M5：22）

② 横三四・五×縦一七センチ　③ 魏晋時代　④ 一九七二～七三年の間に発掘・整理、甘粛省博物館内保存陳列

⑤　二牛擡槓式耙、挽畜は黄牛。一農夫が耙の上に乗り、右手に二牛の手綱を握り、左手に鞭を所持して操作している。
⑥　『甘粛出土魏晋唐墓壁画』上冊、八〇頁／『甘粛嘉峪関魏晋五号墓彩絵磚』、一〇頁／『嘉峪関壁画墓発掘報告』、彩版一、図版四四、五〇頁／『嘉峪関酒泉魏晋十六国墓壁画』、一一七頁／『中華人民共和国漢唐壁画展』（図録）、図版六二（模写）

【嘉〇一一】犂田図
①　嘉峪関市新城五号墓前室東壁第三層第七塊磚（M5：23）
②　横三四・五×縦一七センチ　③　魏晋時代　④　一九七二〜七三年の間に発掘・整理、甘粛省博物館内保存陳列
⑤　二牛擡槓式犂、犂柱の描き方が不明瞭、挽畜は黄牛。一農夫が右手で犂梢の先端を握り、左手に鞭を持つ。両牛には鼻環が装着されているが、結着されるべき手綱を描き忘れている。
⑥　『甘粛出土魏晋唐墓壁画』上冊、八一頁／『甘粛嘉峪関魏晋五号墓彩絵磚』、九頁／『嘉峪関壁画墓発掘報告』、彩版一／『嘉峪関酒泉魏晋十六国墓壁画』、一一七頁

【嘉〇一二】耱田図〔図三〕
①　嘉峪関市新城五号墓前室東壁第四層第二塊磚（M5：27）
②　横三四・五×縦一七センチ　③　魏晋時代　④　一九七二〜七三年の間に発掘・整理、甘粛省博物館内保存陳

列

⑤　二牛擡槓式耱、挽畜は黄牛、両牛の頸部に差し渡された「衡」（軛（くびき））も明瞭に描かれている。一農夫が耱の上に乗り、右手に二牛の手綱を握り、左手に鞭を所持して操作している。

⑥『甘粛出土魏晋唐墓壁画』上冊、八四頁／『甘粛嘉峪関魏晋五号墓彩絵磚』、一一頁／『嘉峪関壁画墓発掘報告』、彩版一、図版四三、五三頁／『嘉峪関酒泉魏晋十六国墓壁画』、一三〇頁／『中華人民共和国漢唐壁画展』（図録）、図版六一（模写）

【嘉〇一三】耙田図

①　嘉峪関市新城六号墓前室東壁第五層第五塊磚（M6：29）

②　横三四・五×一七センチ　③　魏晋時代　④　一九七二～七三年の間に発掘・整理、嘉峪関市新城魏晋墓区文物管理所管理

⑤　一牛牽引、挽畜は黄牛で、耙はたぶん双轅方式で繋駕されている。耙上に披髪の一農夫（羌人か）が中腰で坐し、両手で手綱を握っている。

⑥『甘粛出土魏晋唐墓壁画』上冊、一五三頁／『甘粛省嘉峪関魏晋六号墓彩絵磚』、二三頁／『嘉峪関壁画墓発掘報告』、図版四一、五九頁（前二者所掲と後者所掲の図版は微妙に異なっており、いずれかが模写と思われる）／『嘉峪関酒泉魏晋十六国墓壁画』、一七六頁

【嘉〇一四】犂田図

①　嘉峪関市新城六号墓前室南壁第四層の墓門東側（M6：23）
②　横三四・五×縦一七センチ　③　魏晋時代　④　一九七二～七三年の間に発掘・整理、嘉峪関市新城魏晋墓区文物管理所管理
⑤　一牛牽引による双轅（？）方形枠型犂で、挽畜は黄牛。犂鑵の先端には犂冠と思しき器具が、また犂柱の根元には犂鎊に相当する分土板がそれぞれ装着されている。一農夫は左手で犂梢と手綱を握り、右手に鞭を持って犂を操作している。
⑥『甘粛出土魏晋唐墓壁画』上冊、一五九頁／『甘粛省嘉峪関魏晋六号墓彩絵磚』、二一、二二頁／『嘉峪関壁画墓発掘報告』、図版四三、五八頁／『嘉峪関酒泉魏晋十六国墓壁画』、一七三頁

【嘉〇一五】犂田図

①　嘉峪関市新城六号墓前室南壁第五層の墓門西側（M6：30）
②　横三四・五×縦一七センチ　③　魏晋時代　④　一九七二～七三年の間に発掘・整理、嘉峪関市新城魏晋墓区文物管理所管理
⑤　一牛牽引による双轅（？）方形枠型犂で、挽畜は黄牛。犂柱の根元に犂鎊に相当する分土板が装着されている。一農夫が左手で犂梢と手綱を握り、右手に鞭を持って犂を操作している。
⑥『甘粛出土魏晋唐墓壁画』上冊、一六〇頁／『嘉峪関酒泉魏晋十六国墓壁画』、一七七頁

【嘉〇一六】耙田図

① 嘉峪関市新城六号墓前室南壁第二層の墓門西側（M6：41）
② 横三四・五×縦一七センチ　③ 魏晋時代　④ 一九七二～七三年の間に発掘・整理、嘉峪関市新城魏晋墓区文物管理所管理
⑤ 一牛牽引、挽畜は黄牛で、耙はたぶん双轅方式で繋駕されている。耙上に披髪の一農夫（羌人か）が中腰で坐し、両手で手綱を握っている。ところで、⑥の典拠にあげた両書所収の図版では、同一磚画であるにもかかわらず、前者は耙田、後者は耱田に描かれていて異なる。たぶん後者は文物保護のためのレプリカに依拠したからであろう。
⑥『甘粛出土魏晋唐墓壁画』上冊、一六一頁／『嘉峪関酒泉魏晋十六国墓壁画』、一八一頁

【嘉〇一七】耙田図

① 嘉峪関市新城六号墓前室南壁第五層の墓門西側（M6：55）
② 横三四・五×縦一七センチ　③ 魏晋時代　④ 一九七二～七三年の間に発掘・整理、嘉峪関市新城魏晋墓区文物管理所管理
⑤ 一牛牽引、挽畜は黄牛で、耙はたぶん双轅方式で繋駕されている。耙上に農夫が坐し、両手で手綱を握っている。
⑥『甘粛出土魏晋唐壁画』上冊、一六四頁／『嘉峪関酒泉魏晋十六国墓壁画』、一八六頁

【嘉〇一八】耙田図

①　嘉峪関市新城六号墓前室西壁第二層第一塊磚（M6：39）
②　横三六・五×縦一七・五センチ　③　魏晋時代　④　一九七二～七三年の間に発掘・整理、嘉峪関市新城魏晋墓区文物管理所管理
⑤　一頭の黄牛に曳かせる耙上に披髪（編髪？）の農夫（氐人か）が左手に手綱、右手に鞭を持って操作している。耙の単轅は牛の軛の右側面に結着されているように見えるが、たぶん実際は双轅であろう。
⑥　『嘉峪関壁画墓発掘報告』、彩版三、五九～六〇頁／『嘉峪関酒泉魏晋十六国墓壁画』、一八〇頁／『中華人民共和国漢唐壁画展』（図録）、図版七八（模写）／『嘉峪関文物図録』可移動文物巻、一〇七頁（横三六×縦一七・五×厚さ四・五センチ）

【嘉〇一九】犂田図

①　嘉峪関市新城六号墓前室西壁第二層第五塊磚（M6：40）
②　横三四・五×縦一七センチ　③　魏晋時代　④　一九七二～七三年の間に発掘・整理、嘉峪関市新城魏晋墓区文物管理所管理
⑤　一牛牽引による双轅（？）方形枠型犂で、挽畜は黄牛。犂柱の根元に犂鏵に相当する分土板が装着されている。一農夫が左手で犂梢と手綱を握り、右手に鞭を持って犂を操作している。
⑥　『甘粛出土魏晋唐墓壁画』上冊、一七二頁／『嘉峪関壁画墓発掘報告』、図版四二／『嘉峪関酒泉魏晋十六国墓壁画』、一八〇頁／『中華人民共和国漢唐壁画展』（図録）、図版七七（模写）

【嘉〇二〇】犂田図

①　嘉峪関市新城六号墓前室西壁第五層第一塊磚（M6：54）

②　横三四・五×縦一七センチ　③　魏晋時代　④　一九七二～七三年の間に発掘・整理、嘉峪関市新城魏晋墓区文物管理所管理

⑤　一牛牽引による双轅（？）方形枠型犂で、挽畜は黄牛。犂柱の根元と犂梢との間に斜めに入った部材は補強材ではなく犂鐴に相当する分土板であろう。帽子をかぶった一農夫が左手で犂梢と手綱を握り、右手に鞭を持って犂を操作している。

⑥　『甘粛出土魏晋唐墓壁画』上冊、一七九頁／『甘粛嘉峪関魏晋六号墓彩絵磚』、二〇頁／『嘉峪関酒泉魏晋十六国墓壁画』、一八五頁

【嘉〇二一】犂田図

①　嘉峪関市新城六号墓前室西壁第二層彩絵磚（M6：38）

②　横三五×縦一七×厚さ五・五センチ　③　魏晋時代　④　一九七二～七三年の間に発掘・整理、嘉峪関市新城魏晋墓区文物管理所管理

⑤　白黒写真図版なので犂の本体部分がかすれて、ほとんど見えない。しかし犂のタイプは双轅方形枠型犂であろう。一農夫が左手で犂梢の先端と手綱を握り、右手に鞭を持って作業を行なっている。

⑥　『嘉峪関酒泉魏晋十六国墓壁画』、一七九頁／『嘉峪関文物図録』可移動文物巻、一二三頁

【嘉〇二二】犂田図

① 嘉峪関市新城七号墓前室北壁の墓門東側第四層（M7：18）
② 横三四・五×縦一七センチ　③ 魏晋時代　④ 一九七二～七三年の間に発掘・整理、嘉峪関市新城魏晋墓区文物管理所管理
⑤『甘粛出土魏晋唐墓壁画』の解説によると「一農夫が一方の手で犂把を持ち、犂は単轅犂で、犂を牽引しているのは二頭の牛である」としているが、二頭目の牛の図像は磨損がひどくて明瞭でない。長直轅を確認できるので二牛擡槓式の方形枠型犂である。
⑥『甘粛出土魏晋唐墓壁画』中冊、二六四頁

【嘉〇二三】犂田図

① 嘉峪関市新城七号墓前室北壁の墓門東側第五層（M7：23）
② 横三四・五×縦一七センチ　③ 魏晋時代　④ 一九七二～七三年の間に発掘・整理、嘉峪関市新城魏晋墓区文物管理所管理
⑤ 典型的な二牛擡槓式方形枠型犂で、挽畜は黄牛。一農婦が右手で犂梢の先端と手綱を握り、左手に鞭を持って犂を操作している。
⑥『甘粛出土魏晋唐墓壁画』中冊、二六五頁／『嘉峪関酒泉魏晋十六国墓壁画』、二三五頁

【嘉〇二四】犂田図

①　嘉峪関市新城七号墓前室東壁、耳室拱券門北側（M7：19）
②　横三四・五×縦三四・五センチ　③　魏晋時代　④　一九七二〜七三年の間に発掘・整理、嘉峪関市新城魏晋墓区文物管理所管理
⑤　典型的な方形枠型犂。一農夫が右手で犂梢の先端と手綱を握り、左手に鞭を持って犂を操作している。『甘粛出土魏晋唐墓壁画』の解説によると、二牛擡槓式の単轅犂としているが、磨損がひどく一頭曳きの双轅犂（？）のようにも見える。
⑥　『甘粛出土魏晋唐墓壁画』中冊、二八三頁

【嘉〇二五】犂田図

①　嘉峪関市新城七号墓前室東壁第四層第二塊磚、耳室拱券門南側（M7：20）
②　横三四・五×縦一七センチ　③　魏晋時代　④　一九七二〜七三年の間に発掘・整理、嘉峪関市新城魏晋墓区文物管理所管理
⑤　二牛擡槓式方形枠型犂であるが、長直轅は二牛の中間ではなく手前の牛の左側身に描かれている。挽畜は黒と白の黄牛、磨損がひどく黒い牛はかすれて見える。一農婦が右手で犂梢の先端を握り、左手に鞭を持って犂を操作している。
⑥　『甘粛出土魏晋唐墓壁画』中冊、二八四頁

【嘉〇二六】犂田図

①嘉峪関市新城七号墓前室東壁第四層第三塊磚、耳室拱券門南側（M7：21）
②横三四・五×縦一七センチ ③魏晋時代 ④一九七二～七三年の間に発掘・整理、嘉峪関市新城魏晋墓区文物管理所管理
⑤磨損、剥落がひどく一牛で曳く双轅方形枠型犂のように見える。長髪の一農婦が右手で犂梢の先端と手綱を握り、左手に鞭を持って犂を操作している。
⑥『甘粛出土魏晋唐墓壁画』中冊、一八五頁／『嘉峪関酒泉魏晋十六国墓壁画』、一三五頁

【嘉〇二七】耙田図
①嘉峪関市新城七号墓前室東壁第五層第一塊磚、耳室拱券門北側（M7：24）
②横三四・五×縦一七センチ ③魏晋時代 ④一九七二～七三年の間に発掘・整理、嘉峪関市新城魏晋墓区文物管理所管理
⑤二牛擡槓式で耙を牽引、挽畜は黄牛。一農夫が耙上に乗り、手綱を持って耙作業を行なっている。全体に磨損し、退色劣化が進んでいる。
⑥『甘粛出土魏晋唐墓壁画』中冊、一八六頁

【嘉〇二八】耱田図
①嘉峪関市新城七号墓前室東壁第五層第二塊磚（M7：25）
②横三四・五×縦一七センチ ③魏晋時代 ④一九七二～七三年の間に発掘・整理、嘉峪関市新城魏晋墓区

文物管理所管理

⑤ 全体に塩害を受けて図像が劣化して明瞭でない。挽畜の頭数は不明であるが、耱の上に乗って中腰になって作業を行なっている人物が確認できる。

⑥『甘粛出土魏晋唐墓壁画』中冊、一八七頁

【嘉〇二九】犂田図

① 嘉峪関市新城七号墓前室東壁第五層第三塊磚（M7：26）

② 横三四・五×縦一七センチ　③ 魏晋時代　④ 一九七二〜七三年の間に発掘・整理、嘉峪関市新城魏晋墓区文物管理所管理

⑤ 磨損がひどく二頭の牛の姿を確認しがたいが、二牛擡槓式方形枠型犂であろう。一農夫が右手で犂梢の先端と手綱を握り、左手に鞭を持って作業を行なっている。

⑥『甘粛出土魏晋唐墓壁画』中冊、一八八頁

【嘉〇三〇】耙田図

① 嘉峪関市新城七号墓前室東壁第五層第四塊磚（M7：27）

② 横三四・五×縦一七センチ　③ 魏晋時代　④ 一九七二〜七三年の間に発掘・整理、嘉峪関市新城魏晋墓区文物管理所管理

⑤ 剥落と退色劣化が著しいが、『甘粛出土魏晋唐墓壁画』の解説によると、耙は二頭の牛によって牽引されてい

るとしている。一農夫が耙の上に坐して手綱を握って作業を行なっている。
⑥『甘粛出土魏晋唐墓壁画』中冊、一八九頁

【嘉〇三一】犂田図
① 嘉峪関市新城七号墓前室東壁第五層第五塊磚（M7：28）
② 横三四・五×縦一七センチ　③ 魏晋時代　④ 一九七二～七三年の間に発掘・整理、嘉峪関市新城魏晋墓区文物管理所管理
⑤ 全体に磨損がひどいが、二牛擡槓式方形枠型犂での犂耕作業を表している。挽畜は黄牛。一農夫が右手で犂梢の先端と手綱を握り、右手に鞭を所持している。
⑥『甘粛出土魏晋唐墓壁画』中冊、一九〇頁

【嘉〇三二】耙田図
① 嘉峪関市新城七号墓前室南壁第四層、拱券門東側（M7：22）
② 横三四・五×縦一七センチ　③ 魏晋時代　④ 一九七二～七三年の間に発掘・整理、嘉峪関市新城魏晋墓区文物管理所管理
⑤ 一頭の黄牛で耙を牽引、耙の上に一農夫が坐し、農夫の右手には手綱、左手には鞭がそれぞれ所持されている。
⑥『甘粛出土魏晋唐墓壁画』中冊、一九五頁

【嘉〇三三】耙田図

①嘉峪関市新城十二号墓前室西壁第二層の彩絵磚（M12：30）
②横三六・五×縦一七・五センチ　③魏晋時代　④一九七九年に発掘・整理、嘉峪関市新城魏晋墓区文物管理所管理
⑤一頭の黄牛に耙を曳かせ、その耙の上に一農夫が坐している。農夫の左手には手綱が所持され牛の進行を操作している。耙の単轅は牛の片側に装着されているが、実際は双轅ではなかろうか。
⑥『甘粛省嘉峪関魏晋十二・十三号墓彩絵磚』、二頁／『嘉峪関酒泉魏晋十六国墓壁画』、一八四頁

【嘉〇三四】犂田図

①嘉峪関市新城十二号墓前室西壁第二層の彩絵磚（M12：27）
②横三六・五×縦一七・五センチ　③魏晋時代　④一九七九年に発掘・整理、嘉峪関市新城魏晋墓区文物管理所管理
⑤一牛牽引の双轅（?）方形枠型犂、犂鏵には犂冠が装着されているように見える。一農夫は左手で犂梢の先端と手綱を握り、右手に鞭を所持している。
⑥『甘粛省嘉峪関魏晋十二・十三号墓彩絵磚』、四〜五頁／『嘉峪関酒泉魏晋十六国墓壁画』、一八三頁

【嘉〇三五】犂田図

①嘉峪関市新城十二号墓前室西壁第二層の彩絵磚（M12：28）

②　横三六・五×縦一七・五センチ　③　魏晋時代　④　一九七九年に発掘・整理、嘉峪関市新城魏晋墓区文物管理所管理

⑤　【嘉〇三四】と同様に、一牛牽引の双轅（？）方形枠型犂、犂鑵には犂冠が装着されているように見える。一農夫は左手で犂梢の先端と手綱を握り、右手に鞭を所持している。

⑥　『嘉峪関酒泉魏晋十六国墓壁画』、二八三頁

【嘉〇三六】犂田図

①　嘉峪関市新城十三号墓前室西壁第三層の彩絵磚（M13：35）

②　横三六・五×縦一七・五センチ　③　魏晋時代　④　一九七九年に発掘・整理、嘉峪関市新城魏晋墓区文物管理所管理

⑤　一牛牽引の双轅（？）方形枠型犂、一農夫は左手で犂梢の先端と手綱を握り、右手に鞭を所持し犂を操作している。

⑥　『甘粛省嘉峪関魏晋十一・十三号墓彩絵磚』、一六～一七頁／『嘉峪関酒泉魏晋十六国墓壁画』、三〇六頁

【嘉〇三七】犂田図

①　嘉峪関市新城十三号墓前室西壁第三層の彩絵磚（M13：29）

②　横三六・五×縦一七・五センチ　③　魏晋時代　④　一九七九年に発掘・整理、嘉峪関市新城魏晋墓区文物管理所管理

⑤　一牛牽引の双轅（？）方形枠型犂、犂鏵には犂冠が装着されているように見える。犂柱と犂鏵との間に木製の撥土板が装着されている。一農夫は左手で犂梢の先端と手綱を握り、右手に鞭を所持し犂を操作している。
⑥『甘粛省嘉峪関魏晋十二・十三号墓彩絵磚』、一八頁／『嘉峪関酒泉魏晋十六国墓壁画』、三〇三頁

【嘉〇三八】犂田図

①　嘉峪関市新城十三号墓前室西壁第二層の彩絵磚（M13：30）
②　横三六・五×縦一七・五センチ　③　魏晋時代　④　一九七九年に発掘・整理、嘉峪関市新城魏晋墓区文物管理所管理
⑤　一牛牽引の双轅（？）方形枠型犂、犂柱と犂鏵との間に木製の撥土板が装着されている。一農夫は左手で犂梢の先端と手綱を握り、右手に鞭を所持し犂を操作している。
⑥『甘粛省嘉峪関魏晋十二・十三号墓彩絵磚』、一九頁／『嘉峪関酒泉魏晋十六国墓壁画』、三〇三頁

【嘉〇三九】耙田図

①　嘉峪関市新城十三号墓前室西壁第三層の彩絵磚（M13：36）
②　横三六・五×縦一七・五センチ　③　魏晋時代　④　一九七九年に発掘・整理、嘉峪関市新城魏晋墓区文物管理所管理
⑤　一頭の黄牛に耙を牽引させ、その耙の上に一農夫が坐し、左手に手綱、右手に鞭棒を所持して耙田作業を行なっている。

⑥『甘粛省嘉峪関魏晋十一・十三号墓彩絵磚』、二〇頁／『嘉峪関酒泉魏晋十六国墓壁画』、三〇七頁

【嘉〇四〇】犂田図

① 嘉峪関市新城十三号墓前室西壁第二層の彩絵磚（M13：31）

② 横三六・五×縦一七・五センチ　③ 魏晋時代　④ 一九七九年に発掘・整理、嘉峪関市新城魏晋墓区文物管理所管理

⑤ 一牛牽引の双轅（?）方形枠型犂、一農夫は左手で犂梢の先端と手綱を握り、右手に鞭を所持し犂を操作している。

⑥『嘉峪関酒泉魏晋十六国墓壁画』、三〇四頁

【嘉〇四一】犂田図

① 嘉峪関市新城十三号墓前室西壁第二層の彩絵磚（M13：32）

② 横三六・五×縦一七・五センチ　③ 魏晋時代　④ 一九七九年に発掘・整理、嘉峪関市新城魏晋墓区文物管理所管理

⑤ 一牛牽引の双轅（?）方形枠型犂、一農夫は左手で犂梢の先端と手綱を握り、右手に鞭を所持し犂を操作している。

⑥『嘉峪関酒泉魏晋十六国墓壁画』、三〇四頁

【高〇〇一】犂田図
① 高台県駱駝城南墓群出土の木板画
② 幅三二センチの長方形の棺板残片　③ 漢時代（？）　④ 一九九九年に発掘・整理、高台県博物館所蔵
⑤ 棺板の残片に墨で線描した犂耕図。はっきりしないが二牛擡槓式枠型犂のようである。一農夫が左手で犂梢の先端と手綱を握り、右手に鞭を所持して犂耕作業を行なっている。
⑥『甘粛文物菁華』、一七八頁、図一八六

【高〇〇二】犂田図
① 高台県駱駝城南墓群出土の彩絵磚
② 横三九×縦一九・五センチ　③ 魏晋時代　④ 一九九四年に発掘・整理、高台県博物館管理
⑤ 典型的な二牛擡槓式方形枠型犂で、その繋駕方式も明確に理解できる。大きな犂鏵を装着している。一農夫が右手で犂梢の先端と手綱を握り、左手に鞭を所持して犂耕作業を行なっている。挽畜は黄牛で、その画風は嘉峪関魏晋墓彩絵磚と全く異なり、白く化粧塗りして、縁を茶色で枠取りし、図像は黒い塗料で明瞭に線描している。
⑥『甘粛出土魏晋唐墓壁画』中冊、四一五頁

【高〇〇三】犂田、耙田図
① 高台県駱駝城南墓群出土の彩絵磚
② 横三九×縦一九・五センチ　③ 魏晋時代　④ 一九九四年に発掘・整理、高台県博物館管理

⑤　左側に一農夫が二牛擡槓式方形枠型犂を操作して犂耕作業を行なっている。右側には一頭の黄牛が大きな耙を曳いて土塊を砕いている。耙作業には先導する人物が表現されていない。この彩絵磚は乾地農法の資料としてきわめて重要である。このタイプの耙は、私自身、四川省甘孜蔵族自治州新都橋の青稞（せいか）（オオムギの一種）畑で見たことがある。

⑥　『甘粛出土魏晋唐墓壁画』中冊、四一六頁

【高〇〇四】耙田図［図四］

①　高台県駱駝城南墓群出土の彩絵磚

②　横三九×縦一九・五センチ　③　魏晋時代　④　一九九四年に発掘・整理、高台県博物館管理

⑤　一農夫が大きな木柵状の耙を一頭の黄牛に曳かせて作業を行なっている。牛の軛両端にロープを結着して耙を牽引している。農夫の手には手綱と棒状の物が所持されている。

⑥　『甘粛出土魏晋唐墓壁画』中冊、四一七頁／『甘粛高台魏晋墓彩絵磚』、八～九頁／『張掖文物』、一一九頁／『高台県博物館』、三八頁（横三九×縦一九×厚さ五センチとする）

【高〇〇五】犂田図

①　高台県苦水口一号墓出土の彩絵磚

②　横四三・五×縦二一×厚さ六センチ　③　魏晋時代　④　二〇〇一年に発掘・整理、高台県博物館所蔵。その複製パネルが同館に展示されている。

⑤ 二牛擡槓式方形枠型犂での犂耕作業。
⑥『張掖文物』、一一八～一一九頁

【高〇〇六】播種・耱田図〔図五〕

① 高台県苦水口一号墓出土の彩絵磚
② 横四二×縦二〇・八×厚さ六センチ ③ 魏晋時代 ④ 二〇〇一年に発掘・整理、高台県博物館所蔵。その複製パネルが同館に展示されている。
⑤ 先頭に一農夫が歩きながら播種し、その後に別の農夫が一頭の黄牛に耱を曳かせ覆土鎮圧作業を行なっている。
⑥『高台県博物館』、三七頁

【敦〇〇一】犂田図

① 敦煌市仏爺廟墓群出土の彩絵磚、墓葬位置不詳
② 横三三×縦一六×厚さ六センチ ③ 魏晋時代 ④ 二〇〇一年に発掘・整理、敦煌市博物館管理
⑤ 一農夫が扱う一牛挽引双轅方形枠型犂。双轅の先端に結ばれた引き綱は、牛の肩峰（背部前方の盛り上がった筋肉の瘤）に回されている。ただし軛の存否は確認できない。またこの犂は犂床が大きく表現され重そうである。その先端に犂鏵が装着されている。
⑥『甘粛出土魏晋唐墓壁画』中冊、五二七頁／『敦煌文物』、五四頁

【酒〇〇一】犂田図
①酒泉市西溝四号墓前室西壁第三層第三塊磚（No.518）
②横三八×縦一七センチ　③魏晋時代　④一九九二年に発掘・整理、酒泉市（粛州区）博物館管理
⑤一牛牽引双轅（?）方形枠型犂、挽畜は黄牛。一農夫が右手で犂梢の先端と手綱を握り、左手に鞭を持って作業を行なっている。
⑥『甘粛出土魏晋唐墓壁画』下冊、六三一頁／『甘粛酒泉西溝魏晋墓彩絵磚』、五七頁

【酒〇〇二】犂田図
①酒泉市西溝四号墓前室西壁第四層第一塊磚（No.529）
②横三八×縦一七センチ　③魏晋時代　④一九九二年に発掘・整理、酒泉市（粛州区）博物館管理
⑤一牛牽引双轅（?）方形枠型犂、挽畜は黄牛。一農夫が右手で犂梢の先端と手綱を握り、左手に鞭を持って作業を行なっている。
⑥『甘粛出土魏晋唐墓壁画』下冊、六三二頁

【酒〇〇三】犂田図
①酒泉市西溝四号墓前室西壁第四層第二塊磚（No.530）
②横三二×縦一七センチ　③魏晋時代　④一九九二年に発掘・整理、酒泉市（粛州区）博物館管理
⑤磨損、退色がやや進行している。一牛牽引双轅（?）方形枠型犂、挽畜は黄牛。一農夫が右手で犂梢の先端と

手綱を握り、左手に鞭を持って作業を行なっている。
⑥『甘粛出土魏晋唐墓壁画』下冊、六三三頁

【酒〇〇四】犂田図
①酒泉市西溝四号墓前室東壁第四層第三塊磚（No.537）
②横三八×縦一七センチ　③魏晋時代　④一九九二年に発掘・整理、酒泉市（粛州区）博物館管理
⑤一牛牽引双轅（?）方形枠型犂、挽畜は黄牛。一農夫が左手で犂梢の先端と手綱を握り、右手に鞭を持って作業を行なっている。
⑥『甘粛出土魏晋唐墓壁画』下冊、六五〇頁

【酒〇〇五】犂田図
①酒泉市西溝四号墓前室東壁第四層第四塊磚（No.535）
②横三八×縦一七センチ　③魏晋時代　④一九九二年に発掘・整理、酒泉市（粛州区）博物館管理
⑤全体に磨損、退色がひどいが、一牛牽引双轅（?）方形枠型犂を描いている。一農夫が左手で犂梢の先端と手綱を握り、右手に鞭を持って作業している様子がぼんやりと分かる。
⑥『甘粛出土魏晋唐墓壁画』下冊、六五一頁

【酒〇〇六】犂田図

① 酒泉市西溝四号墓前室北壁第三層第一塊磚（No.514）
② 横三八×縦一七センチ　③　魏晋時代　④　一九九二年に発掘・整理、酒泉市（粛州区）博物館管理
⑤　一牛牽引双轅（?）方形枠型犂、挽畜は黄牛。一農夫が右手で犂梢の先端と手綱を握り、左手に鞭を持って作業を行なっている。鉄製の犂鏵も明瞭に描かれている。
⑥『甘粛出土魏晋唐墓壁画』下冊、六五八頁

【酒〇〇七】犂田図
① 酒泉市西溝四号墓前室北壁第四層第一塊磚（無番号）
② 横三八×縦一七センチ　③　魏晋時代　④　一九九二年に発掘・整理、酒泉市（粛州区）博物館管理
⑤　一牛牽引双轅（?）方形枠型犂、挽畜は黄牛。一農夫が右手で犂梢の先端と手綱を握り、左手に鞭を持って作業を行なっている。
⑥『甘粛出土魏晋唐墓壁画』下冊、六六〇頁

【酒〇〇八】犂田図
① 酒泉市西溝五号墓前室西壁第二層第三塊磚（No.619）
② 横三八×縦一七センチ　③　魏晋時代　④　一九九三年に発掘・整理、酒泉市（粛州区）博物館管理
⑤　一牛牽引双轅（?）犂、犂梢と犂轅との間に斜めに補強材（あるいは撥土板か?）があり、犂柱は確認できない。また犂底（犂床）部分は退色がひどく、犂鏵装着の有無も確認できない。挽畜は黄牛。一農夫が右手で犂梢の先

端と手綱を握り、左手に鞭を持って作業を行なっている。

⑥『甘粛出土魏晋唐墓壁画』下冊、六八七頁

【酒〇〇九】犂田図

① 酒泉市西溝五号墓中室東壁第三層第二塊磚（No.666）

② 横三八×縦一七センチ　③ 魏晋時代　④ 一九九三年に発掘・整理、酒泉市（粛州区）博物館管理

⑤ 一牛牽引双轅（？）方形枠型犂、挽畜は黄牛。一農夫が左手で犂梢の先端と手綱を握り、右手に鞭を持って作業を行なっている。

⑥『甘粛出土魏晋唐墓壁画』下冊、七四〇頁

【酒〇一〇】犂田図

① 酒泉市西溝五号墓中室東壁第三層第三塊磚（No.656）

② 横三八×縦一七センチ　③ 魏晋時代　④ 一九九三年に発掘・整理、酒泉市（粛州区）博物館管理

⑤ 挽畜の黄牛の図像がはっきりしないが、一牛牽引双轅（？）方形枠型犂。一農夫が左手で犂梢の先端と手綱を握り、右手に鞭を持って作業を行なっているようだ。

⑥『甘粛出土魏晋唐墓壁画』下冊、七四一頁

【酒〇一一】耱田図

図四　耙田図（高台県駱駝城南墓群出土の彩絵磚）

図五　播種・耱田図（高台県苦水口一号墓出土の彩絵磚）

図六　一連の農作業を描いた壁画中の犂田図（酒泉市丁家閘五号墓前室南壁第三層部分図）

① 酒泉市西溝五号墓中室東壁第三層第四塊磚（No.657）

② 横三八×縦一七センチ ③ 魏晋時代 ④ 一九九三年に発掘・整理、酒泉市（粛州区）博物館管理

⑤ 一頭の黄牛に犂を曳かせ、一農夫が犂の上に乗り左手に手綱を握り、右手に鞭を持って作業を行なっている。犂は単轅で牛の右側面に描かれているが、たぶん実際は双轅であろう。

⑥『甘粛出土魏晋唐墓壁画』下冊、七四二頁

【酒〇一二】犂田図

① 酒泉市西溝五号墓中室東壁第三層第五塊磚（No.658）

② 横三八×縦一七センチ ③ 魏晋時代 ④ 一九九三年に発掘・整理、酒泉市（粛州区）博物館管理

⑤ 一牛牽引双轅（?）方形枠型犂、挽畜は黄牛。白幘をかぶった一農夫が左手で犂梢の先端と手綱を握り、右手に鞭を持って作業を行なっている。

⑥『甘粛出土魏晋唐墓壁画』下冊、七四三頁

【酒〇一三】耙田図

① 酒泉市丁家閘五号墓前室東壁第三層墓門北側

② 壁画の一部 ③ 五胡十六国時代 ④ 一九七七年に発掘・整理、酒泉市（粛州区）博物館管理、墓葬は公開され見学可能。

⑤ 一頭の黄牛に耙を曳かせ、一農夫が耙の上に乗って操作している。

⑥『甘粛出土魏晋唐墓壁画』下冊、七八〇頁

【酒〇一四】揚場、犂田、耙田などの農作業図〔図六〕（部分）

①酒泉市丁家閘五号墓前室南壁第三層全図

②壁画の一部　③五胡十六国時代　④一九七七年に発掘・整理、酒泉市（粛州区）博物館管理、墓葬は公開され見学可能。

⑤塢壁建築を挟んで、左側に揚場（穀物の颪選作業）、右側にそれぞれ黄牛一頭曳きの犂耕作業と耙田作業が描かれている。犂は双轅方形枠型犂である。犂田・耙田作業を行なっている農夫は、容貌から推して非漢族であろう。乾地農法の重要資料でもある。

⑥『甘粛出土魏晋唐墓壁画』下冊、七九二～七九六頁／『酒泉十六国墓壁画』、南壁壁画の条に図版四点あり／『甘粛丁家閘十六国墓壁画』、九頁／『嘉峪関酒泉魏晋十六国墓壁画』、三一四、三一四頁

【酒〇一五】揚場、犂田、耙田などの農作業図

①酒泉市丁家閘五号墓前室北壁第三層全図

②壁画の一部　③五胡十六国時代　④一九七七年に発掘・整理、酒泉市（粛州区）博物館管理、墓葬は公開され見学可能。

⑤塢壁建築の左側に、揚場（穀物の颪選作業）、それぞれ黄牛一頭曳きの犂耕作業と耙田作業が描かれている。犂は双轅方形枠型犂である。乾地農法の重要資料でもある。

⑥『甘粛出土魏晋唐墓壁画』下冊、八〇三、八〇五、八〇六頁／『嘉峪関酒泉魏晋十六国墓壁画』、三一三、三二一頁／『酒泉十六国墓壁画』、北壁壁画の条に図版二点あり。

【酒〇一六】耱田図

① 酒泉市西溝七号墓前室西壁彩絵磚

② 横三四×縦一七センチ　③ 魏晋時代　④ 一九九三年に発掘・整理、酒泉市（粛州区）博物館管理

⑤ 二牛擡槓式で耱を曳く、挽畜は黄牛。耱の上に一農夫が乗って手綱と鞭で操作している。

⑥『甘粛酒泉西溝魏晋墓彩絵磚』、五一頁

【酒〇一七】耙田図

① 酒泉市西溝七号墓前室西壁彩絵磚〔図七〕

② 横三五×縦一七センチ　③ 魏晋時代　④ 一九九三年に発掘・整理、酒泉市（粛州区）博物館管理

⑤ 一頭の黄牛に耙を曳かせ、一農夫が手綱と鞭を持って操作している。耙から二本の線が牛の頸部に延びているので、双轅方式かもしくはロープで耙を牽引しているのであろうか。

⑥『甘粛酒泉西溝魏晋墓彩絵磚』、五二～五三頁

【酒〇一八】耱田図〔図八〕

① 酒泉市高閘溝路槽墓群出土の彩絵磚

図七　耙田図（酒泉市西溝七号墓前室西壁彩絵磚）

図八　耱田図（酒泉市高閘溝路槽墓群出土の彩絵磚）

図九　耱田図（酒泉市石廟子灘漢墓出土の彩絵磚）

②　横三九×縦一九センチ　③　魏晋時代　④　一九九三年に発掘・整理、酒泉市（粛州区）博物館管理
⑤　一頭の黄牛に板状の耱を曳かせている。解説文では「牛耙」とあって耙田作業と見なしているが、農具の板に歯列が無いので耱作業であろう。牛の背後に立つ農夫は両手に手綱を握っている。
⑥　『甘粛酒泉西溝魏晋墓彩絵磚』、五四～五五頁（編者註：「酒泉西溝魏晋墓」とあるが、画法は【酒〇二一】・【酒〇二二】と一致するので、高閘溝路槽墓群出土と考えられる）

【酒〇一九】犂田図
①　酒泉市西溝七号墓前室北壁彩絵磚
②　横三四×縦一七センチ　③　魏晋時代　④　一九九三年に発掘・整理、酒泉市（粛州区）博物館管理
⑤　一牛で牽引する双轅枠型犂。一農夫が右手で犂梢の先端と手綱を握り、左手に鞭を所持し操作している。
⑥　『甘粛酒泉西溝魏晋墓彩絵磚』、五六頁／『酒泉文物精萃』、六、八四頁

【酒〇二〇】耱田図〔図九〕
①　酒泉市石廟子灘漢墓出土の彩絵磚
②　磚の寸法は不詳　③　後漢時代　④　一九七四年に発掘・整理、酒泉市（粛州区）博物館管理
⑤　一牛に耱を曳かせ、その耱の上に一人物が乗って操作している。
⑥　『酒泉文物精萃』、四三頁

【酒〇二一】犂田図

①　酒泉市高閘溝路槽墓群出土の彩絵磚

②　横三八・八×縦一八×厚さ五センチ　③　魏晋時代　④　一九九三年に発掘・整理、酒泉市（粛州区）博物館管理

⑤　二牛擡槓式方形枠型犂、犂柱のところに撥土板らしきものがある。

⑥　『酒泉文物精萃』、六三頁／『粛州文物図録』可移動文物巻、一九九頁

【酒〇二二】耙田図

①　酒泉市高閘溝路槽墓群出土の彩絵磚

②　横三八・二×縦一八・五×厚さ五・四センチ　③　魏晋時代　④　一九九三年に発掘・整理、酒泉市（粛州区）博物館管理

⑤　一頭の牛に耙を曳かせ、軛両側からのびた牽引綱は耙に結着されている。一農夫が耙の上に乗って操作している。

⑥　『酒泉文物精萃』、六三頁／『粛州文物図録』可移動文物巻、二〇〇頁

編者追記

「はしがき」にも述べたように、本稿は、『西北出土文献研究』二〇〇九年度特刊に掲載された「甘粛省河西地方出土の犂耕関係画像資料一覧（未定稿）」を再録したものである。再録にあたっては編者の責任により、明らかな誤りを正したほか、各磚の整

理番号やその後刊行された図録の掲載頁などの情報をつけ加えた。著者は、嘉峪関四一点、高台六点、敦煌一点、酒泉二二点、計七〇点の資料を紹介しているが、その後刊行された図録本などにより、新たに四点の資料の存在が明らかになった。編者の責任で以下に列挙しておく。

【嘉峪関】

①「魏晋犂地図画像磚」
二〇〇四年、嘉峪関市嘉峪関村三組墓群出土、横三七×縦一七・五×厚さ六・五センチ
『嘉峪関文物図録』可移動文物巻、一四〇頁

②「魏晋犂地図画像磚」
二〇〇四年、嘉峪関市嘉峪関村三組墓群出土、横三七×縦一八×厚さ五・五センチ
『嘉峪関文物図録』可移動文物巻、一四一頁

【高台】

①「撒種・耱地図壁画磚」
二〇〇一年、高台県苦水口二号墓出土、磚の寸法は不詳
二〇一七年に編者が高台県博物館で実見済み（磚の名称と出土地は高台県博物館の説明文による）。

【酒泉】

①「魏晋耙地壁画磚」
一九七四年、酒泉県上壩郷石廟子墓群出土、横三七×縦一八×厚さ五・六センチ
『粛州文物図録』可移動文物巻、二〇〇頁
（酒泉に関しては、西溝七号墓からこのほかにも該当する画像磚が四点ほど出土しているようだが、写真がないので省略する。なお岳邦湖他『岩画及墓葬壁画』、七六頁以下を参照）

図版出典

図一　『甘粛嘉峪関魏晋三号墓彩絵磚』、一一頁。
図二　『甘粛嘉峪関魏晋五号墓彩絵磚』、一〇頁。
図三　『甘粛嘉峪関魏晋五号墓彩絵磚』、一一頁。
図四　『張掖文物』、一一九頁。
図五　『高台県博物館』、三七頁。
図六　『甘粛丁家閘十六国墓壁画』、九頁。
図七　『甘粛酒泉西溝魏晋墓彩絵磚』、五二頁。
図八　『甘粛酒泉西溝魏晋墓彩絵磚』、五四頁。
図九　『酒泉文物精萃』、四三頁。

引用文献目録

本目録は、研究・報告・図録（資料集）の別を問わず、本書で引用されている文献を、使用言語ごとに列挙したものである。このうちとくに引用頻度の高いものについては略号を用いて表記するケースがあるので、それぞれの末尾にゴチックで略号を示しておいた。

【日本語文献・五十音順】

阿部幸信
一九九八 「漢代における印綬賜与に関する一考察」、『史学雑誌』第一〇七編第一〇号。

荒見泰史
二〇一五 「シルクロードの敦煌資料が語る中国の来世観」、白須淨眞編、後掲『シルクロードの来世観』。

飯島武次
二〇〇三 『中国考古学概論』、同成社。

殷光明
二〇〇六 北村永訳「敦煌西晋墓出土の墨書題記画像磚をめぐる考察」、『佛教藝術』第二八五号。
二〇一二 北村永訳「西北科学考察団発掘の敦煌翟宗盈画像磚墓について」、『佛教藝術』第三二二号。

宇野隆夫
二〇〇二「東アジアにおける武器の画期」、石井紫郎・宇野・赤澤威編『武器の進化と退化の学際的研究――弓矢編』(国際日本文化研究センター共同研究報告)、国際日本文化研究センター・日文研叢書。
内田宏美
二〇一〇「甘粛高台県許三湾墓葬出土〝塢堡〟形木製品について」、『西北出土文献研究』二〇一〇年度特刊。
二〇一一「漢長安城未央宮出土骨簽および弩機の銘文について――前漢における武器生産の実態解明にむけて――」、『中国考古学』第一一号。
二〇一二「画像資料に見る魏晋時代の武器――河西地域を中心として――」、『環東アジア研究センター年報』第七号。
梅本俊次
一九三四「南満洲遼陽附属地発見の石棺古墳」、『満蒙』第一五巻第六号。
江村治樹
一九九二「曾侯乙墓の時代」、東京国立博物館編『「特別展　曾侯乙墓」図録』、日本経済新聞社。
尾形　勇
一九七九『中国古代の「家」と国家』、岩波書店。
大阪府立近つ飛鳥博物館
一九九四　編『大阪府立近つ飛鳥博物館編図録三　開館記念特別展　シルクロードのまもり――その埋もれた記録――』、大阪府立近つ飛鳥博物館（『シルクロードのまもり』)。

荻美津夫
二〇〇七「嘉峪関・酒泉地域魏晋墓磚画、敦煌莫高窟壁画にみられる音楽資料について」、『西北出土文献研究』第五号。
二〇一一「河西地域の磚画・壁画にみられる魏晋南北朝時代の楽器――図像資料と文献から音楽の種目を考える――」、『西北出土文献研究』二〇一〇年度特刊。
金子修一
二〇〇六『中国古代皇帝祭祀の研究』、岩波書店。
川本芳昭
一九九八『魏晋南北朝時代の民族問題』、汲古書院・汲古叢書。
二〇一五『東アジア古代における諸民族と国家』、汲古書院・汲古叢書。
菊竹淳一・吉田宏志
一九九八 編『世界美術大全集 東洋編』第一〇巻（高句麗・百済・新羅・高麗）、小学館。
岸辺成雄
一九六〇『唐代音楽の歴史的研究』楽制篇上、東京大学出版会。
二〇〇五『唐代音楽の歴史的研究』続巻（楽理篇・楽書篇・楽器篇・楽人篇）、和泉書院。
北村 永
二〇〇六「敦煌仏爺廟湾西晋画像磚墓および敦煌莫高窟における漢代の伝統的なモチーフについて」、『佛教藝術』第二八五号。

二〇〇九　「高台・酒泉・嘉峪関魏晋墓に関する問題点と課題――漢代の伝統的なモチーフを中心として――」、『西北出土文献研究』二〇〇八年度特刊。

二〇一〇　「河西地方における魏晋画像磚墓の研究――その現状と展望――」、『佛教藝術』第三一一号。

二〇一〇　「敦煌・嘉峪関魏晋墓に関する新収穫」、『西北出土文献研究』二〇〇九年度特刊。

二〇一一　「甘粛省高台県地埂坡魏晋三号墓（M3）について」、『西北出土文献研究』第九号。

二〇一一　「甘粛高台県駱駝城苦水口一号墓（2001GLM1）の基礎的整理」、『西北出土文献研究』二〇一〇年度特刊。

吉川良和

二〇〇三　『中国音楽と芸能――非文字文化の探究――』、創文社・中国学芸叢書。

小林　聡

一九九三　「六朝時代の印綬冠服規定に関する基礎的考察――『宋書』礼志にみえる規定を中心として――」、『史淵』第一三〇冊。

一九九六　「晋南朝における冠服制度の変遷と官爵体系――『隋書』礼儀志の規定を素材として――」、『東洋学報』第七七巻第三・四合併号。

二〇〇七　「中国服飾史上における河西回廊の魏晋壁画墓・画像磚墓――絵画資料における進賢冠と朝服の分析の試み――」、『西北出土文献研究』第五号。

二〇〇九　「漢唐間の礼制と公的服飾制度に関する研究序説」、『埼玉大学紀要教育学部（人文社会科学Ⅲ）』第五八巻第二号。

二〇〇九「河西地区出土文物における朝服着用事例に関する一考察」、『西北出土文献研究』二〇〇八年度特刊。
二〇一〇「朝服制度の行方――曹魏～五胡東晋時代における出土文物を中心として――」、『埼玉大学紀要教育学部（人文社会科学Ⅲ）』第五九巻第一号。
二〇一〇「北朝時代における公的服飾制度の諸相――朝服制度を中心に――」、『大正大学東洋史論集』第三号。
二〇一三「五胡・北朝期における服飾の「多文化性」――河西・朝陽の両地区を中心に――」、川勝博士記念論集刊行会編『川勝守・賢亮博士古稀記念東方学論集』、汲古書院。

小林　仁
二〇一五『中国南北朝隋唐陶俑の研究』、思文閣出版。

江　介也
二〇一五「河西地区魏晋墓の墓門上装飾塼壁（照墻）と墳墓観・他界観――敦煌仏爺廟湾西晋装飾墓を中心に――」、松藤和人編『森浩一先生に学ぶ――森浩一先生追悼論集――』（同志社大学考古学シリーズⅪ）、同志社大学考古学シリーズ刊行会。

駒井和愛
一九四二「南満洲遼陽に於ける古蹟調査」（第二回）、『考古学雑誌』第三二巻第七号。
一九四四「最近発見にかかる遼陽の漢代壁画古墳」、『国華』第五四編一〇冊（「遼陽北園の漢代壁画」と改題して、同『中国考古学研究』、世界社、一九五二年、所収）。

篠田耕一
一九五〇『遼陽発見の漢代墳墓』、東京大学文学部考古学研究室・考古学研究第一冊。

一九九二 『武器と武具 中国編』、新紀元社。
徐光冀
二〇一二 総監修『中国出土壁画全集』全一〇巻・別巻、科学出版社東京。
白石典之
二〇〇七 「甘粛西部における魏晋十六国時代墓の編年――副葬陶器を中心にして――」、『西北出土文献研究』第五号（「甘粛西部編年」）。
白須淨眞
二〇一四 「前涼・張駿の行政区画改編と涼州・建康郡の設置――改編年次に係わる司馬光の見解と考古資料による新見解――」、『敦煌写本研究年報』第八号。
二〇一五 「シルクロードの来世観」、同編『シルクロードの来世観』、勉誠出版。
二〇一五 「シルクロード古墓壁画の大シンフォニー――四世紀後半期、トゥルファン地域の『来迎・昇天』壁画――」、同編、前掲『シルクロードの来世観』。
杉本正年
一九八四 『東洋服飾史論攷』中世編、文化出版局。
関尾史郎
二〇〇五 編『中国西北地域出土鎮墓文集成（稿）』、新潟大学超域研究機構・大域プロジェクト研究資料叢刊。
二〇〇六 「甘粛出土、魏晋時代画像磚および画像磚墓の基礎的整理」、『西北出土文献研究』第三号。
二〇〇七 「敦煌の古墓群と出土鎮墓文」（上）、『資料学研究』第四号。

二〇〇八「敦煌の古墓群と出土鎮墓文」（下）、『資料学研究』第五号。

二〇〇九「高台県の古墓群と主要出土文物をめぐるノート」、『西北出土文献研究』二〇〇八年度特刊。

二〇一〇「画像磚の出土墓をめぐって――「甘粛出土、魏晋時代画像磚および画像磚墓の基礎的整理」補遺――」、『西北出土文献研究』二〇〇九年度特刊。

二〇一一『もうひとつの敦煌――鎮墓瓶と画像磚の世界――』、高志書院・新大人文選書。

二〇一二「河西出土磚画・壁画に描かれた非漢族」、『西北出土文献研究』第一〇号。

二〇一二「批評と紹介：俄軍・鄭炳林・高国祥主編『甘粛出土魏晋唐墓壁画』（全三冊）」、『東洋学報』第九四巻第二号。

二〇一二「河西魏晋墓出土磚画一覧（Ⅰ）――嘉峪関・新城古墓群――」、『西北出土文献研究』第一〇号。

二〇一三「河西魏晋墓出土磚画一覧（Ⅱ）――嘉峪関・牌坊梁、酒泉・高閘溝、同・西溝古墓群――」、『西北出土文献研究』第一一号。

二〇一八「高台県古墓群発掘調査簡史――主要出土文物とその研究の紹介をかねて――」、『資料学研究』第一五号。

蘇　哲
二〇〇七『魏晋南北朝壁画墓の世界――絵に描かれた群雄割拠と民族移動の時代――』、白帝社・アジア史選書。

外村　中
二〇〇一「唐代琵琶雑攷――正倉院の『秦漢』琵琶――」、奈良国立博物館研究紀要『鹿園雑集』第二・三合併号。

園田俊介
　二〇〇六　「酒泉丁家閘五号墓壁画にみえる十六国時代の河西社会――胡人画像を中心として――」、『西北出土文献研究』第三号。
　二〇〇七　「河西画像磚墓にみえる胡人図像――魏晋期の酒泉を中心として――」、『西北出土文献研究』第五号。
高橋照彦
　二〇一二　「唐代の琵琶とその遡源」、『待兼山論叢』史学篇第四六号。
塚本　靖
　一九二一　「遼陽太子河附近の壁画ある古墳」、『考古学雑誌』第一一巻第七号。
戸川貴行
　二〇一五　『東晋南朝における伝統の創造』、汲古書院・汲古叢書。
土居淑子
　一九九五　「古代中国の半開の扉」、同『古代中国考古・文化論叢』、言叢社。
長廣敏雄
　二〇一〇　『六朝時代美術の研究』増補版、朋友書店。
日本中国文化交流協会・毎日新聞社
　一九七五　主催『中華人民共和国漢唐壁画展』（図録）、大塚巧藝社（製作）。
西岡康宏
　一九九二　「曾侯乙墓の漆工芸」、東京国立博物館編、前掲『「特別展　曾侯乙墓」図録』。

西田守夫
一九六八「神獣鏡の図像――白牙挙楽の銘文を中心として――」、『Museum』第二〇七号。
濱口重國
一九六六『唐王朝の賤人制度』、東洋史研究会・東洋史研究叢刊。
濱田耕作
一九二一「遼陽附近の壁画古墳」、『民族と歴史』第六巻第一号（同『濱田耕作著作集』第四巻、同朋舎出版、一九九〇年、所収）。
林　謙三
一九七三『東アジア楽器考』、カワイ楽譜。
林巳奈夫
一九七三「漢鏡の図柄二、三について」、『東方学報』京都第四四冊。
一九九六　編『漢代の文物』、朋友書店。
原田淑人
一九四三「遼陽南林子の壁画古墳」、『国華』第五三三編第四冊。
一九六七『漢六朝の服飾』増補版、東洋文庫・東洋文庫論叢。
東　潮
一九九三「遼東と高句麗壁画――墓主図像の系譜――」、『朝鮮学報』第一四九輯（同『高句麗考古学研究』、吉川弘文館、一九九七年、所収）。

二〇一一　『高句麗壁画と東アジア』、学生社。

平山郁夫
二〇〇五　総監修『高句麗壁画古墳』、共同通信社。

藤田国雄
一九五六　「遼陽発見の三壁画古墓」、『Museum』第五九号。

古田真一
二〇一二　「中国壁画墓における墓主人の表現をめぐって――昇仙から墓主宴飲図へ――」、徐光冀総監修、前掲『中国出土壁画全集』別巻。

堀　敏一
一九九二　「魏晋南北朝時代の「村」をめぐって」、唐代史研究会編『中国の都市と農村』、汲古書院、一九九二年（堀『中国古代の家と集落』、汲古書院・汲古叢書、一九九六年、所収）。

町田　章
一九八七　『古代東アジアの装飾墓』、同朋舎出版。

松田　徹
一九八六　「遼東公孫氏政権と流入人士」、『麗澤大学紀要』第四一巻。

三﨑良章
二〇〇七　「遼寧省における魏晋時代の壁画墓――遼陽と朝陽、そして酒泉――」、『西北出土文献研究』第五号。
二〇〇八　「遼陽壁画墓に見られる遼東社会の一面」、『早稲田大学本庄高等学院研究紀要』第二六号。

二〇〇九「甘粛出土魏晋時代画像磚墓、壁画墓等に見える記号的図像について」、『西北出土文献研究』二〇〇八年度特刊。
二〇一〇「甘粛画像磚墓に見られる補助紋様――特に「X」紋を中心として――」、『西北出土文献研究』二〇〇九年度特刊。
二〇一一「高台2001GLM1の記号的図像と補助文様について」、『西域出土文献研究』二〇一〇年度特刊。
二〇一二『五胡十六国――中国史上の民族大移動――』新訂版、東方書店・東方選書。
二〇一六「三～五世紀の河西墳墓画像に見られる「塢」について」、『史滴』第三八号。
水野清一
一九三三「南満洲遼陽出土の漢代珊玉」、『東方学報』京都第四冊。
向井佑介
二〇一四「墓中の神坐――漢魏晋南北朝の墓室内祭祀――」、『東洋史研究』第七三巻第一号。
門田誠一
二〇〇五「東アジアの壁画墓に描かれた墓主像の基礎的考察――魏晋南北朝期における高句麗古墳壁画の相対的位置――」、『鷹陵史学』第三一号（同、後掲『高句麗壁画古墳と東アジア』、所収）。
二〇〇七「高句麗壁画古墳に描かれた麈尾を執る墓主像――魏晋南北朝期の士大夫としての描画――」、『鷹陵史学』第三三号（同、後掲『高句麗壁画古墳と東アジア』、所収）。
八木奘三郎
二〇一一『高句麗壁画古墳と東アジア』、思文閣出版。

一九二一　「遼陽発見の壁画古墳」、『東洋学報』第一一巻第一号。
山口典子
二〇〇一　「漢画像中に見る〝蘭錡〟図について」、『武器研究』第二号。
渡辺信一郎
一九九五　「中華帝国・律令法・礼的秩序」、川北稔・鈴木正幸編『シンポジウム歴史学と現在』、柏書房・「叢書　歴史学と現在」。
一九九六　『天空の玉座――中国古代帝国の朝政と儀礼――』、柏書房・「叢書　歴史学と現在」。
二〇一三　『中国古代の楽制と国家――日本雅楽の源流』、文理閣。
渡部　武
二〇一〇　「甘粛省河西地方出土の犂耕関係画像資料一覧（未定稿）」、『西北出土文献研究』二〇〇九年度特刊。

【中国語文献・拼音順】
包　艷・張騁傑・史亦真
二〇一七　編『中国絲綢之路上的墓室壁画』西部巻・甘粛分巻、東南大学出版社。
陳根遠
二〇〇一　主編『中国古俑』、湖北美術出版社。
陳建明
――――　主編『湖南名窯陶瓷陳列』、湖南省博物館。

陳　凌・陳奕玲
二〇〇五『胡楽新声：絲綢之路上的音楽』、人民美術出版社。
陳戍国
一九九五『中国礼制史』魏晋南北朝巻、湖南教育出版社。
成　東・鐘少異
一九九〇『中国古代兵器図集』、解放軍出版社。
成都市文物管理処
一九八一「四川成都曾家包東漢画像磚石墓」、『文物』一九八一年第一〇期。
党寿山
一九九五「甘粛武威磨嘴子発現一座東漢壁画墓」、『考古』一九九五年第一一期。
鄧士伏
二〇〇〇　責任編集『甘粛丁家閘十六国墓壁画』、重慶出版社・中国古代壁画精華叢書。
東北博物館
一九五五「遼陽三道壕両座壁画墓的清理工作簡報」、『文物参攷資料』一九五五年第一二期（「遼陽三道壕両座壁画墓的清理簡報」と改題して、李文信、後掲『李文信考古文集』、所収）。
敦煌市博物館
二〇〇二　編『敦煌文物』、甘粛人民美術出版社。
敦煌文物研究所考古組

一九七四「敦煌晋墓」、『考古』一九七四年第三期。
敦煌県博物館考古組・北京大学考古実習隊
一九八七「記敦煌発現的西晋・十六国墓葬」、北京大学中国中古史研究中心編『敦煌吐魯番文献研究論集』第四輯、北京大学出版社。
俄　軍・鄭炳林・高国祥
二〇〇九主編『甘粛出土魏晋唐墓壁画』全三冊、蘭州大学出版社（『甘粛出土壁画』）。
馮培紅
二〇一五「河西走廊上的会稽与建康」、凍国棟・李天石主編『唐代江南社会：国際学術研討会暨中国唐史学会第十一届年会第二次会議論文集』、江蘇人民出版社。
甘粛省博物館
一九七四「武威雷台漢墓」、『考古学報』一九七四年第二期。
一九七九「酒泉・嘉峪関晋墓的発掘」、『文物』一九七九年第六期。
甘粛省博物館・嘉峪関市文物保管所
一九七四「嘉峪関魏晋墓室壁画的題材和芸術価値」、『文物』一九七四年第九期。
甘粛省文物隊・甘粛省博物館・嘉峪関市文物管理所
一九八五編『嘉峪関壁画墓発掘報告』、文物出版社（『発掘報告』）。
甘粛省文物管理委員会
一九五九「酒泉下河清第一号墓和第一八号墓発掘簡報」、『文物』一九五九年第一〇期。

甘粛省文物局
二〇〇六　編『甘粛文物菁華』、文物出版社。
二〇一一　編『高台県博物館』、甘粛人民美術出版社・甘粛博物館巡礼。
甘粛省文物考古研究所
一九八九　編『酒泉十六国墓壁画』、文物出版社（『酒泉墓壁画』）。
一九九四　編『敦煌祁家湾――西晋十六国墓葬発掘報告』、文物出版社（『祁家湾墓』）。
一九九六「甘粛酒泉西溝村魏晋墓発掘報告」、『文物』一九九六年第七期（「西溝発掘報告」）。
一九九八　編『敦煌仏爺廟湾西晋画像磚墓』、文物出版社（『仏爺廟湾墓』）。
二〇〇五「甘粛省高台県漢晋墓葬発掘簡報」、『考古与文物』二〇〇五年第五期。
甘粛省文物考古研究所・高台県博物館
二〇〇三「甘粛高台県駱駝城墓葬的発掘」、『考古』二〇〇三年第六期。
二〇〇八「甘粛高台地埂坡晋墓発掘簡報」、『文物』二〇〇八年第九期。
高　文
一九八七『四川漢代画像磚』、上海人民美術出版社。
関尾史郎
二〇一三「河西磚画墓・壁画墓的空間与時間――読『甘粛出土魏晋唐墓壁画』一書後」、饒宗頤主編『敦煌吐魯番研究』第一三巻、上海古籍出版社。
国家文物局

郭永利

二〇一一　主編『中国文物地図集』甘粛分冊（全二冊）、測絵出版社（『中国文物地図集』）。
二〇一二『河西魏晋十六国壁画墓』、民族出版社・敦煌学研究文庫。
二〇一七「河西魏晋唐墓中的胡人形象」、劉進宝主編『絲路文明』第二輯、上海古籍出版社。

郭永利・楊恵福

二〇〇七「敦煌翟宗盈墓及其年代」、『考古与文物』二〇〇七年第四期。

韓　莎

二〇一二「河西地区魏晋十六国時期照墻研究綜述」、『楽山師範学院学報』二〇一二年第二期。

何双全

一九八五「武威県韓佐五壩山漢墓群」、中国考古学会編『中国考古学年鑑　一九八五』、文物出版社。

何学平

二〇〇九「金昌二四块魏晋画像磚成功修復後〝回家〟」、『西部商報』二〇〇九年一一月一二日。

河南省文物管理局南水北調文物保護弁公室・四川大学考古学系

二〇一〇「河南衛輝市大司馬村晋墓発掘簡報」、『考古』二〇一〇年第一〇期。

賀西林

二〇〇一『古墓丹青――漢代墓室壁画的発現与研究』、陝西人民美術出版社。

賀西林・李清泉

二〇一一「漢代墓室壁画綜述」、賀他主編、後掲『中国墓室壁画全集』第一巻（漢魏晋南北朝）。

二〇〇九　『中国墓室壁画史』、高等教育出版社。
賀西林・鄭　岩
二〇一一　主編『中国墓室壁画全集』第一巻（漢魏晋南北朝）、河北教育出版社（『墓室壁画全集』）。
侯晋剛・張　斌
二〇〇九　「（嘉峪関新城魏晋墓・五号墓）綜述」、俄軍他主編、前掲『甘粛出土魏晋唐墓壁画』上冊。
胡新立
二〇〇八　『鄒城画像石』、文物出版社。
胡　之
二〇〇〇　主編『甘粛嘉峪関魏晋一号墓彩絵磚』、重慶出版社・中国古代壁画精華叢書（『一号墓彩絵磚』）。
二〇〇〇　主編『甘粛嘉峪関魏晋三号墓彩絵磚』、重慶出版社・中国古代壁画精華叢書。
二〇〇〇　主編『甘粛嘉峪関魏晋四号墓彩絵磚』、重慶出版社・中国古代壁画精華叢書。
二〇〇〇　主編『甘粛嘉峪関魏晋六号墓彩絵磚』、重慶出版社・中国古代壁画精華叢書。
二〇〇〇　主編『甘粛嘉峪関魏晋十二　十三号墓彩絵磚』、重慶出版社・中国古代壁画精華叢書。
二〇〇二　主編『甘粛嘉峪関魏晋五号墓彩絵磚』、重慶出版社・中国古代壁画精華叢書。
黄良瑩
二〇一一　『北朝服飾研究』、国立歴史博物館。
黄佩賢
二〇〇八　『漢代墓室壁画研究』、文物出版社。

紀向軍
二〇一四　『居延漢簡中的張掖郷里及人物』、甘粛文化出版社。
嘉峪関長城博物館
二〇〇三　「嘉峪関新城魏晋磚墓発掘報告」、『隴右文博』二〇〇三年第一期。
嘉峪関市文物管理所
一九八二　「嘉峪関新城十二・十三号画像磚墓発掘簡報」、『文物』一九八二年第八期。
嘉峪関市文物局
二〇一四　編『嘉峪関文物図録』全二巻、三秦出版社（『文物図録』）。
嘉峪関市文物清理小組
一九七二　「嘉峪関漢画像磚墓」、『文物』一九七二年第一二期。
《嘉峪関志》編纂委員会
二〇一一　編『嘉峪関志』、甘粛人民出版社。
賈小軍
二〇一六　「文字・図像与信仰：墓葬所見魏晋十六国河西社会」、甘粛簡牘博物館・西北師範大学歴史文化学院編『簡牘学研究』第六輯、甘粛人民出版社（賈・武鑫、後掲『魏晋十六国河西鎮墓文・墓券整理研究』、所収）。
賈小軍・武　鑫
二〇一七　『魏晋十六国河西鎮墓文・墓券整理研究』、中国社会科学出版社。

蔣英炬・楊愛国
二〇〇一 『漢代画像石与画像磚』、文物出版社。
金昌市文化出版局
二〇一一 編『金昌文物』、甘粛人民出版社。
金国建
二〇一五 「遼陽発現近百壁画漢墓都臨太子河」、『遼瀋晩報』二〇一五年一月二九日。
金慶浩
二〇一六 「漢晋時期涼州士人的性質与発展情況」、杜常順・楊振紅主編『漢晋時期国家与社会論集』、広西師範大学出版社・簡帛研究文庫。
静 安
一九九九 撮影『甘粛高台魏晋墓彩絵磚』、重慶出版社・中国古代壁画精華叢書。
酒泉市博物館
一九九八 編『酒泉文物精萃』、中国青年出版社（『酒泉精萃』）。
具聖姫
二〇〇四 『両漢魏晋南北朝塢壁』、民族出版社。
孔令忠・侯晋剛
二〇〇六 「記新発現的嘉峪関毛庄子魏晋墓木版画」、『文物』二〇〇六年第一一期。
寇克紅

二〇一二「高台許三湾前秦墓葬題銘小考」、中共高台県委・高台県人民政府・甘粛敦煌学学会・敦煌研究院文献所・河西学院編『高台魏晋墓与河西歴史文化研究』、甘粛教育出版社。

李春元
二〇〇八『瓜州文物考古総録』、香港天馬出版・瓜州歴史文化研究叢書。

李春元・李長纓・李長青
二〇〇六『瓜州史地研究文集』、瓜州史地文化研究会・瓜州歴史文化研究叢書。

李懐順・黄兆宏
一九九八『甘粛考古概論』、甘粛人民出版社。
二〇〇八『甘寧青考古八講』、甘粛人民出版社。

李敬洵
二〇一四『四川通史』第三巻（両晋南北朝）、四川人民出版社。

李　林
二〇一一「漢魏遼東壁画墓分区与分期研究」、第五届全国高校美術史学年会秘書組・南京芸術学院美術学院編『〃特殊与一般——美術史論中的個案問題〃第五届全国高校美術史学年会会議論文集』、東南大学出版社。

李龍彬・馬　鑫・王　爽
二〇一六「新発現的遼陽河東新城東漢壁画墓」、『東北史地』二〇一六年第一期。

李梅田

二〇〇九 『魏晋北朝墓葬的考古学研究』、商務印書館。
李慶発
一九五九 「遼陽上王家村晋代壁画墓清理簡報」、『文物』一九五九年第七期。
李書吉
二〇〇二 『北朝礼制法系研究』、人民出版社。
李文信
一九四七 「遼陽北園画壁古墓記略」、『国立瀋陽博物館籌備委員会匯刊』第一期（同『李文信考古文集』、遼寧人民出版社、一九九二年、所収）。
一九五五 「遼陽発現的三座壁画古墓」、『文物参攷資料』一九五五年第五期（同、前掲『李文信考古文集』、所収）。
一九七八 「遼陽市棒台子二号墓壁画」、上海人民美術出版社編『芸苑掇英』第三期、上海人民美術出版社。
李勇傑
二〇一五 「早期道教羽化成仙思想的生動再現――甘粛省金昌市博物館館蔵晋代彩絵画像磚」、中共嘉峪関市委宣伝部・甘粛省歴史学会編『嘉峪関与絲綢之路歴史文化研究』、甘粛教育出版社。
梁満倉
二〇〇九 『魏晋南北朝五礼制度考論』、社会科学文献出版社。
遼寧省博物館・馮永謙・韓宝興・劉忠誠・遼陽博物館・鄒宝庫・柳　川・肖世星（遼寧省博物館他）
一九八五 「遼陽旧城東門里東漢壁画墓発掘報告」、『文物』一九八五年第六期。
遼寧省文物考古研究所

一九九八「遼寧遼陽南環街壁画墓」、『北方文物』一九九八年第三期。
二〇〇八「遼寧遼陽南郊街東漢壁画墓」、『文物』二〇〇八年第一〇期。
遼陽市文物管理所
一九八〇「遼陽発現三座壁画墓」、『考古』一九八〇年第一期。
臨沂市博物館
二〇〇二 編『臨沂漢画像石』、山東美術出版社。
劉東升・胡伝藩・胡彦久
一九八七 編『中国楽器図志』、軽工業出版社。
劉 朴
二〇〇九『漢画像石中的体育活動研究』、人民出版社。
劉 未
二〇〇四「遼陽漢魏晋壁画墓研究」、吉林大学辺疆考古研究中心編『辺疆考古研究』第二輯、科学出版社。
劉振東
二〇一八「新見漢晋南北朝時期的帷帳」、『文物』二〇一八年第三期。
呂占光
二〇〇〇 編『嘉峪関文物集萃』、甘肅人民美術出版社。
羅世平・廖 暘
二〇〇五『古代壁画墓』、文物出版社（『古代壁画墓』）。

馬建華
二〇〇〇　主編『甘粛酒泉西溝魏晋墓彩絵磚』、重慶出版社・中国古代壁画精華叢書。
馬軍強
二〇一六「酒泉高閘溝磚廠墓出土壁画磚及墓葬時代浅析」、『絲綢之路』二〇一六年第一六期。
穆舜英
一九九四　主編『中国新疆古代芸術』、新疆美術撮影出版社。
南陽地区文物工作隊・南陽県文化館
一九八四「河南南陽県英庄漢画像石墓」、『文物』一九八四年第三期。
南陽漢代画像石学術討論会弁公室
一九八七　編『漢代画像石研究』、文物出版社。
内蒙古自治区博物館文物工作隊
一九七八　編『和林格爾漢墓壁画』、文物出版社。
牛龍菲
一九八一『嘉峪関魏晋墓磚壁画楽器考』、甘粛人民出版社（『楽器考』）。
青海省文物考古研究所
一九九三　編『上孫家寨漢晋墓』、文物出版社。
二〇〇二「青海互助県高寨魏晋墓的清理」、『考古』二〇〇二年第一二期。
沈従文

二〇〇五　編『中国古代服飾研究』、上海書店出版社。
石景山区文物管理所
二〇〇一「北京市石景山区八角村魏晋墓」、『文物』二〇〇一年第四期。
施愛民
二〇〇六「民楽八卦営魏晋壁画墓」、甘粛省博物館編『甘粛省博物館学術論文集』、三秦出版社。
宋　馨
二〇〇六「北魏平城期的鮮卑服」、山西省北朝文化研究中心・張慶捷・李書吉・李鋼主編『四～六世紀的北中国与欧亜大陸』、科学出版社。
粛州区博物館
二〇一六　編『粛州文物図録』全二巻、甘粛文化出版社。
孫　機
二〇〇一『中国古輿服論叢』増訂本、文物出版社。
二〇〇八『漢代物質文化資料図説』増訂本、上海古籍出版社。
孫青松・賀福順
二〇〇五　主編『嘉祥漢画像石選』、香港唯美出版公司。
孫　彦
二〇一一『河西魏晋十六国壁画墓研究』、文物出版社・考古新視野叢書。
二〇一二「論河西走廊魏晋十六国墓葬照墻装飾」、『南京芸術学院学報』二〇一二年第四期。

湯　池
一九八九　「魏晋南北朝墓室壁画」、中国美術全集編輯委員会編『中国美術全集』絵画篇一二墓室壁画、文物出版社。
田立坤
二〇〇二　「袁台子壁画墓的再認識」、『文物』二〇〇二年第九期。
王愛民
二〇〇七　「高台県文物分布状況」、『大湖湾』総第五期。
王斌通
二〇一五　「唐代東園秘器探考――以唐代礼令典章為視角」、『歴史研究』二〇一五年第四期。
王春梅
二〇一二　「嘉峪関峪泉鎮魏晋墓出土画像磚及其保存状況調査」、『絲綢之路』二〇一二年第二〇期。
王建中・閃修山
一九九〇　『南陽両漢画像石』、文物出版社。
王増新
一九六〇　「遼寧遼陽県南雪梅村壁画墓及石墓」、『考古』一九六〇年第一期。
一九六〇　「遼陽市棒台子二号壁画墓」、『考古』一九六〇年第一期。
王子初
二〇〇六　『音楽考古』、文物出版社。

王子奇
二〇一七「甘粛高台地埂坡一号晋墓倣木結構初探」、『四川文物』二〇一七年第六期。
汪小洋
二〇一八『中国墓室壁画史論』、科学出版社。
韋　正
二〇一一「試談酒泉丁家閘五号壁画墓的年代」、『文物』二〇一一年第四期。
巫　鴻
二〇〇五　鄭岩・王睿編／鄭岩等訳『礼儀中的美術――巫鴻中国古代美術史文編』全二冊、生活・読書・新知三聯書店・開放的芸術史叢書（二〇一六年、全一冊で刊行）。
呉　葒
二〇〇八「甘粛高台地埂坡魏晋墓」、国家文物局主編『二〇〇七中国重要考古発現』、文物出版社。
呉新栄
二〇〇九「（酒泉丁家閘十六国墓・五号墓）綜述」、俄軍他主編、前掲『甘粛出土魏晋唐墓壁画』下冊。
夏　鼐
一九五五「敦煌考古漫記」（一）、『考古通訊』創刊号。
二〇〇〇「甘粛考古漫記」、中国社会科学院考古研究所編『夏鼐文集』（中）、社会科学文献出版社・考古学専刊。
襄樊市文物考古研究所
二〇一〇「湖北襄樊樊城菜越三国墓発掘簡報」、『文物』二〇一〇年第九期。

小林　聡
二〇一二　王玘訳「在中国古代礼制・服制史上河西出土文物的特点——以礼制構造的概況和在河西地区的服制伝播為中心」、中共高台県委員会他編、前掲『高台魏晋墓与河西歴史文化研究』。
新疆文物考古研究所
二〇一三「新疆庫車友誼路魏晋十六国時期墓葬二〇〇七年発掘簡報」、『文物』二〇一三年第一二期。
二〇一五「新疆庫車友誼路魏晋十六国墓葬二〇一〇年発掘報告」、『考古学報』二〇一五年第四期。
星球地図出版社
二〇〇九　編『甘粛省地図集』、星球地図出版社。
閻文儒
一九五〇「河西考古簡報」（上）、『国学季刊』第七巻第一号。
楊　泓
二〇〇五『古代兵器通論』、紫禁城出版社。
楊恵福・羅　豊・于志勇
二〇一二　主編『中国出土壁画全集』甘粛・寧夏・新疆巻、科学出版社（『出土壁画全集』）。
殷光明
二〇〇八「敦煌西晋墨書題記画像磚墓及相関内容考論」、『考古与文物』二〇〇八年第二期。
尹国有
二〇〇三『高句麗壁画研究』、吉林大学出版社・長白山文化研究叢書。

于志勇・呉　勇・傅明方
　二〇〇八「新疆庫車県晋十六国時期磚室墓発掘」、国家文物局主編、前掲『二〇〇七中国重要考古発現』。
岳邦湖・田　暁・杜思平・張軍武
　二〇〇四『岩画及墓葬壁画』、敦煌文芸出版社・甘粛考古文化叢書。
雲南省文物工作隊
　一九六三「雲南省昭通后海子東晋壁画墓清理簡報」、『文物』一九六三年第一二期。
曾憲波
　一九九五「漢画中的兵器発探」、『中原文物』一九八五年第三期。
張宝璽
　二〇〇一　編『嘉峪関酒泉魏晋十六国墓壁画』、甘粛人民美術出版社（『嘉峪関酒泉壁画』）。
張金龍
　二〇一一『北魏政治史』第七冊、甘粛教育出版社。
張朋川
　一九七八「河西出土的漢晋絵画簡述」、『文物』一九七八年第六期。
　一九八九「酒泉丁家閘五号墓壁画芸術」、甘粛省文物考古研究所編、前掲『酒泉十六国墓壁画』（張『黄土上下――美術考古文萃』、山東画報出版社、二〇〇六年、所収）。
張朋川・張宝璽
　二〇〇六「嘉峪関・酒泉魏晋十六国壁画墓発掘追憶」、同、前掲『黄土上下』。

一九八五 編『嘉峪関魏晋墓室壁画』、人民美術出版社・中国古代美術作品介紹。
張倩儀
二〇一〇『魏晋南北朝昇天図研究』、商務印書館。
張興盛
二〇〇八『地下画廊――魏晋墓群』、敦煌文芸出版社。
張掖市文物管理局
二〇〇九 編『張掖文物』、甘粛人民出版社。
張掖地区文物管理弁公室・高台県博物館
一九九七「甘粛高台駱駝城画像磚墓調査」、『文物』一九九七年第一二期。
趙克堯
一九八〇「論魏晋南北朝的塢壁」、『歴史研究』一九八〇年第六期。
趙万鈞
二〇〇七「文物介紹一一件（魏晋彩絵木塢堡）」、『大湖湾』総第五期。
鄭君雷
二〇〇五「遼陽漢魏図画小識三則」、『四川文物』二〇〇五年第三期。
鄭汝中
二〇〇二 主編『敦煌石窟全集』第一六巻（音楽画巻）、香港商務印書館。
鄭 岩

一九九八「墓主画像研究」、山東大学考古学系編『劉敦愿先生紀念文集』、山東大学出版社。
二〇〇二『魏晋南北朝壁画墓研究』、文物出版社・考古新視野叢書。
二〇一一「魏晋南北朝墓室壁画綜述」、中国墓室壁画全集編輯委員会編『中国墓室壁画全集』漢魏晋南北朝、河北教育出版社。
二〇一六『魏晋南北朝壁画墓研究』（増訂版）、文物出版社。

中国芸術研究院音楽研究所
一九八八 編『中国音楽史図鑑』、人民音楽出版社（『音楽史図鑑』）。

中国音楽文物大系総編輯部
一九九六 編『中国音楽文物大系』上海巻・江蘇巻、大象出版社。
一九九六 編『中国音楽文物大系』四川巻、大象出版社。
一九九六 編『中国音楽文物大系』湖北巻、大象出版社。
一九九八 編『中国音楽文物大系』甘粛巻、大象出版社（『文物大系』）。

周　到・李京華
一九七三「唐河針織廠漢画像石墓的発掘」、『文物』一九七三年第六期。

周錫保
一九八四『中国古代服飾史』、中国戯劇出版社。

朱智武
二〇一四「酒泉丁家閘五号墓〝社樹図〟弁析」、『南京芸術学院学報』二〇一四年第六期。

【ハングル文献・カナダラ順】

서울대학교박물관（ソウル大学校博物館）

二〇〇一 編『2000년전 우리이웃（二〇〇〇年前の私たちの隣人：遼寧文物曁壁画模本展）』、서울대학교박물관・통전문화사（通天文化社）。

전주농（田疇農）

一九五七「고구려 고분 벽화에 나타난 악기에 대한 연구（高句麗古墳壁画に現れた楽器に関する研究）」（一）、『문화유산（文化遺産）』一九五七年第一期。

あとがき

本書は、「はしがき」に述べられているように、「出土資料群のデータベース化とそれを用いた中国古代史上の基層社会に関する多面的分析」（二〇〇八～二〇一一年度日本学術振興会科学研究費補助金・基盤研究（A）（一般）、研究代表者：関尾史郎／課題番号：二〇二四二〇一九）の研究成果をまとめたものである。これは、甘粛省西部の河西地域出土の図像資料（磚画・壁画）を主たる対象としており、すでに刊行されている湖南省長沙市出土の簡牘を対象とした論集『湖南出土簡牘とその社会』（汲古書院、二〇一五年）の姉妹編といってよい。この科研では、磚画・壁画に描かれた図像にもとづき、諸々の分野で研究が進められたが、諸般の事情から魏晋時代の河西社会を生きた人びとの具体的な生活や生産活動の全ての領域を取り上げることはできなかった。さらに、二〇一三年三月には海外共同研究者として加わっていただいた殷光明先生（敦煌研究院）の逝去の報に接することになった。先生は現地調査に同行してくださったばかりか、博物館などの参観においても便宜をはかってくださった。研究成果の出版が大幅に遅れてしまい、本書をご覧いただけなかったことが何よりも心残りである。

本研究は、河西地域出土の図像資料（磚画・壁画）を主たる対象にしている。こうした図像資料が外部から意図的に墓室内にもたらされたものである以上、それは埋葬された墓主のために造られていたはずであり、このことを念頭においたとき、こうした図像資料のみを取り上げるだけでなくそのほかの副葬品や墳墓の構造などとあわせて検討することも必要とされよう。さらには墓域全体の構成までふくめた分析を通して科研の課題として示された「基層社会」

の解明にまで至れるものと考えており、その意味で本書の成果もまた、未だその途上にあるともいえよう。「はしがき」でもふれているように、本研究は歴史学を専門とする研究者及び考古学や美術史を専門とする研究者がかかわる横断的な組織で多面的に進められてきたわけであるが、こうした手法を継続しておこなうことが更なる研究の進展につながるのではないかと考えている。まだまだ試行錯誤を繰り返すことになろうが、本書に対して忌憚のないご批正をいただければ幸いである。

近年、中国では美術史や考古学などの異なる専門分野から磚画・壁画及び副葬品などをふくむ墓葬にかかわる研究を取り上げた研究誌が出版されている。たとえば、そのひとつとして『古代墓葬美術研究』（第一輯、巫鴻・鄭岩主編、文物出版社、二〇一一年。以後、隔年で、現在、第四輯まで出版されている。なお、第二輯より巫鴻・朱青生・鄭岩主編となり、湖南美術出版社からの出版となる）をあげることができよう。そこでは前近代中国（秦・漢時代～明・清時代）を中心に、周辺地域である高句麗や古代日本の墳墓や出土文物などを対象にした研究が収録されており、時間的にも空間的にも広い範囲を比較検討することの意義を見てとれる。ちなみに、三人の主編者たちによる本書と関連する著述をあげれば、巫鴻氏（シカゴ大学）には『礼儀中的美術――巫鴻中国古代美術史文編』が、鄭岩氏（中央美術学院）には「はしがき」でふれられた『魏晋南北朝壁画墓研究』の専著が認められる。そして朱青生氏（北京大学）は、本書が対象とした時代に先行する漢代の画像石を中心に取り上げている研究誌『中国漢画研究』（第一巻、広西師範大学出版社、二〇〇四年。不定期で、現在、第五巻まで出版されている）の主編者でもある。これらのことから、墳墓にかかわる図像資料をはじめとする文物を対象にした研究が中国において大きく進められていることを見てとれる。こうした状況から、種々の研究分野からなる共同研究の必要性が等しく認められ、それゆえにこそこの分野においても中国の研究者との交流が望まれよう。

最後になってしまったが、学術出版物に対する厳しい出版事情の中で本書の出版をお引き受けいただいた汲古書院の三井久人社長、そして編集を担当された小林詔子さんに対して心からお礼を申し上げたい。

二〇一九年三月

町田隆吉

執筆者一覧（掲載順）

関尾　史郎（せきお　しろう）　一九五〇年生　新潟大学人文社会科学系フェロー、東洋文庫客員研究員
北村　　永（きたむら　はるか）　一九六七年生　美術史研究者
町田　隆吉（まちだ　たかよし）　一九五二年生　桜美林大学リベラルアーツ学群教授
三﨑　良章（みさき　よしあき）　一九五四年生　早稲田大学本庄高等学院教諭
小林　　聡（こばやし　さとし）　一九六一年生　埼玉大学教育学部教授
荻　美津夫（おぎ　みつお）　一九四九年生　新潟大学名誉教授
内田　宏美（うちだ　ひろみ）　一九七六年生　國學院大學兼任講師
渡部　　武（わたべ　たけし）　一九四三年生　東海大学名誉教授

The He-Xi Area in the Wei-Jin Period Looking Through the Bricky and Mural Paintings of Tombs

Edited by

SEKIO Shiro

MACHIDA Takayoshi

2019

KYUKO-SHOIN

TOKYO

磚画（せんが）・壁画からみた魏晋時代の河西

二〇一九年九月二十六日　発行

編　者　関　尾　史　郎
　　　　町　田　隆　吉
発行者　三　井　久　人
整版印刷　富士リプロ㈱

発行所　汲　古　書　院
〒102-0072 東京都千代田区飯田橋二-五-四
電　話　〇三（三二六五）九七六四
FAX　〇三（三二二二）一八四五

ISBN978 - 4 - 7629 - 6635 - 4　C3022

Shiro SEKIO, Takayoshi MACHIDA ©2019
KYUKO-SHOIN, CO., LTD. TOKYO.
＊本書の一部又は全部の無断転載を禁じます。